本书是2018年华南师范大学教务处新型态教材"教育法学"建设项目的最终成果，同时也是华南师范哲学社会科学重大培育项目"教育政策制定的责任伦理与中国特色的科学制定程序研究"、广东省普通高校特色创新类项目"普职分流的生源萎缩困境及融合策略研究"（编号：2019WTSCX013）以及广东省2020年社科规划课题"弹性离校政策执行的地方化互适模式研究及效果评估"的阶段性成果。

教育法学

主编　彭虹斌

武汉大学出版社

图书在版编目(CIP)数据

教育法学/彭虹斌主编. —武汉:武汉大学出版社,2020.10(2021.9重印)

ISBN 978-7-307-21695-2

Ⅰ.教… Ⅱ.彭… Ⅲ.教育法—法的理论—中国 Ⅳ.D922.161

中国版本图书馆 CIP 数据核字(2020)第 140696 号

责任编辑:黄金涛　　　责任校对:李孟潇　　　版式设计:马　佳

出版发行:**武汉大学出版社**　　(430072　武昌　珞珈山)

（电子邮箱:cbs22@whu.edu.cn 网址:www.wdp.com.cn）

印刷:武汉邮科印务有限公司

开本:787×1092　1/16　印张:12　字数:285 千字　插页:1

版次:2020 年 10 月第 1 版　　2021 年 9 月第 2 次印刷

ISBN 978-7-307-21695-2　　定价:35.00 元

版权所有,不得翻印;凡购买我社的图书,如有质量问题,请与当地图书销售部门联系调换。

前　　言

教育法学是研究教育教学过程中法律现象及法理规律的一门科学，它以法学原理和教育学原理为基础，是法学和教育学相互渗透的产物，是法学与教育学的有机结合，是一门交叉性学科。本书全面阐述了教育法学的基本概念、范畴和问题域，并努力使教育法学研究从经验认识层次、法律解释水平上升到理论认识层次，进而提炼教育法学理论，以指导教育教学实践。本书是2018年广东省教师教育基础课程建设项目的研究成果。

近年来，随着我国教师教育改革的持续推进，师范生培养中教育教学方法和教学实践学习不断加强，但师范生的法律素养和法律意识依然是培养过程中的薄弱环节。教育法学作为教育法学领域的入门课程，通过课程教学和学生自主学习，能够帮助学生掌握教育法学领域的基础知识、基本理论以及我国教育法治的新理论与新问题。将教育法学纳入师范生必修课程和部分非师范专业的必修或选修课程能进一步充实和完善师范类人才培养体系，有利于提升师范生培养质量，为教育法学发展提供师资储备，增强师范生的使命感和社会责任感。

本书的主要内容一共十一章，归结为以下三部分：一是对教育法和教育法制的基本问题展开历时性和共时性的研究，并对国家教育权和受教育权进行详细讨论。二是对学校、教师、学生等作为教育法律关系主体时的相关问题进行全面分析，对家庭、社会与教育的法律关系作了专门描述，介绍了教育法律救济的不同情形。三是理论联系实际，以丰富的案例对教育实践中的典型教育法律问题进行专题研究。本书的主要内容体现了我们对教育法学研究的最新成果。

本书的特征鲜明是具有一定的创新性。首先，本书是新形态的教材。除了每章在体例上均包括内容提要、课程目标、主要内容、小结、案例讲解、习题等部分以外，还配备了教师同步授课的10~15分钟不等的小视频。学生可以通过扫描二维码或者登录网络在线课程进行自主学习。其次，本书的课程目标明确、层层递进。根据师范专业与非师范专业的不同特点，科学设置教学目标，使得每个教学单元都有明确的知识与技能、过程与方法、情感态度与价值观目标。同时，目标的达成度可测。第三，教学评价多元、反馈及时有效。每章节配有与知识点相呼应的课后思考题，建设有足够题型和题量的在线题库，支持线上线下互动答疑。通过以上方式可以进行及时有效的教学评价。

本书的编写工作由长期从事教育法学研究与教学的彭虹斌教授统筹组织，教材编写的其他主要成员蔡灿新博士长期从事教育法学的教学与研究工作，教育法学功底深厚；马早明系国内比较教育专家，对世界各国教育法制的历史颇有研究；其他成员许慧妍、肖海燕博士等人也是长期从事教育法学的研究，在教材编写过程中，都吸收了教育法学的最新成果。各章的编写分工如下：

第一章，彭虹斌；

第二章，吴琼、马早明；

第三章，许慧妍、彭虹斌；

第四章，肖海燕、彭虹斌；

第五章，许慧妍、彭虹斌；

第六章，彭虹斌；

第七章，彭虹斌、张春丽；

第八章，彭虹斌；

第九章，蔡灿新；

第十章，彭虹斌、王灯兵；

第十一章，蔡灿新。

全书的框架设计和统稿工作由彭虹斌完成。华南师范大学政治与公共管理学院研究生张梓祎、邓文意、孙若楠、邓丽、叶婷婷、黄祥华等对本书的编写提供了协助，在此对他们的辛苦工作表示由衷的感谢！

本书在编写过程中参考了大量国内外教育法学者的研究成果，在此向各位同仁表示感谢！华南师范大学谢锦霞，武汉大学出版社的黄金涛编辑在本书的编辑和出版过程中给予了大力支持，对他们致以诚挚的谢意！由于编者水平有限，本书的不足与疏漏之处，敬请读者批评指正。

彭虹斌

2019 年 12 月

目 录

第一章 教育法学基本原理 ... 1
第一节 教育法学是什么 ... 1
一、什么是法 ... 1
二、教育法的内涵 ... 4
三、教育法律关系 ... 7
第二节 教育法在法律体系中的地位 ... 8
一、教育法在法律体系中的地位 ... 8
二、教育法的体系 ... 9
第三节 教育法律规范的结构 ... 10
一、教育法律规范的结构 ... 10
二、教育法律规范的类型 ... 11
第四节 教育法学的研究对象 ... 12
一、学科性质 ... 12
二、研究对象 ... 13
第五节 教育法学的研究方法 ... 15

第二章 中外教育法制史 ... 18
第一节 国外教育法制史(英美法德日) ... 18
一、西方教育法的历史沿革 ... 18
二、部分西方国家的教育法制史 ... 20
三、国外教育法制建设的一般特点 ... 28
第二节 中国教育法制史 ... 29
一、中国教育法制发展历程 ... 29
二、我国现代教育法制的主要特点 ... 34

第三章 教育法的制定、实施与监督 ... 36
第一节 教育法的制定 ... 36
一、教育立法的内涵与立法原则 ... 36
二、教育立法权限的划分 ... 39
三、教育立法程序 ... 41

目录

第二节 教育法的实施 ·· 45
一、教育法实施的含义及过程 ··· 45
二、教育行政许可与确认 ·· 46
三、教育法的解释 ·· 47

第三节 教育法的监督 ·· 49
一、教育法的监督的含义 ·· 49
二、教育法的监督的作用 ·· 50
三、教育法的监督的主体、对象和类型 ····································· 50

第四章 教育法律责任 ·· 53

第一节 教育法律责任概述 ·· 53
一、教育法律责任的内涵 ·· 53
二、教育法律责任的类型 ·· 54
三、教育法律责任的构成要件 ··· 55
四、教育法律责任的归责原则 ··· 56

第二节 学校的法律责任 ·· 57
一、违规设立、变更、终止学校的法律责任 ······························· 57
二、违规招生、徇私舞弊的法律责任 ··· 57
三、违规收费的法律责任 ·· 58
四、违规颁发学位学历证书的法律责任 ····································· 59
五、违规使用教科书的法律责任 ·· 59
六、违规分设立重点班和非重点班的法律责任 ··························· 59
七、违规开除学生的法律责任 ··· 60
八、安全管理不到位的法律责任 ·· 60
九、民办学校违规的法律责任 ··· 60

第三节 校长的法律责任 ·· 61
一、挪用、克扣教育经费的法律责任 ··· 61
二、侮辱、殴打、打击报复教师的法律责任 ······························· 61
三、违规招生及徇私舞弊的法律责任 ··· 62
四、对校舍、教育教学设施监管不利的法律责任 ······················· 62
五、违规侵占学校财产的法律责任 ·· 62

第四节 教师的法律责任 ·· 62
一、故意不完成教育教学任务的法律责任 ·································· 63
二、体罚、侮辱、歧视学生的法律责任 ····································· 63
三、侵犯学生隐私的法律责任 ··· 63

第五节 学生的法律责任 ·· 64
一、扰乱教育教学秩序的法律责任 ·· 64
二、考试作弊的法律责任 ·· 64

三、违规取得或使用学历学位证书的法律责任 …………………………… 64
四、侵犯他人或机构合法权益的法律责任 ………………………………… 64

第五章 国家教育权 ……………………………………………………………… 66
第一节 教育权 …………………………………………………………………… 66
一、引言 ……………………………………………………………………… 66
二、教育权的内涵与性质 …………………………………………………… 67
第二节 国家教育权的内涵、特点与权源依据 ………………………………… 69
一、国家教育权的内涵 ……………………………………………………… 69
二、国家教育权的特征 ……………………………………………………… 69
三、国家教育权的权源依据 ………………………………………………… 70
第三节 国家教育权的演变 ……………………………………………………… 70
一、农业社会的国家教育权 ………………………………………………… 70
二、工业社会的国家教育权 ………………………………………………… 73
三、后工业社会的国家教育权 ……………………………………………… 77
第四节 国家教育权的内容 ……………………………………………………… 81
一、国家教育权的内容 ……………………………………………………… 82
二、国家教育权的实现 ……………………………………………………… 83

第六章 受教育权 ………………………………………………………………… 85
第一节 受教育权与学习权 ……………………………………………………… 85
一、受教育权 ………………………………………………………………… 85
二、学习权 …………………………………………………………………… 88
第二节 受教育权的性质与内容 ………………………………………………… 90
一、受教育权的性质 ………………………………………………………… 90
二、受教育权的内容 ………………………………………………………… 92
第三节 受教育权的法律救济 …………………………………………………… 94

第七章 家庭、社会与教育 ……………………………………………………… 98
第一节 家庭与教育 ……………………………………………………………… 98
一、父母教育权的确立 ……………………………………………………… 99
二、父母教育权的含义以及性质 …………………………………………… 101
三、父母教育权的内容 ……………………………………………………… 103
四、我国父母教育权的现状 ………………………………………………… 105
第二节 社会与教育 ……………………………………………………………… 106
一、学校参与社会活动中的法律问题 ……………………………………… 106
二、社会与学校协作中的法律问题 ………………………………………… 109

第八章 学校的法律地位 …… 114
第一节 英美法系和大陆法系国家的中小学法律地位 …… 114
一、大陆法系国家公立中小学的法律地位 …… 114
二、英美法系国家公立中小学法律地位 …… 119
第二节 我国中小学的法律地位 …… 121
一、我国中小学的准"法人"定位 …… 121
二、公立中小学的法律地位 …… 124
第三节 高等学校的法律地位 …… 128
一、英美法系国家高等学校的法律地位 …… 128
二、大陆法系国家高等学校的法律地位 …… 129
第四节 学校的设立 …… 132
一、设立的基本条件 …… 132
二、设立学校的基本程序 …… 133
第五节 义务教育阶段学校的权利、义务 …… 134

第九章 教师 …… 137
第一节 教师法律概述 …… 137
第二节 教师的权利 …… 139
一、教师的权利的内涵 …… 139
二、教师权利的保障 …… 143
第三节 教师义务 …… 145
一、教师义务的内涵 …… 145
二、教师义务的范畴 …… 146

第十章 学生 …… 152
第一节 学生的法律地位 …… 152
一、学生的法律地位 …… 152
二、学生的法律地位分析 …… 153
三、学生的权利和义务 …… 157
四、学生法律地位的特点 …… 160
第二节 学生的违法行为及法律责任 …… 161
一、学生的违法行为 …… 161
二、学生法律责任 …… 164
第三节 学生的权利救济 …… 165
一、学生救济性权利的主要内容 …… 165
二、学生权利救济的困境 …… 167

第十一章 教育法律救济 …………………………………………………… 171
第一节 教育法律救济的价值 ………………………………………… 171
第二节 教育申诉制度 ………………………………………………… 173
一、教育申诉的概念 ………………………………………………… 173
二、教师申诉制度的价值 …………………………………………… 173
三、教师申诉的程序 ………………………………………………… 175
第三节 教育行政复议 ………………………………………………… 176
一、行政复议的概念及特征 ………………………………………… 176
二、教育行政复议的程序 …………………………………………… 179
第四节 教育行政诉讼 ………………………………………………… 180
一、教育行政诉讼的特点 …………………………………………… 181
二、教育行政诉讼必须要遵循基本的原则 ………………………… 182

第一章　教育法学基本原理

【内容提要】

　　立法是一种调整利益分配的行为,是一种利益博弈,哪个利益集团在法律制定中占据主导地位,法就体现该利益集团的意志。教育法是国家制定并颁布,且由国家强制实施的各种规范教育活动的法律规范体系,教育法也有广义和狭义之分。从基本类型上看,教育法律关系包括行政法律关系、特殊优位关系、拟制契约关系和契约关系。教育法学隶属于教育学科,其研究方法主要有案例法、文献法、逻辑分析法与比较研究法,教育法学在传统上属于行政法,随着教育法学学科的壮大,教育法学有望成为一门独立部门领域。

【课程目标】

1. 识记"法""法律""法律责任"等概念,理解其含义。
2. 理解教育法的特点,教育法律关系的类型。
3. 理解教育法学的学科性质与研究方法。
4. 能运用教育法的基本原理解释教育法与行政法、民法的关系。

第一节　教育法学是什么

一、什么是法

　　在中国,古代汉语中的"法"和"律"二字早期是分开使用的,含义也各不相同。经过长期的发展,慢慢变为同一个意思,合称为"法律"。中文的"法"字古体写作"灋"。

　　根据东汉许慎所著《说文解字》一书的解释:"灋(fǎ),刑也,平之如水,从水;廌(zhì),所以触不直者去之,从去"①。由此可知,古代中国的"法"与"刑"是通用的,从"法"字的造型上看,法是要追求"平之若水"的。正如《说文解字》在解释法字时所说,"平之若水,从水",才有了法字。《说文解字》对"律"的解释是:"律,均布也"。"律者所以范(fàn)天下之不一而归于一。故曰均布也。"均布,是古代用竹管或金属管制成的定音仪器。将法律一词中的"律"字比作均布,说明"律"有规范人们

---

① 说文解字[M]. 北京:中华书局,1963:202.

行为的作用,是人们必须普遍遵守的行为规范。另外,参照中国历史上最早解释词义的《尔雅·释诂(gǔ)》篇的记载:"法,常也;律,常也。"意思是,法是人们日常行为的准则,它规定"必须怎样"、"不得怎样";法与常相辅相成。

若以现代法学观点分类,在中国几千年之久的数百种古代成文法典中,没有一部相对独立的民商法典。从一定意义上讲,在中国,法与刑法实际上是一回事。这种观念在一定程度上造成了我国现代重刑法轻民法的倾向。

中国农业社会是"礼"与"法"结合,是"礼治"为主、"法治"为辅的社会。"礼"被认为是一套规范社会生活、处理民间事务以及争端的价值体系,包括正式与非正式的祭祀、仪式、礼节、风俗、道德规则和政治规范,甚至法律上的规范。也就是说,礼治的"礼"不仅指终极的伦理道德规范,还包括儒家总结的礼仪制度,可以理解为社会交往中的规范或习俗。正是因为我国有悠久的礼治传统,法治只是在社会矛盾激化、治安状况恶化,或者社会矛盾威胁到政府统治时,政府才会采用严酷的刑罚来维护社会稳定。

从汉代开始,儒家文化成了官方唯一提倡的学说。礼治就成了我国农业社会最主要的治理手段。由于民法地位的缺失,法几乎等同于刑法。在中国社会的意识深处,将法律作为惩恶扬善的工具,这种价值观还有十分普遍且深厚的社会基础。

中国古代最早的法律起源于"礼"与"刑"之间的关系,即"刑起于兵,法源于礼"。我国古代最早的法律是《周礼·秋官·司刑》。夏代是中国第一个奴隶制国家,其法律总称为"禹(yǔ)刑"。《周礼·秋官·司刑》注:"夏刑大辟二百,膑(bìn)刑三百,宫刑五百,劓(yì)刑各千。"中国古代的"刑"与"法"含义相同,刑罚的出现,标志着夏代法律制度已经产生。

后来秦的《田律》、汉朝《九章律》出现,魏晋之后,有《魏律》《晋律》《北齐律》《隋律》《唐律》《大明律》《大清律》。此外,还有大量的命、令、敕、谕、科、比、格、式、例、浩、典等,不一而足;这些法律制度涉及政府行政以及民事关系,但主要与刑法有关,如有违反法律的行为,要用刑罚予以制裁。

法的概念有很多种,不同的学派对"法"的理解也不一样。我国传统法学理论将法定义为"取得胜利并掌握国家政权的统治阶级意志的体现"①,立法则是将统治阶级的意志转化为国家意志,以规范社会生产生活的活动。对法的本质的理解,比较典型的表述是"法是国家意志的体现"或"法是统治阶级意志的体现",也有人认为法的本质是部分社会成员共同意志的体现②。那么,到底法是体现了国家的意志,还是统治阶级或部分社会成员的共同意志?这要看到底是谁制定了"法",或者说,哪些成员在法律制定中占据了主导话语权。在政府权力比较强大的国家,多数法律主要体现的是当权者的利益,法较多地体现了当权政府的意志;在政府权力受到制衡的民主国家,主要是由议会或其他立法机关以国家主权名义发布规范性文件,多数法律是不同利益相关者博弈的结果,体现了占主导地位的利益相关者的意志。"立法并不是一个法律起草机构的静态文本输出,而是一个

---

① 李培传. 论立法 [M]. 北京:中国法制出版社,2013:3.
② 张帆. 法的本质析 [J]. 求实,2006,(2).

动态的社会和政治过程。"① 立法的本质亦是一种处理利益调整的政策制定活动。在这个意义上，立法是一种调整利益分配的行为，也就是我们通常所说的，立法是一种利益博弈。归根到底，"意志"是由法律制定中的话语权决定的，哪个利益集团在法律制定中占据主导地位，法就体现哪个利益集团的意志。

广义的法或法律是由国家机关制定或认可，并由国家强制力保证实施的各种行为规范的总称，包括宪法、法律、条例、规章、国际公约等等，其制定主体比较多，既包括全国人民代表大会及其常务委员会，也包括国务院以及各部委，还有省市自治区、计划单列市人民代表大会及其常务委员。全国人民代表大会和全国人民代表大会常务委员会行使国家立法权。全国人民代表大会制定和修改宪法以及刑事、民事、国家机构的和其他的基本法律。全国人民代表大会常务委员会制定和修改除应当由全国人民代表大会制定的法律以外的其他法律，并在全国人民代表大会闭会期间，对全国人民代表大会制定的法律进行部分补充和修改，但是不得同该法律的基本原则相抵触；国务院根据宪法和法律，制定行政法规，如《中华人民共和国学位条例》（2004）、《普通高等学校学生管理规定》（2017）、《教师资格条例》（1995）、《校车安全管理条例》（2012）、《教育督导条例》（2012）等等，这些属于行政法规；省、自治区、直辖市的人民代表大会及其常务委员会根据本行政区域的具体情况和实际需要，在不同宪法、法律、行政法规相抵触的前提下，可以制定地方性法规，如《山西省实施〈中华人民共和国义务教育法〉的办法》（2010）、《太原市保护中小学教育环境办法》（1995 年颁布，2010 年修正）、《太原市学前教育管理条例》（2004）、《太原市终身教育促进条例》（2012）；教育部制定的部门规章有很多，如《高等学校校园秩序管理若干规定》（1990）、《小学管理规程》（1993）、《幼儿园工作规程》（1996）、《学生伤害事故处理办法》（2002 年，2010 年修订）、《独立学院设置与管理办法》（2008）、《普通高等学校招生违规行为处理暂行办法》（2014）、《普通高等学校理事会规程》（2014）等等；教育规范性文件如《对农村义务教育阶段家庭经济困难学生免费提供教科书工作暂行管理办法》（2004）、《中小学班主任工作规定》（2009）、《普通高中助学金管理暂行办法》（2010）、《中小学责任督学挂牌督导办法》（2013）等等。

狭义的法律是指具有立法权力的部门按照法定的程序制定并颁布的规范性文件，在我国主要是指全国人民代表大会及其常务委员会所制定的各种法律，如我国主要的教育法律有《中华人民共和国教育法》（1995 年，2009 年修订）、《中华人民共和国教师法》（1994 年，2009 年修订）、《中华人民共和国高等教育法》（1999）、《中华人民共和国通用语言文字法》（2001）、《中华人民共和国国防教育法》（2001）、《中华人民共和国民办教育促进法》（2003 年，2013 年和 2016 年修订）、《中华人民共和国义务教育法》（2006）、《未成年人保护法》（2007 年，2012 年修订）等。其他类型的法律有：《中华人民共和国环境保护法》《婚姻法》《公司法》《破产法》等。

英语中的"law"与汉语中的"法律"一词的含义基本相当，既可以作为广义理解，

---

① William J. Novak, Making the Modern American Legislative State, in Jeffery A. Jenkins and Eric M. Patashnik, Living Legislation Dubrability, Change, Politics of American Lawmaking, The University of Chicago Press, 2012: 20.

也可以作为狭义理解，具体含义则要看该名词是单数还是复数，并要联系上下文进行判断。另外，"law"还可以指规律或者法则等。

《立法法》规定了全国人大及其常委会的专属立法权。全国人民代表大会制定和修改刑事、民事、国家机构的和其他的基本法律；全国人民代表大会常务委员会制定和修改除应当由全国人民代表大会制定的法律以外的其他法律，并在全国人民代表大会闭会期间，可以对全国人民代表大会制定的法律进行部分补充和修改，但不得同该法律的基本原则相抵触。《立法法》还规定，对国家主权的事项，国家机构的产生、组织和职权，民族区域自治制度，特别行政区制度、基层群众自治制度，犯罪和刑罚，对公民政治权利的剥夺、限制人身自由的强制措施和处罚，对非国有财产的征收，民事基本制度，基本经济制度以及财政、税收、海关、金融和外贸的基本制度，诉讼和仲裁制度等事项，只能制定法律。

全国人大及其常委会制定的法律，确立了国家经济建设、政治建设、文化建设、社会建设以及生态文明建设各个方面重要的、基本的法律制度，构成了中国特色社会主义法律体系的主干，也为行政法规、地方性法规的制定提供了重要依据。

行政法规是中国特色社会主义法律体系的重要组成部分。国务院根据宪法和法律，制定行政法规，这是国务院履行宪法和法律赋予的职责的重要形式。行政法规可以就执行法律的规定和履行国务院行政管理职权的事项作出规定，同时对应当由全国人大及其常委会制定法律的事项，国务院可以根据全国人大及其常委会的授权决定先制定行政法规。行政法规在中国特色社会主义法律体系中具有重要地位，是法律规定的相关制度的具体化，是对法律的细化和补充。

二、教育法的内涵

（一）教育法的含义

教育法就是国家制定并颁布，并由国家强制实施的各种规范教育活动的法律规范体系，教育法也有广义和狭义之分。广义的教育法包括全国人大及其常委会制定的各种法律、国务院以及各级教育行政部门制定和颁布的教育行政法规，还包括国际教育条约与协定；狭义的教育法指的是全国人大及其常委会制定的各种法律。总体而言，对教育法的含义可从三个方面来理解：第一，教育法是国家意志的结果，制定或认可是教育法的形成方式；第二，教育法由国家强制力保证其实施，强制性是教育法的本质特性；第三，教育法是调整教育领域内不同主体之间的权利和义务关系的行为规范。

【典型案例】

曹某诉睢宁县树人中学一般人格权纠纷案

原告曹某系被告睢宁县树人中学初中学生。2011年10月10日在上体育课期间，体育老师让原告班级学生在该校体育场塑胶跑道练习蛙跳。原告在练习过程中不慎摔倒受伤。班主任和体育老师将其送往睢宁县人民医院诊治，伤情诊断为左尺桡骨骨折。原告认为，学校未对原告尽到管理、保护的义务，被告认为校方已经尽到所有义务。由于双方不能达成一致意见，原告诉至法院，要求被告承担全部责任，赔偿原告医疗费、护理费、住院伙食补助费、营养费、二次手术费、精神损失费共计56519.80元，并由被告承担诉讼费用。另外，原告曹某曾在2011年5月，在学校课间休息时和同学玩耍，摔倒受伤致左尺桡骨骨折，当时由语文老师送往医院，打了石膏，没有住院。

◎ **裁判结果**：江苏省睢宁县人民法院认为，原、被告双方均存在一定过错。被告没有完全尽到管理和保护义务。在此次受伤前几个月，原告左臂在学校因摔倒骨折并打石膏这一事实，被告睢宁县树人中学是知情的，初二新学期开始后原告因左臂曾受伤，又向新任班主任老师声明不能做操，且原告受伤的那节体育课，班主任也在现场。另外，体育老师在教学过程中安全保护措施没有完全到位。原告方面，由于左臂曾经骨折过，在体育老师曾明确告知身体不适可请假的情况下没有及时请假，自身也存在一定过错。原、被告应对此次校园伤害事故各自承担30%和70%的责任。依照相关法律规定，判决被告睢宁县树人中学一次性支付原告曹某已经发生的医疗费、护理费、住院伙食补助费、营养费共计14618.57元。

◎ **案例分析**：在这个案例中，我们可以了解到，教育法是调整教育领域内不同主体之间的权利和义务关系的行为规范，需对不同主体的责任界限进行划分。此案中，被告体育老师在教学过程中安全保护措施没有完全到位。原告方面，由于左臂曾经骨折过，在体育老师曾明确告知身体不适可请假的情况下没有及时请假，自身也存在一定过错。双方都有责任，只是责任的程度不同。江苏省睢宁县人民法院的判决正是对此次校园伤害事故的责任界限以及利益纠纷进行调整的结果。

(二) 教育法的本质属性

1. 教育法是规范教育活动或教育行为的规范

教育法首先是一种行为规范，行为规范就是人们在社会生活中必须遵循的行为规则或准则。调整教育活动的规范有技术性的，也有社会性的。技术性的规范调整的是人与自然之间的关系，例如煮水的规范、下雪天防滑的规范，这些规范都是人应对自然应该遵守的；社会性规范则是调整人与人之间的社会关系的规范，例如尊老爱幼、待人要有礼貌等。通过一系列的行为规则或行动准则可以规范人的行为，调整社会中人与人之间的关系。教育法是调整教育领域内不同主体之间的权利和义务关系的行为规范，通过确立不同主体的权利与义务关系来保证教育活动的组织与实施。

2. 教育法是由国家立法机关制定的行为规范

教育法是由国家制定或认可的，制定或认可是国家创制法律的两种基本形式。法的制定是指专门的国家机关制定以及修订法律，我国的《立法法》第七条规定："全国人民代表大会和全国人民代表大会常务委员会行使国家立法权。全国人民代表大会制定和修改刑事、民事、国家机构的和其他的基本法律。全国人民代表大会常务委员会制定和修改除应当由全国人民代表大会制定的法律以外的其他法律，并在全国人民代表大会闭会期间，对全国人民代表大会制定的法律进行部分补充和修改，但是不得同该法律的基本原则相抵触。"认可则是赋予已经存在的教育方面的规范或判例等法的效力。在英美法系国家，先前的判例对后面的社会实践以及判案起着指导作用。

3. 教育法是以国家强制力保证实施的行为规范

法律规范、道德规范和社会习俗等社会规范对公民都有一定的约束力，但是道德规范是靠社会舆论的引导以及个人自律来约束个人的；社会习俗是各地长期的社会文化所熏陶形成的日常规范，对人的约束主要靠舆论的力量和年长者的敦促以及个人的自愿自觉来遵守；教育法律规范则是靠国家或政府的强制力来实施的，强制性是所有法律的本质特性。教育法的强制性表现为以国家强制机构（政府有关部门、警察、法院、军队）和相关的强制措施作为后盾。教育法是外在强制性的社会规范，需要通过强制手段保证其实施。

【典型案例】

王寒峰与单县浮岗镇中心学校、单县浮岗镇聂付庄小学生命权、健康权、身体权纠纷案

2014年5月4日下午课间休息时，原告在教学楼三楼栏杆旁玩耍，不慎坠下楼摔伤。随即被送往单县中心医院治疗，支付医疗费用共计449648.85元。住院期间及出院后二被告多次交付原告父母现金共计340685.7元。2014年12月24日原告的伤情经鉴定为一级伤残，护理依赖程度属完全依赖护理，住院期间需贰人护理，后续治疗费76000元，终生平均需每日80元营养费、30元康复费。原告支付鉴定费3700元。

另查明，被告中心学校系独立事业单位法人，被告聂付庄小学未进行法人登记。2013年度山东省农民人均纯收入10620元，农民人均生活消费支出7393元，农、林、牧、渔业人均年平均工资40500元。

◎裁判结果：本案争执的焦点是：1. 被告聂付庄小学在本案中是否尽到教育、管理职责和保护义务？2. 原告要求二被告赔偿各项费用165万元有无事实和法律依据？

原审法院审理认为被告聂付庄小学在本案中未完全尽到教育、管理职责和保护义务，应承担与其过错相对应的赔偿责任。由于被告聂付庄小学不具备独立法人资格，对外不能独立承担民事责任，其赔偿责任应由上一级管理单位即被告中心学校承担。原告已年满13周岁，应当认识到三楼栏杆旁玩耍可能发生的危险。由对此，原告应承担本案的主要责任，根据双方过错程度，本院酌定被告中心学校承担25%的责任，原告自负75%的责任。因此判决被告单县浮岗镇中心学校于本判决生效后三十日内支付原告王某甲医疗费、护理费等共计277869.19元。驳回原告要求被告单县浮岗镇聂付庄小学承担赔偿责任的诉讼请求，驳回原告王某甲其他诉讼请求。

◎案例分析：根据《校园伤害事故处理办法》第八条："学生伤害事故的责任，应当根据相关当事人的行为与损害后果之间的因果关系依法确定。因学校、学生或者

其他相关当事人的过错造成的学生伤害事故，相关当事人应当根据其行为过错程度的比例及其与损害后果之间的因果关系承担相应的责任。当事人的行为是损害后果发生的主要原因，应当承担主要责任；当事人的行为是损害后果发生的非主要原因，承担相应的责任。"原告于课间休息时在教学楼三楼栏杆旁玩耍，不慎坠下摔伤，不属于在课堂或教学活动期间教师监视范围之内，原告应承担主要责任。但因被告聂付庄小学不具备独立法人资格，由中心学校代为赔偿部分医药费。

三、教育法律关系

（一）教育法律关系的含义

教育法律关系类型丰富、形式繁多，教育法学面对的权利义务关系是非常复杂的。教育的主体涉及国家、学校、教师、学生、家庭和其他社会力量等，教育的基本法律关系至少需要处理国家、学校、教师（教育者）、学生（受教育者）以及家长之间的权利义务关系。从教育法的规范和调整对象来看，大部分的关系可以归为行政法律关系，但又不止于行政法律关系。

（二）教育法律关系的类型

从基本的类型上看，教育法律关系包括行政法律关系、特殊优位关系、拟制契约关系和契约关系。①

1. 行政法律关系

教育行政管理机关对学校进行管理、对教师进行奖励和处罚，公立学校依公法授权对师生进行管理和奖惩，都体现了高权属性，其依托的法理关系属于行政法律关系，如国家与学校的关系、学校与教师和学生的关系、政府与教师和学生的关系。

2. 特殊优位关系

学业评价与学术评价等体现的是知识和专业上的"优先地位"，评价者享有专业上的判断优势和发言权，一般情况下专业评价本身不受司法审查，部分学业评价具有高度属人性，也就是人性化色彩很浓，甚至属于"不可替代的决定"。这种优位关系与由高位权力约束低位权力等原因导致的规范性优位关系有区别，它是一种作用范围有限、作用形式特定化的特殊优位关系，体现着思想和知识的尊严，体现着学术自由的内在价值，也是教育法中特殊的法律关系类型和理论构造。对于此种专业判断，法院一般不进行审查；即使进行审查，也仅仅在其明显属于行使行政权力之时介入，而且认为在此种情况下，重要的不是评价结果，而是对价值形塑因素的宣告和详细的说明。这种情况比较常见的有学校的学业评价、高等学校的学术评价，专家团队或导师团队对学业评价有决定权。例如，在学术论文的答辩中，答辩委员会的集体意见具有裁决权。又如在水利工程建设中，专家的意见具有重要的指导意义。

---

① 湛中乐，苏宇. 教育法学的理论体系与学科建设初论［J］. 北京大学学报，2016，（2）：13-24.

3. 契约关系

学校聘任教师、采购物资、签订科研协议等，体现的是契约关系。契约关系中包含一般民事合同、劳动合同、劳务合同等不同种类的契约，法律关系丰富而复杂。严格而论，教育法中的契约关系包括公法合同和私法合同，但因我国法律还未正式承认公法合同，因此，像科研合同等尚无法完全通过法律手段保障相关各方的合法权益。

4. 拟制契约关系

拟制契约关系是指学校与师生之间的某些关系（如提供教学服务）并不是真正意义上的契约关系，而是一种类似于契约关系的法律关系，但有些地方可以按照契约关系去理解。学校与学生之间还存在着一些非严格意义上的契约关系，这种契约关系可以有效地解释学校的保护义务及附随义务，也可以解释学校要求学生遵守学校规章制度的正当性基础。这是一种拟制契约关系。

5. 民事法律关系

教育法律关系中仍有一些民事法律关系，如父母与其子女、家长与学校的关系，学生与社会的关系等。

第二节　教育法在法律体系中的地位

一、教育法在法律体系中的地位

教育法作为一个专门的部门分支法，按照一定的原则组成了一个相互联系、完整统一的结构，在整个法律体系中具有举足轻重的地位。

法学界将不同国家的法律体系分为大陆法系和英美法系两大类别。大陆法系国家将法律分为公法和私法。就法律的目的而言，公法是以公益为目的，私法则是以私人利益为目的；就法律关系而言，公法调整的是国家之间、政府与公民之间的权利关系，私法调整的是个人或团体之间，及其与政府之间的私权关系；就法律关系的性质而言，公法是权力者与服从者的关系，私法调整的是对等者之间的关系。

英美法系国家存在普通法与衡平法的划分，而很少进行公法与私法的划分，但是法律实践中也存在类似公法与私法的成文法，如《宪法》《行政法》《合同法》《侵权法》等，判例成为这些国家的重要法律依据。

中国被认为是广义的大陆法系国家，在理论上一般认为教育法应该属于公法[①]，但教育法中大量的条款涉及私人的教育权益，如关涉家长与学校和教师的关系、家长与子女的关系，但教育的权力与义务关系等不是一般行政法学所能包括的。教育中的法律问题涉及行政问题、民事问题，甚至刑法问题。目前我国对教育法在法律体系中的地位尚未达成一致意见。关于教育法的性质，目前有五种学说，即"独立部门法说""行政法来历说""行业法学说""综合性的法律部门说""发展说"。

独立部门说认为，教育法是法学中的一个独立部门；行政法来历说认为，教育法学位

---

① 申素平. 教育法学：原理、规范与应用 [M]. 北京：教育科学出版社，2009：5.

于行政法学之下，教育法是行政法的一部分；行业法学说则认为，教育法是一个行业的法律，与商业、房地产、保险业这类行业的法律属同一个层次；综合性的法律部门说认为，教育法不能称为一个法律部门或者某一学科，其只是一个综合性研究领域，不是一个独立的部门；发展说认为，当前的教育法仍属于行政法，但随着教育立法的发展，教育法有可能从行政法中独立出来。

二、教育法的体系

教育法在纵向上包括5~6个层次。教育法的纵向结构是对教育法调整内容，并根据效力等级而作出的划分。从纵向结构来看，我国的教育法可以分为6个层级。最高层级是《宪法》中对于教育的规定；第二层级的教育基本法由全国人民代表大会制定，体现为《教育法》；第三层是单行法，如《义务教育法》《民办教育促进法》《高等教育法》《职业教育法》等；第四层级是国务院及其常务委员会颁布的教育行政法规，如《教育督导条例》（2012）、《教师资格条例》（2000）等等；第五层是地方性教育法规，各省为了推动法制建设都根据中央颁布的法律法规出台各种各样的地方性法规，如《江西省教育督导规定》（2015）、《江西省学生人身伤害事故预防与处理办法》（2015）；根据制定机关的不同，规章可以分为两类：一是由国务院的组成部门和直属机构在它们的职权范围内制定的规范性文件，不须经国务院批准，这是行政规章，或者称为部门规章。行政规章要服从宪法、法律和行政法规，其与地方性法规处于同一个级别；另一种规章是地方行政规章，是由省、自治区和直辖市人民政府，以及省人民政府所在地的市的人民政府和国务院批准的较大的市的人民政府制定的规范性文件。地方政府规章除了服从宪法、法律和行政法规外，还要服从地方性法规。

以教育部出台的规章为例，2011年以来教育部相继出台《高等学校章程制定暂行办法》《学校教职工代表大会规定》《高等学校学术委员会规程》和《普通高等学校理事会规程（试行）》等多个部门规章，对高等学校内部治理结构问题进行了系统立法。

表1-1

层次	法的形式	制定部门	影响范围
第一层次	宪法中有关教育条款	全国人民代表大会	全国
第二层次	教育基本法	全国人民代表大会	全国
第三层次	教育单行法	全国人民代表大会及其常务委员会	全国
第四层次	教育行政法规	国务院	全国
第五层次	地方性教育法规	省、自治区、直辖市的人民代表大会及其常务委员会	本行政区域
第六层次	部门教育规章、地方政府教育规章	前者由国务院有关部委如教育部或其他部委制定；后者由省、自治区、直辖市、计划单列市政府部门及其主管教育行政部门制定	前者的范围是全国；后者的范围是所在行政区域

通过 40 年的教育立法实践，一个以宪法教育条款为核心、《教育法》为母法，涵括了教育法律、教育法规、教育规章，以及教育规范性文件的教育法制体系基本形成。到目前为止，已经颁布施行的教育法律共有 8 部，加上 16 部教育行政法规、79 部部门规章和两百多部地方性法规和规章，共同构成了我国教育法律体系的基本框架。① 教育法律的颁布和完善是巨大的历史进步，它意味着我们的领导者和教育工作者终于有了用法律来调整社会教育关系、用法律来规范教育活动的意识和行动。无论推动教育法律产生的直接动力是教育权的需求，还是基于受教育权的需要，教育法律的制定和实施，可以说开启了中国教育发展的新篇章。

我国的《立法法》第八十七条至第九十二条对宪法、法律、规章之间的法律效力划分作了说明："宪法具有最高的法律效力，一切法律、行政法规、地方性法规、自治条例和单行条例、规章都不得同宪法相抵触。法律的效力高于行政法规、地方性法规、规章。行政法规的效力高于地方性法规、规章。地方性法规的效力高于本级和下级地方政府规章。省、自治区的人民政府制定的规章的效力高于本行政区域内的设区的市、自治州的人民政府制定的规章。自治条例和单行条例依法对法律、行政法规、地方性法规作变通规定的，在本自治地方适用自治条例和单行条例的规定。经济特区法规根据授权对法律、行政法规、地方性法规作变通规定的，在本经济特区适用经济特区法规的规定。部门规章之间、部门规章与地方政府规章之间具有同等效力，在各自的权限范围内施行。同一机关制定的法律、行政法规、地方性法规、自治条例和单行条例、规章，特别规定与一般规定不一致的，适用特别规定；新的规定与旧的规定不一致的，适用新的规定。"

第三节 教育法律规范的结构

教育法律规范是指由国家机关制定或认可并由国家强制力保证实施的教育方面的行为规范或准则。教育法律规范以权利义务为内容，通过具体的条文体现出来。理解教育具有一定的内在逻辑结构法律规范并掌握其内在结构，是广大师生以及家长适用教育法规的前提，也是教育法律规范的制定者正确研制教育法律规范的基础。

一、教育法律规范的结构

1. 假定条件

假定条件是法律规范适用的条件和范围，它表明在何种条件下这一规则有效，表现为"在……情况下，某一规则生效"。例如，《中华人民共和国教育法》第九章法律责任第七十一条规定："违反国家财政制度、财务制度，挪用、克扣教育经费的，由上级机关责令限期归还被挪用、克扣的经费，并对直接负责的主管人员和其他直接责任人员依法给予处分；构成犯罪的，依法追究刑事责任。"这里的"违反国家财政制度、财务制度，挪用、克扣教育经费的"是假定条件。

---

① 申素平，周航赤，郝盼盼. 改革开放 40 年我国教育法治建设的回顾与展望 [J]. 教育研究，2018，(8).

2. 处理

"处理"又称为"行为准则",是指教育法律规范规定的对于某类行为的基本要求。指明了人们的行为方式和标准、权利和义务等,也就是规定应当做什么,可以做什么,禁止做什么,如《义务教育法》的第八条规定:"人民政府教育督导机构对义务教育工作执行法律法规情况、教育教学质量以及义务教育均衡发展状况等进行督导,督导报告向社会公布。"这一条对人民政府教育督导机构应该做什么作出了具体的规定;第十条规定:"对在义务教育实施工作中做出突出贡献的社会组织和个人,各级人民政府及其有关部门按照有关规定给予表彰、奖励。"这一条中的前半部分是条件,后半部分"各级人民政府及其有关部门按照有关规定给予表彰、奖励"是应该做或可以做的内容;第二十五条规定:"学校不得违反国家规定收取费用,不得以向学生推销或者变相推销商品、服务等方式谋取利益。"该条中学校不得做的内容就是禁止的行为。

3. 法律后果

法律后果也称之为"奖惩"或"制裁",是在某种条件下,人们按照教育法律规范做出或没有按照规定做出某种行为,应当承担的法律后果,包括遵守教育法律规范的肯定性奖励和违反教育法律规范所应承担的法律后果。例如,《民办教育促进法》第四十八条规定:"民办学校依照国家有关法律、法规,可以接受公民、法人或者其他组织的捐赠。国家对向民办学校捐赠财产的公民、法人或者其他组织按照有关规定给予税收优惠,并予以表彰。"这就是遵照《民办教育促进法》的有关规定可以得到的奖励。第六十二条规定:"民办学校有下列行为之一的,由县级以上人民政府教育行政部门、人力资源社会保障行政部门或者其他有关部门责令限期改正,并予以警告;有违法所得的,退还所收费用后没收违法所得;情节严重的,责令停止招生、吊销办学许可证;构成犯罪的,依法追究刑事责任:(1)擅自分立、合并民办学校的;(2)擅自改变民办学校名称、层次、类别和举办者的;(3)发布虚假招生简章或者广告,骗取钱财的;(4)非法颁发或伪造学历证书、结业证书、培训证书、职业资格证书的;(5)管理混乱严重影响教育教学,产生恶劣社会影响的;(6)提交虚假证明文件或者采取其他欺诈手段隐瞒重要事实骗取办学许可证的;(7)伪造、变造、买卖、出租、出借办学许可证的;(8)恶意终止办学、抽逃资金或者挪用办学经费的。"这是对违反《民办教育促进法》有关规定所实施的惩罚,情节较轻的有警告、退还所收费用后没收违法所得;情节严重的,责令停止招生、吊销办学许可证;构成犯罪的,依法追究刑事责任。

二、教育法律规范的类型

教育法律规范可以按照不同的标准进行分类。按照性质的不同,我们可以将法律规范分为义务性规范、授权性规范和禁止性规范。

1. 义务性规范

义务性规范是指人们根据教育法律规范的要求,应该承担一定的义务,必须作出一定行为的法律规范。这种法律规范在法律条文中一般用"必须""应当"和"义务"等表述方式,其特点是要求人们必须承担一定的法律责任和法定义务。例如,《义务教育法》第五条规定:"各级人民政府及其有关部门应当履行本法规定的各项职责,保障适龄儿童、少年接受义务教育的权利。适龄儿童、少年的父母或者其他法定监护人应当依法保证其按时入学接受并完成义务教育。"《民办教育促进法》第四条规定:"民办学校应当遵守法律、法规,贯彻国家的教育方针,保证教育质量,致力于培养社会主义建设事业的各类人才。民办学校应当贯彻教育与宗教相分离的原则。任何组织和个人不得利用宗教进行妨碍国家教育制度的活动。"我国的《教师法》第十七条规定:"学校和其他教育机构应当逐步实行教师聘任制。教师的聘任应当遵循双方地位平等的原则,由学位和教师签订聘任合同,明确规定双方的权利、义务和责任。"我们从上面的几条法律条文中就可以看到"应当"一词的使用。

2. 授权性规范

授权性规范是指法律授权给人们可以作出某种行为,或法律要求他人作出或不作出某种行为的规范。这种法律规范的特点是,法律既不禁止人们作出一定的行为,也不要求人们必须作出一定的行为,而是授权人们可以作出一定的行为。这种法律规范在文字表述上一般用"可以""有权"。例如,《民办教育促进法》第十九条规定:"民办学校的举办者可以自主选择设立非营利性或者营利性民办学校。"这条规定说明,民办学校在登记时可以选择营利性或者选择非营利性。我国的《教师法》第十条规定:"国家实行教师资格制度。中国公民凡遵守宪法和法律,热爱教育事业,具有良好的思想品德,具备本法规定的学历或者经国家教师资格考试合格,有教育教学能力,经认定合格的,可以取得教师资格。"这就是说,按照规定的程序取得学历或者经国家教师资格考试合格,经过认定,可以取得教师资格,该老师也可以放弃这个资格。

3. 禁止性规范

禁止性规范是指直接规定人们不得作出某种行为的法律规范,这种规范的特点就是禁止人们的一些行为,或者规定人们不得作出某种行为。在文字表述上,常常使用"不得""禁止""不准"。我国的《义务教育法》第二十七条规定:"对违反学校管理制度的学生,学校应当予以批评教育,不得开除。"第十四条规定:"禁止用人单位招用应当接受义务教育的适龄儿童、少年。"

第四节 教育法学的研究对象

一、学科性质

由于教育法学涉及教育学与法学两个大的学科门类,目前学界对教育法学学科归属问题的探讨有如下三种观点。第一种观点认为,教育法学应属于教育学学科范畴,应遵循教育学的研究范式①。在现实中,中国大陆的师范大学或学院的教育法学课程是在教育学或教育经济与管理专业中开设的。该观点主张将教育法学学科作为教育学科的分支学科,立足于教育学的理论来研究学校教育教学活动中的法律问题。将教育法学作为教育学研究的一种视角和工具,其目的是想借助教育学的思维方式和基本原理来探究教育现象中的法律

---

① 郑良信. 教育法学通论 [M]. 南宁:广西教育出版社,2000:3.

问题，试图为教育学科的研究增添活力；第二种观点认为，教育法学是法学的分支学科，是研究存在于教育过程之中的法律现象及其发展规律的科学，应遵循法学的研究范式①。有人甚至将教育法学学科作为法学中行政法学的分支学科，并运用行政法学的相关理论去解释并分析教育法律现象；第三种观点认为，教育法学是法学和教育学的一门共同的分支学科，行政法学为其提供了总论的功能，教育学为其提供了应用原理②，即教育法学是教育学与法学学科间的交叉学科，其研究范式应介于两者之间，应运用教育学的有关知识和法学的理论来研究现实教育问题中所涉及的法律问题。

本书倾向于第三种观点，将教育法学作为教育学与法学的交叉学科。原因有三，其一，教育法学的研究问题是教育中的问题，涉及教育的各个领域，但又必须按照教育中的法律规范来处理；其二，现实中，教育法学主要是在大学的教育学院开设，如，美国的大学自20世纪50年代开始，很多大学的教育学院就把教育法学作为一门正式的课程来开设；中国的大学或学院则把教育法学作为教育学院（系）的教育学、教育管理学或教育经济与管理专业开设；其三，教育法学问题的研究主要是借助法学的理论、方法和范式，同时也参照教育学学科理论与方法。

二、研究对象

教育法学作为一门独立的学科，应有属于自己学科的研究对象或基本问题。教育法学主要是通过借用宪法学、行政法学、民法学的概念及其学术范式形成和建立起来的。但是，如果把教育法学作为一门独立的学科，那么它理应有自己独立的研究内容、成熟的研究方法和规范的学科体系。

对于我国教育法学研究的内容，学界有不同的观点，主要包括：教育法律现象说、教育法律问题说、教育法律关系说与近年来兴起的受教育权说。

著名科学哲学家曾经说过，"科学研究始于问题"③。问题就是研究过程中出现的在在理论上或实践中没法解决的疑惑或困境，教育法学研究就是要解决教育实践中出现的在法律理论或实践中没法解决或解决得不好，或者不能让相关方得到公平处理的法律问题。这就需要教育法学理论工作者与实践者共同探讨，以求得科学、公平、合理的解决办法。例如北京大学的刘燕文案，这是北京大学在1949年以后，学位授予上的第一案，该案判决的不合理引起了教育法学界的广泛讨论和争议，也促进了法治的完善。

【案例】

刘燕文诉北京大学案

1995年12月，北大1992级无线电电子学系博士研究生刘燕文提出答辩申请，

---

① 何瑞坤. 教育法学的研究对象初探 [J]. 辽宁高等教育研究, 1986, (3)；公丕祥. 教育法教程 [M]. 北京：高等教育出版社, 2000：1.

② 劳凯声. 教育法与教育法学 [J]. 中国法学教育研究, 2007, (4).

③ [美] 波普尔, 傅季重等译. 猜想与反驳：客观知识的增长 [M]. 上海：上海译文出版社, 1986：317-318.

将其博士论文《超短脉冲激光驱动的大电流密度的光电阴极的研究》提交学校；1996年1月10日，刘的论文以全票7票通过了电子学系论文答辩委员会的答辩；1月19日，系学位评定委员会以12人同意、1人不同意的表决结果，建议授予刘博士学位；同年1月24日，北京大学学位评定委员会召开会议，应到委员21人，实到16人，投票结果是6票赞成、7票反对、3票弃权。因此，校学位评定委员会不批准授予刘博士学位。此后，北大既没有授予刘博士学位，也没有授予其博士学位证书，而是为其颁发了博士研究生结业证书。这个结果意味着，刘在三级学位评定制度中通过了前两级对其专业比较懂行的委员会的评审，却被来自众多学科领域的校级评定委员会"否决"了。

不服气的刘燕文四处申告，一直未果。1999年9月，海淀法院终于受理了刘燕文诉北大案。也许是为刘的执著所感动，当时还是北大法学院博士研究生的何海波、何兵没有考虑此事可能给自己带来的消极影响，充当刘的诉讼代理人，与自己的老师湛中乐在法庭上激烈辩论。

1999年12月，海淀法院一审判决撤销北大为刘燕文颁发的博士研究生结业证书，责令北大在判决生效后两个月内向原告刘燕文颁发博士研究生学位证书；撤销北大学位评定委员会不授予刘燕文博士学位的决定，责令北大学位评定委员会于判决生效后三个月内对是否批准授予刘燕文博士学位的决议审查后重新作出决定。北大不服，提起上诉。北京市第一中级人民法院裁定撤销海淀法院的判决，发回重审。2000年12月，海淀法院以"超过诉讼时效"为由，驳回了刘燕文的诉讼请求。

◎**案例分析**：刘燕文案涉及高等学校授予学位的程序性、合法性，高等学校办学的自主权与学术自由，以及司法部门与学校之间的法律关系等诸多法律问题。严格意义上讲，刘燕文的论文以全票7票通过了电子学系论文答辩委员会的答辩，在程序上是可以获得博士学位的，因为答辩委员在专业上有话语权。而北京大学学位评定委员会是由不同领域专家组成的集体，只是负责形式审查，不具备专业发言权。后来的北京市第一中级人民法院、海淀法院介入此案，也是一个具有争议的话题。在毕业论文答辩及学位授予中，唯有同行专家组成的答辩委员会才是专业判断的最具权威的实体。学业评价与学术评价等体现的是知识和专业上的"优先地位"，评价者享有专业上的判断优势和发言权，一般情况下专业评价本身不受司法审查。此案发生时，国内的诸多法律关系尚未理顺，因而，刘燕文案成了历史上留下遗憾的案子。

刘燕文案以及刘国聚案极大地推动了教育行为可诉和不可诉进程、学术委员会的运行规则等问题的合理解决，2005年我国修订颁布《普通高等学校学生管理规定》时，首次提出"程序正当"的原则。2017年再次修订《普通高等学校学生管理规定》时，更进一步对学生纪律处分和权利救济增加程序规范。《高等学校学术委员会规程》专门用一章规定了学术委员会的运行规则，通过程序公正保障学术事务的实体公正，更为全面地实现了形式法治和实质法治的统一。

有人认为，以教育法律现象或教育法律问题作为教育法研究的基本问题，不能彰显教育法学的独特性。①"科学和知识的增长永远始于问题,终于问题——越来越深化的问题,越来越能启发新问题的问题"。②"问题导向"已经成为使学科生长、发展充满生机和活力的必然取向。同样,我国人文社会科学研究要找到活水源头也必须回到社会实践中去,关注现实问题。

国外教育法学研究的基本问题是教育权利。教育权利包括教育权力、教育权利与受教育权。其中,教育权力的研究侧重于教育行政权力分配的研究;教育权利的研究集中在教育自由权与学术自由权的研究,以及社会教育权与家庭教育权的研究;受教育权主要研究学习权与学习自由、学生人权保障、弱势群体的教育与资助、私立学校的资助等问题。

实际上,国外之所以不太重视教育法律关系的研究是因为国外将法律关系作为权利的下位概念。

第五节　教育法学的研究方法

教育法学作为一门教育学与法学的交叉学科,自创建之初就大量借鉴了宪法学、行政法学、民法学等法学的基本理论,同时也积极融入了相关学科的研究方法。

从学科属性来看,从属于法学、教育学以及管理学的诸多研究方法都应当并且可以成为教育法学的研究方法。教育法学尚未形成自己独具特色的研究方法,多借助于法学研究中自然法学派、实证主义法学派、社会学法学派中的研究方法。

(1) 自然法学派认为,法律概念不是最重要的,重要的是法律外延的内容与功能,它主张运用价值分析的方法来解决法律问题,即主张从价值的应然层面入手去认识、理解与评价法律。法律在应然价值层面上的样态是自然法学派所要揭示的基本问题,这种揭示问题的方法体现的是一种用哲学思维的方式从正义理念的维度考量法律的品性,将自由、正义、理性与法律联系在一起,并将其作为检验现实法律是否具有正当性的唯一标准,超越了实然法学派的实然法律法规的解释。

(2) 实证主义法学派认为法律是实实在在存在的"事物",主张将"价值考虑排除在法理学科学研究的范围之外"。③ 实证主义哲学追求的是真实的知识,在研究方法上主张运用社会调查、实证分析、逻辑推理等方法对法律规范结构完整性、内容规范性以及形式合法性进行分析与探究,忽略法律规范的内在关联与属性,反对形而上学的法律思辨与价值研究。实证主义法学注重法律的形式和结构,不考虑法律的道德内容与社会内容,也就是法律研究考察的是其制度,不考虑其涉及的法律规范是否正义。

(3) 社会学法学派倡导的法律社会分析方法,即从事实的角度入手,将法律规范看成是一门"活法","活法"是与由国家实施的法律相对的由社会进行实践的法律。社会学派把"活法"看作是支配社会生活的法律,要研究活的法律,必须去研究婚约、租契、

---

① 湛中乐. 教育法学研究的问题、范围与方法 [J]. 中国高等教育,2014,(17).
② [美] 波普尔,傅季重等译. 猜想与反驳:客观知识的增长 [M]. 上海:上海译文出版社,1986:317-318.
③ E. 博登海默. 法理学:法律哲学与法律方法 [M]. 北京:中国政法大学出版社,2004:121.

买卖合同、遗嘱、继承的实际制度，合伙条款以及公司的规章，① 注重法律本身的作用与效果，强调社会与法律规范间的交互作用，以事实和经验为根本，从具体问题出发，达到解决社会问题的目的。

教育法学的研究方法更多的是在借鉴上述研究方法的基础上，通过思辨研究与间接研究相结合，单一地运用自然法学派主张的价值分析与法律解释学、实证主义法学派主张的科学实证分析、社会分析法学派主张的社会实证分析，较少融入教育学研究方法的元素。总之，教育法学是一门交叉学科，不同问题的解决需要交互使用不同的研究方法，不能拘泥于某种研究方法，多元化与规范化的研究方法能够助推新兴学科的兴起与发展。②

教育法学经过多年的发展，形成了逻辑分析法、案例分析法、比较研究法等卓有成效的研究方法。

1. 逻辑分析法

逻辑分析法就是依据现有的法律知识体系以及未来法治发展趋势从逻辑上对法律条文、法律事实进行分析的一种方法。逻辑分析法也称解释法、推理法，逻辑分析法可以对法律概念的内涵和外延进行分析，还可以通过类比、归纳、演绎推理对法律问题作出判断。逻辑分析主要分析以下四个层面的逻辑关系：法律概念与法律事实之间、法律规则之间、法律原则之间，以及法律规则与法律原则之间的逻辑关系。

2. 案例分析法

案例分析法也往往被称之为判例研究法，是对典型的法律诉讼案例以及其判决进行法理分析的方法。在英美法系国家，存在大量的判例，先前的判例对它之后的判决具有重要的参考甚至指引作用。因而，判例研究法是英美法系国家的重要研究方法。近些年来，大陆法系国家也开始运用判例法到很多诉讼案例之中，尽管在大陆法系国家，先前的判例对后续的诉讼没有明显的指导作用，但是通过判例的研究可以推动法律学科的进展，也可以在一定程度上敦促立法部门对不合时宜的法律进行修订或者出台新的法律以适应社会现实的发展，促进法制建设的科学化。

3. 比较研究法

比较研究法是指针对教育法学领域两个或两个以上的法律议题从某一角度进行比较，确定其之间相同点、不同点和相互关系，研究影响这些法律议题的因果关系，并对现实的法律问题提出改进策略的方法。通过比较研究法对教育法律中两个或以上议题进行比较，寻找一些共识性的做法，分析其原因，可以丰富教育法学的研究领域，扩大教育法学的知识面，最终促进教育法学学科的建设，推进教育立法、执法和司法的科学化建设。

4. 历史研究法

历史研究法是对教育法学中的历史文献和历史上的教育法律问题、案例或事件等进行考证分析的方法。通过对历史上的教育法律问题、案例或事件进行考证、考察，分析其发生的原因，揭示教育法学历史发展的线索脉络，或从中发现一些经验或教训，有助于加强

---

① Eugen Enrlich. Foundamental Principles of the Sociology of Law [M]. USA: Transaction Publishers, 2001: 1-612.

② 陈亮，陈恩伦. 我国教育法学研究的困惑与展望 [J]. 内蒙古社会科学, 2016, (3).

教育法学学科建设，也可以提高立法或修法质量，增强教育执法或司法的有效性。

【小结】

　　立法是一种调整利益分配的行为，也就是我们通常所说的，立法是一种利益博弈。"意志"归根到底是由法律制定中的话语权决定的，哪个利益集团在法律制定中占据主导地位，法就体现该利益集团的意志。

　　广义的法或法律是由国家机关制定或认可，并由国家强制力保证实施的各种行为规范的总称。

　　狭义的法律是指具有立法权力的部门，按照法定的程序制定并颁布的规范性文件，在我国主要是指全国人民代表大会及其常务委员会所制定的各种法律。教育法就是国家制定并颁布，并由国家强制实施的各种规范教育活动的法律规范体系，教育法也有广义和狭义之分。

　　教育法是规范教育活动或教育行为的规范；教育法是由国家立法机关制定的行为规范；教育法是以国家强制力保证实施的行为规范。

　　从基本的类型上看，教育法律关系包括行政法律关系、特殊优位关系、拟制契约关系和契约关系。

　　教育法律规范可以按照不同的标准进行分类。按照性质的不同，我们可以将法律规范分为义务性规范、授权性规范和禁止性规范。

　　教育法学是教育学与法学的交叉学科。

　　教育法学研究就是要解决教育实践中出现的法律理论或实践中没法解决或解决得不好，或者不能让相关方得到公平处理的法律问题。教育法学常用的研究方法有逻辑分析法、案例分析法、比较研究法等卓有成效的研究方法。

【思考题】

1. 为什么说中国农业社会是"礼"与"法"结合，"礼治"为主、"法治"为辅的社会？
2. 如何理解教育法的内涵？
3. 教育法在法律体系中处于什么地位？
4. 教育法的研究对象是什么？
5. 教育法学有哪些主要的研究方法？

第二章　中外教育法制史

【内容提要】

"教育法制"一词，被全世界普遍认同有两种含义，一是指国家有关教育的法律制度；二是指规范化、制度化，并严格地依法治教。教育法制同其他法律制度一样，有其自身产生与发展的历史过程，这个过程是漫长的，几乎同人类的文明史一样悠久。在原始社会就产生了规范教育活动的习惯，奴隶社会时期则出现了教育法制的萌芽，封建社会已有了独立的教育法制，伴随着现代社会和现代教育的产生发展而出现了现代教育法制，其发展水平不仅与教育的发展水平密切相关，也同法律的发展水平有着紧密的联系。各国现代教育制度的建立、改革和发展，最终依赖于教育立法的确定和巩固。

【课程目标】

1. 了解西方各国及我国教育法制的发展历程。
2. 了解我国教育法制的现状。
3. 吸收西方各国教育法制的经验和教训并思考借鉴对我国教育法制建设的有益之处。

第一节　国外教育法制史（英美法德日）

一、西方教育法的历史沿革

教育法最早起源于西方国家，文艺复兴之后，就有人提出了教育立法的主张，如著名的捷克教育家夸美纽斯提出，应当给学校以充分的权力，使学校可以像每个国家一样制定自己的法规。这一时期的教育立法具有浓厚的宗教色彩，甚至有些教育法令是由教会直接制定和发布的。

现代意义上的教育立法是在机器大工业和现代工厂制度的基础上产生的，在资本主义工厂制度下，由于资本家追求最大的剩余价值，剥削工人阶级的劳动力，造成极为严重的社会问题，迫于社会压力和工人的反抗运动的高涨，一些国家开始制定和颁布工厂法，其中有涉及关于教育的条款，虽然这些条款显得微不足道，但是它终于把初等教育确认为劳动的必要条件，因此工厂法中的教育条款是最早的现代教育立法。世界上最早出现的工厂法是英国议会于1802年通过的《学徒健康和道德法》及1833年通过的《工厂法草案》。

现代教育立法在19世纪初就已存在并得到了发展，当时的教育立法以学校为中心，并主要着眼于国家权力对学生家长及私立学校教学自由的保障，以及基于对学校制度实行所谓"行政监督"为中心的理念而产生的"私教育法"。具有代表性的例子是制定于1858年及1862年的英国《教育规程》、1789年的美国各州教育法以及1848年的法国宪法[①]。

19世纪70年代，西方主要国家开始从自由资本主义向帝国主义过渡，对现代教育的产生和发展提出迫切的需求，教育法制建设被提到各国立法机关的议程上来，具有代表性意义的法规是在1870年英国颁布的《初等教育法》以及美国弗吉尼亚州的《公立学校法》。19世纪下半叶开始，由于机器大工业的发展，资产阶级统治者们逐步认识到劳动者的智力因素对于提高劳动生产率的重要作用，开始意识到普及教育的必要性。20世纪初是西方资本主义国家广泛开展教育立法的时期，为了加强对教育的管理和控制，教育立法备受重视，大量与教育有关的法律和法规被制定出来，而且各国先后建立和健全了教育行政部门，对从初等教育直至高等教育的整个教育领域行使行政职能。这一阶段的各国教育立法活动开创了现代教育法制建设之先河，丰富了现代教育法的法理内容，也促进了这一时期教育活动的普及和发展。

20世纪30年代至50年代，西方国家的教育立法进入了普遍推行的阶段，教育法制建设渗入社会各个领域，教育立法的内容和技术日益复杂化，除了主要的教育法律实行议会立法之外，各国的立法机关都通过委托或授权的方式，把相当一部分教育立法的任务交由行政机关执行，这一时期的教育行政立法也获得了发展，且社会经济的迅速发展和对外侵略扩张政策给教育立法留下了深刻的历史痕迹。

第二次世界大战以后，由于现代科技迅猛发展出现了人才需求的危机，加上物质和精神生活日益丰富和提高，人们开始树立"教育是个人不可剥夺的基本权利和义务"意识，社会大众有了接受良好教育的渴求，因而这一阶段是教育立法迅速发展的时期，也是各国普遍进行教育改革的关键时期。从广度上看，许多西方国家在二战后不仅从宪法的角度对教育的功能、制度、性质、形式、国家对教育的责任以及公民的受教育权等方面做出了明确的规定，还力图通过制定教育单行法来对宪法的有关教育条款进行深入补充并使其更加具体化，例如职业教育法、高等教育法等。从深度上看，教育立法已深入到教育活动内部和外部社会关系的各个层面，对教育社会关系的调整开始形成一个综合性的教育法制工程，比如日、美、俄等国都制定了教育基本法及与此相配套的学校教育法、社会教育法和教师教育法等，由此形成了一个互相衔接、严密完整的教育法体系[②]。

随着21世纪的到来，教育面临着严峻的挑战，有一个各国普遍接受的道理：谁能把握好21世纪的教育，谁就能把握21世纪的主动权。因此各国纷纷关注和重视教育的改革，并力图通过立法推进教育的改革和发展，这一时期，各国以提高本国教育质量、适应公民终身学习的需要为基本宗旨，在原有的教育立法的基础上，进一步改革和完善，也代表着教育法制建设发展的基本动向。具有代表性的典型例子有英国制定的《1988年教育

---

① 兼子仁. 教育法（新版）[M]. 日本：有斐阁，1978：58.
② 黄欣. 教育法学 [M]. 上海：上海教育出版社，2011：8-9.

改革法》、日本于1990年颁布的《终生学习振兴法》、美国总统克林顿于1994年签署的一项全面改革的新法案，即《2000年教育目标法》。

二、部分西方国家的教育法制史

（一）英国教育法制史

英国是世界近代教育制度的主要发源地之一，其教育法制建设也有悠久的历史，产生过在国际教育界有影响的，有历史意义的教育法规。

英国最初的教育起源于教堂之中，一是进行"文法"教育，二是进行"歌咏"教育，教育被认为是教会的职责之一。12世纪、13世纪牛津、剑桥大学成立后，教会在学校教育方面的规定便是学校办学过程中最早的法律依据。直到16世纪后，英国国王和议会才开始介入教育，举办学校，而后教会对教育的控制逐渐减少，国家制定的教育法规日益增加。随着产业革命和英国资本主义的发展，以及科学技术在生产中的广泛应用，广大劳动者提出了要接受起码的文化教育的迫切要求。为适应社会发展的需要和促进教育事业的发展，1870年英国颁布了《初等教育法》。这是英国实施普及义务教育的第一个法规，开始了英国近代教育法制建设的历程。

直到18世纪，英国政府才开始用法律来规范和管理教育。根据英国教育法在不同时期立法重心的不同，可将英国近现代教育法制建设的主要历程分为以下三个阶段：

1. 1899年以前的教育法制

教育立法重心在初等教育。虽然1861年的《教育法典》明文规定了"小学教育的'阅读''书写''算术'的教学内容和要求"[①]，但它只能说是其立法的开始，并未使英国的初等教育有长足的进展。直到1870年《初等教育法》的颁布才得以改变，也将此阶段初等教育的立法推向了顶点。该法案主要涉及小学的数量和质量、入学的年限和开办小学的资金来源等方面的内容。该法规定："新成立的教育局，有权调查每一个学区的学校，并在必要时开办新的小学或者改善旧的学校。……使5岁到12岁的儿童都能接受教育。"[②] 这部教育法对现代英国的初等教育产生了深远的影响，它是"奠定英国国家教育制度和实行普及初等教育的第一个法案"。此后，英国"进入了初等教育发展的新阶段"。作为1870年《初等教育法》的补充，英国政府又分别于1876年、1891年、1893年、1899年颁布了一系列有关初等教育的法律。通过颁布和实施这些法律，英国的义务教育取得了长足的进步，其教育年限从最初的10年增至12年，义务教育的普及率大大提高，有的地区甚至普及了初等义务教育。

2. 1899—1960年期间的教育法制

教育立法重心在中等教育上。在基本完成初等教育立法后，英国政府将其立法的重心逐渐转移到中等教育来上。1889年颁布了《技术教育法案》，它规定："郡议会有权向居民征收用于技术教育需要的特别税。"此法案名为技术教育法案，但实质"涉及整个中等

---

① 郝维谦、李连宁主编. 各国教育法制的比较研究 [M]. 北京：人民教育出版社，1997：48.
② 滕大春. 外国教育通史（第四卷）[M]. 济南：山东教育出版社，1992：137-147.

教育制度的改革"。1904年的《中等学校规则》规定了中等学校的性质、目的、课程等。并于1907年颁布了新的《中等学校规则》。1926年的《哈多报告》明确提出了"建立适合于所有青少年的中等教育"①，并规定完成中等教育的最低年龄为15岁。虽然该报告的建议并未完全实现，但其影响深远，甚至有人认为它是"现代英国教育发展中的里程碑之一"②。1934年的《关于文法中学和技术中学的中等教育的报告》，即《斯宾斯报告》涉及技术教育的发展、现代中学的建立及多科性中学的设立等方面的内容，被认为是"英国中等教育发展的最有价值的设计蓝图"。在此期间，英国政府还颁布了一部十分重要的法律——《1944年教育法》，即《巴特勒法案》。该法案是一部较全面的法律，涉及英国教育的各个方面，包括中等教育。它规定"中等教育应扩展到所有青少年"。该法案在英国教育发展及教育法制建设的历程中有着举足轻重的地位。有学者认为，《巴特勒法案》的最大贡献就是实现了"人人受中等教育"这一目标。

3. 1960年至今的教育法制

教育立法重心在高等教育20世纪60年代后，英国政府颁布了一系列有关高等教育的教育法律法规。1963年的《罗宾斯高等教育报告》对高等教育的目标和原则、经费等问题做出了相应的规定，提出了著名的"罗宾斯原则"，即"为所有在能力和成绩方面合格的、并愿意接受高等教育的人提供高等教育课程"。80年代的《雷弗休姆报告》以及1988年的《教育改革法》，后者第二部分共4章内容专门论述了高等教育和继续教育，对大学和国家的关系、高等教育管理体制和高等学校的拨款制度等方面做出了相应的规定。90年代，英国政府就高等教育又颁布了一系列的报告和法规，主要包括1991年的《高等教育的框架》白皮书，1992年的《继续和高等教育法》和1997年的《迪尔英报告》。其中《迪尔英报告》影响最大。该报告对英国高等教育的目的、模式、结构、规模、拨款及今后20年的发展作了详尽的说明、规划和预测，并提出了多项英国高等教育改革的建议③。它被普遍认为是自20世纪60年代之后第一个全面回顾和反思英国高等教育并对其未来发展做出战略构思的纲领性文件。其中许多建议深刻地影响着英国高等教育改革的进程。2003年1月22日英国教育国务大臣查尔斯·克拉克向国会提交了《高等教育的未来》白皮书，提到高等教育囊括了大学、大学学院、高等教育学院、继续教育学院和其他类型的学院，该份白皮书是英国政府进入21世纪后面向知识经济社会和全球化所制定的国家发展战略的重要组成部分。

（二）美国教育法制史

美国是一个奉行"法律主义"的国家，在教育领域亦崇尚"依法治教"。早在1642年，马萨诸塞殖民区的"普通法院"就通过了北美第一个教育法令。从此以后，美国教

---

① 滕大春. 外国教育通史（第五卷）[M]. 济南：山东教育出版社，1992：137-147.

② S. J. Curtis, M. E. A. Boultwood. An Introductory History of Euglish Education Since 1800 [M]. London：University Tutorial Press Ltd.，1966：190.

③ R. Dearing. "Higher Education in the Learning Society-Summary Report" [R]. The National Committee of Inquiry into Higher Education, Her Majesty's Stationery Office, London, 1997.

育法从无到有，取得了长足发展，基本上形成了以联邦与州立法机构颁布制定法和以联邦与州司法机构确立判例法两大系统构成的当今世界上最为复杂的法律制度和法律体系。纵观美国教育法的历史发展过程，可以分为四个阶段：

1. 内战以前（"散权制"时期）的教育法制

在殖民地时期，各地移民自行设校和管校。英国移民照搬英国的教育原样，如在高等教育方面，哈佛、耶鲁等学院仿照英国牛津、剑桥两大学；中等教育方面，拉丁语法学校仿照英国公学和文法学校；初等教育仿照英国教区学校、慈善学校、贫儿学校。贵族青年入公学、语法学校和学院；平民子弟入初等学校，实行双轨制。殖民地和宗主国一脉相承。各移民点之间互不往来，由于当时地广人稀，无法实行统一管理，移民区便自行颁布教育法令。如马萨诸塞殖民区于1642年和1647年两度颁布法令，规定凡居民五十户的镇区设立初等学校，满百户者设中等学校，实行强迫就学。1776年联邦政府统一，初期因为政权尚未稳定，联邦以及各州政府对如何管理教育尚无良策，1791年美国联邦宪法修正案第十条规定："凡本宪法所未授予联邦，也未禁止各州行使的权力，均由各州或人民保留之。"① 联邦宪法对教育只字未提，按照当时的理解，教育应由各州掌管，称为"保留权力"。虽然联邦在这一时期也曾颁布过有关教育的法律，如1785年5月20日颁布的《土地勘定法令》规定："每镇将第十六区留作开办公立学校之用"，1787年的《西北法令》中规定："拨出部分土地供教育事业利用"，并特别规定："学校以及教育措施应当得到赞助"，但是，那时联邦无意识控制教育，实际上，这些法令在联邦控制教育方面也未起到什么作用。

2. 内战以后至20世纪60年代（"分权制"时期）的教育法制

1865年，南北战争结束后，美国资本主义经济迅速发展，使得传统的以地方为核心、各自为政的管理模式日现弊端。由于教育大权常为地方权势者所把持，受党派的倾轧影响严重，教育委员会和教师又多孤陋寡闻，难以实现教育的创新和改革，所以"散权制"受到猛烈抨击，客观形势要求把分散的学校集中管理。因此，内战以后，在霍拉·斯曼等人的倡导下，"合并学区"运动风起云涌。州对教育的集权领导得到发展，学区权限被削弱，愈来愈多的州设置州教育委员会和州教育厅，由它们掌管教育大权，被称为"分权制"。实行分权制以后，教育法主要由州制定。一般来说，由州议会制定原则性的教育法，州教育委员会则落实这些原则的教育法规。其中比较重要的有《义务教育法》（compulsory Attendance laws，直译叫"强迫上学法"），州议会对教育很重视，在其通过的法案中，约有半数与教育有关。联邦在这一时期也曾制定过很多教育法，主要有1862年的《第一摩雷尔法》、1917年的《职业教育法》（又称《史密斯—休斯法》）、1946年的《全国学校午餐法》、1958年的《国防教育法》等30多部。不过，联邦在这个时期制定的教育法大部分是单项补助性质的，并且主要是对高等教育实施补助，联邦对教育的控制很有限。

3. 20世纪60年代—20世纪80年代（"集权化"发展时期）的教育法制

在举国呼吁加强教育的声浪中，联邦政府意识到了自己的责任。加之教育发展的速度

---

① 张维平，马立武著. 美国教育法研究 [M]. 北京：中国法制出版社，2004：20-47.

超出了州的负担能力,如实现教育均等,进行国际文化、教育交流与合作,在联邦范围减少贫富差距等任务都是州无法承受的,联邦政府便越来越多地卷进教育,出现了建国以来少见的"集权"趋势①。在美国教育法的历史上,联邦控制教育的最重要的里程碑是1965年的《初等和中等教育法》。这部法律把建国以后联邦对教育的支助从单项发展到全面,从主要是高等教育扩展到其他各级各类教育。这部法律是第一次由总统签署的联邦大规模补助教育的议案,也扫除了联邦进一步补助教育的几个主要障碍:种族、宗教和联邦控制。1965年以后,联邦的教育法便比较系统了。其中重要的有1965年《高等教育法》,1966年《儿童营养法》和《成人教育法》,1968年《教育总则法》和《职业教育法》,1974年《特殊教育项目法》和《社区学校法》,1975年《残废儿童教育法》和《先行起步——继续坚持法》等50多部。联邦通过教育法补助教育事业,拨款多而范围广,渠道多而影响深,全国各级各类教育事业越来越多地受到联邦的控制。1979年10月,卡特总统签署了第96—88号公法,即《教育部组织法》,授权成立内阁级的联邦教育部,使中央权力更加集中。

4. 20世纪80年代至今("回归分权"时期)的教育法制

自20世纪70年中叶起,美国经济在经过一段高速发展之后出现了战后第七次经济危机,联邦财政出现严重赤字,无力向教育投入大量的经费,便开始采取对教育的收缩政策②。里根总统任职以后,集权制的趋势又有了倒退的迹象。里根主张在教育方面给州以更大的权限。1981年联邦国会通过了《教育合并和改进法》,这个新的,范围庞大的教育法表明了各级政府之间在教育方面关系的基本变化。它把给予初等、中等教育的指定用途的专项补助合并成不指定用途的总项补助,还修订了《初等和中等教育法》第一项,联邦意图把制定政策的责任和使用补助经费的责任归还给州和地方教育机构。1988年布什上台,称自己将要成为一名"教育总统",其在执政期间也对教育进行改革,尤其对师范教育改革表现出一定的热情和支持,但由于布什政府基本上是里根政府的继续,整个教育政策变化不大,还是采用回归权力于州的策略,因此从总体上看,联邦教育法律没有太多起色。21世纪初,联邦政府分别颁布了《2000年目标:美国教育法》、2002年《不让一个儿童掉队法》。2015年12月2日,美国众议院以压倒性优势通过了《让每一个孩子成功法案》,12月10日,这一法案经总统奥巴马签署后生效。该法案最明显的变化是削弱了联邦政府教育集权的作用,恢复了地方的控制权,重新肯定了各州学业标准的制定权,提高了学区使用资金的灵活性。2018年,在联邦政府部门机构改革方案中,提出将教育部与劳工部合并,特朗普签署了任期内第一份教育立法,即《加强21世纪职业与技能教育法案》,新法案重新授权了2006年国会通过的《职业与技能教育法案》,并对现行的联邦教育法律作出了多处重大的改革与调整。新法赋予州政府更大的自主权,允许州政府建立本州的职业和技能教育项目的目标,无需再经过教育部长的批准。

---

① 孙惠春主编. 国外教育法制比较研究[M]. 哈尔滨:黑龙江人民出版社,2001:20-21.
② 孙惠春主编. 国外教育法制比较研究[M]. 哈尔滨:黑龙江人民出版社,2001:22.

（三）法国教育法制史

法国于18世纪末开始了资产阶级法制国家的进程。1789年，法国资产阶级大革命推翻了统治法国千余年的封建君主专制制度，建立了资产阶级共和政体的国家。法国资产阶级以启蒙运动先行者、资产阶级法学理论奠基人孟德斯鸠的学说为原则，实行了三权分立的政治体制，三权分立原则在1789年法国《人权宣言》和1791年法国第一部宪法中均得到了明确的表述。法国对教育进行法制化管理，体现了国家对教育的社会作用的认可，教育法规也成为了维持教育秩序和组织而必须遵守的规范。其教育法制建设主要经历了五个阶段①：

1. 资产阶级革命初期的教育法制

1791年法国第一部宪法中第四条明确指出："应当创建和组织一种公共教育，它对于全体公民来讲是共同的，在全体人民所必需的各个教育阶段上应是免费的"。这是法国历史上，第一次以宪法这种最高形式法律提出了全体公民接受公共教育的基本权利问题。1791年至1799年，虽然政局变幻莫测，政权不断更迭，但先后提出了25个教育改革法案，足见资产阶级各派对教育问题的重视，也反映了社会希望通过教育立法来发展适应资产阶级需要教育的愿望。较为著名的教育法案有：《塔莱朗法案》（1791年）、《孔多塞法案》（1792年）和《雷佩尔提法案》（1793年）、《拉卡纳尔政令》（1794年）和《多努法》（1795年）。由于战争的干扰、财政的匮乏和派别的纠纷，上述法案大部分未能得到国民公会的讨论，少数经讨论颁布的也没来得及实施。从历史发展的角度来看，这些立法尝试是难能可贵的。它们的贡献在于从理论上阐述了资产阶级新教育的原则和思想，勾画了一张完全不同于封建旧教育的崭新蓝图，尤其是所开创的免费、义务、世俗的教育原则，对后来的法国教育立法和教育改革产生了不可磨灭的影响。

2. 拿破仑时期的教育法制

拿破仑政府的第一部教育法于1802年颁布，该法的重要意义在于创立了著名的国立中学，赋予了法国中等教育以新的活力，拿破仑建立的中等教育机构一直持续到1959年。为了摆脱封建教会势力几百年来对教育的控制，保证资产阶级牢牢掌握教育的领导权，拿破仑帝国于1808年颁布了一项十分重要的教育法令，亦称帝国大学令，创立了法国历史上第一个中央教育行政首脑机构——帝国大学。帝国大学的首脑称总监，实际上是第一帝国的教育大臣，其设置若干总督学，负责视察全国教育。拿破仑通过这一教育法令而建立的中央集权、下分学区并辅之以督学的教育行政管理体制一直沿袭至今。

3. 波旁王朝至第三共和国期间的教育法制

自1814年拿破仑帝国崩溃到1870年第三共和国成立，法国政局一直处于动荡之中，先是波旁王朝（1814—1830年）和七月王朝（1830—1848年）的复辟，继而是第二共和国（1848—1851年）和第二帝国（1852—1870年）的建立。在这半个世纪中，由于资产阶级与封建势力（包括教会）进行了反复较量，在争夺教育权上进行了艰苦的斗争，法国的教育立法在这一时期备受挫折。这个时期内两部重要的教育法有1833年《基佐法》

---

① 郝维谦、李连宁主编．各国教育法制的比较研究［M］．北京：人民教育出版社，1997：68-75．

和 1850 年《法鲁法》。《基佐法》是一部进步的教育法规，它促进了法国公立初等教育的发展，同时还对乡镇、省、国家共同担负教育经费的办法做出了具体规定，其基本原则沿用至今。《法鲁法》在法国教育史上是一部公认的倒退的法律，该法的核心是以宣布小学和中学教育自由为幌子，把中小学教育权拱手让给了教会，致使教会重新获得了领导和监督学校的权力。

4. 第三共和国时期的教育法制

法国第三共和国建立于 1870 年，终结于 1940 年，在这一时期内，法国与欧美诸国一起开始进入了垄断资本主义阶段，还经历了普法战争、第一次世界大战和第二次世界大战等重大战乱。在这种历史大背景下，法国教育的进步和教育立法的成就主要发生在第三共和国早期，即 19 世纪 80 年代至第一次世界大战之前，法国颁布了一系列教育法规，为在法国普及初等教育、建立具有现代意义的教育体制做出了重大贡献。其中最著名的为《1881 年 6 月 16 日法》和《1882 年 3 月 28 日法》，统称"费里法"。其确定了三项原则：一、免费原则；二、义务原则；三、世俗原则。该法指出初等教育的关键在于培养合格的教师。同时还颁布了几项有关教师培养的法规，其基本原则至今未变。

5. 第二次世界大战后至今的教育法制

第二次世界大战是人类历史发展的一个重要转折点，推动了全世界民族民主运动的进程，战后的教育受到法国全社会的空前关注，教育的地位日益突出，教育法制建设日臻完善、健全。1989 年 7 月，法国颁布了一项名为《教育指导法》的法律，这项法律简洁明了，是对法国教育的总揽，被看作是一部法国教育总法或基本法。法国当代最重要的教育法规依颁布实行的时间为序还有：《高等教育指导法》（1968 年 11 月）、《哈比法》（1975 年 7 月）、《萨瓦里法》（1984 年 1 月）。除了以上法律外，在私立学校方面，法国于 1959 年颁布了《国家与私立学校关系法》；在终身教育方面，于 1971 年颁布了《职业继续教育法》；在教育行政管理权力的调节方面，于 1982 年至 1986 年颁布了一系列有关权力下放的法律。法国于 1991 年初成立了专门的工作小组负责教育法典的编撰工作，确定了法典的结构共 170 章，9 卷本（1999 年 12 月 16 日第 99-1071 号法令），所有的法律文件都在其中。2003 年 4 月 14 日第 2003-549 号法令批准了 2000 年 6 月 15 日第 2000-549 号有关教育法典法律文件部分出版的通告，赋予其完全的法律效力。法典的规章文件部分内容按照相同的领域排列：普通条款、学校教育、高等教育、人员等①。

（四）德国教育法制史

德国教育法制的历史沿革可以分成三个阶段②：

1. 17—18 世纪时期的教育法制

17—18 世纪，许多德国公爵的领地颁布了学校法令，规定了学龄儿童的教育问题，

---

① 基·西蒙，热拉尔·勒萨热著．安延译．法国国民教育的组织与管理 [M]．北京：教育科学出版社，2007：341．

② 孙惠春主编．国外教育法制比较研究 [M]．哈尔滨：黑龙江人民出版社，2001：33-35．

如1619年法令，规定牧师和教师负责教导6岁至12岁儿童；1642年法令，规定如果儿童不入学，将处家长罚金，并在教学科目中增加了算术；1763年弗立达立赫二世颁布了《普鲁士初级学校法令》，规定5岁至13岁、14岁儿童一定要入学；1738年普鲁士训令改善农村教师的物质生活，但在当时的条件下，这些规定是不可能完全实现的。

2. 第一次世界大战后至第二次世界大战期间的教育法制

第一次世界大战后，资产阶级镇压了工人革命运动，废除了君主政体，建立了魏玛共和国。1919年8月通过了《魏玛宪法》，该法根据"民主"的原则，废除了等级性双轨制的学校教育制度，强调建立统一的学校系统并规定了公民受教育机会均等的原则，对现代教育制度的形成产生了重大的影响。1920年4月通过的《基础学校法》规定设四年制基础学校。

3. 第二次世界大战后至今的教育法制

1949年德意志联邦共和国成立后，重新恢复了过去各州决定教育事务的传统。《基本法》（即《宪法》）没有规定联邦在学校领域内的主管权，也没有规定联邦对教育文化事务的立法权，虽然规定了"所有教育事业都置于国家监督之下"，但实际上，所有教育事业是在各州的教育部及其下属机构的监督下实现的，因此，与法国、前苏联等实行中央集权的教育管理体制的国家不同，联邦德国的教育立法体系是以联邦为辅，以州为主。各州学校教育差别很大。为改变这种状况，联邦德国于1964年10月签订了《汉堡协定》，规定义务教育为9年，对普通学校的名称与组织形式也重新作了统一规定。1969年5月修订的《基本法》，在教育方面引起的变化很大，首先是扩大了联邦政府的教育权限，规定联邦在教育和科学研究的组织和规划上可以起超越地区的作用，其次在高等教育的原则问题上制定总纲法的立法权。于是，1969年10月德国成立了联邦教育和科学部。1976年1月联邦政府通过了《高等教育总纲法》，它成为了战后联邦德国第一个有权威性的高等教育方面的法案。目前，在联邦德国，属于教育法这一范畴的有中小学校法、高等学校法、教师法、职业教育法、各种艺术教育法、教育计划财政法、成人教育法、特殊教育法、留学生教育法等。1985年11月联邦德国又对《高等学校总纲法》进行了修订，删除了高等教育机构统一模式的内容，仍坚持高等学校多层次、多样化的办学原则，承认各高等院校在教学工作和接受企业委托从事科研方面享有更大的自由，鼓励各高等院校之间开展竞争，创办名牌大学①。

（五）日本教育法制史

日本自明治维新以后，为赶超列强，借鉴西方诸国以法治国的经验，在教育方面也通过制定和颁布一系列的法规去保证和促进其发展，若从自身发展的演变过程上看，可分为五个时期②：

---

① 孙惠春主编. 国外教育法制比较研究［M］. 哈尔滨：黑龙江人民出版社，2001：35.
② 郝维谦、李连宁主编. 各国教育法制的比较研究［M］. 北京：人民教育出版社，1997：168-181.

1. 1872—1879 年期间的教育法制

自 1872 年 8 月 2 日《学制》颁布后到 1879 年 9 月 29 日颁布《教育令》为止的 7 年期间为日本近现代教育立法的开拓期,又称之为草创期。该时期虽短,但在日本近现代教育史上却有着极其重要的战略地位,因为《学制》不仅是日本近现代教育史上第一部教育法规,更为重要的是它所确立的"国民皆学""实学主义"和"立身出世主义"等近代教育思想对日后的教育立法和教育发展有极其重要的影响。

2. 1879—1886 年期间的教育法制

1879 年 9 月 29 日《教育令》颁布至 1886 年初颁布《帝国大学令》《学校令》《中学校令》等法令(统称为《学校令》)的 7 年期间,为日本近现代教育立法的过渡期,即由国家主义教育法制准备期向国家主义教育法制确立期过渡。由于《教育令》是由积极倡导美国教育制度的文部大辅田中不二麿制定的,带有浓厚的亲美色彩,其主要特点是改变了《学制》所规定的划一的中央集权体制,将教育权限大幅度地下放给地方,以重编符合日本国情的教育制度,故又称之为《自由教育令》。由于在教育立法上政府和朝廷的对立公开化,教育放宽政策反而使政府的教育受到轻视,小学率反而有所下降,于是以元田永孚为首的守旧派势力又乘机大做文章,遂迫使明治政府于 1880 年 12 月再度颁布了《改正教育令》,强化了町村设置小学校的义务,严格了对就学义务的规定,加强了文部卿和府县知事的教育行使权。为了实施《改正教育令》,明治政府又相继颁布了配套的教育法规,如 1881 年的《小学校教则纲领》《小学校教员守则》《中学校教则大纲》和《师范学校教则大纲》,由此为国家主义教育法制的最终确立奠定了基础。

3. 1886—1945 年期间的教育法制

1886 年初《帝国大学令》《小学校令》《中学校令》《师范学校令》等统称为《学校令》的颁布至二战战败后的 1945 年为止的近 60 年期间,为日本近现代教育立法的国家主义教育法制的确立和扩充期,也是逐步确立了以《教育敕语》为顶点的君主立宪教育体制的时期。1890 年《教育敕语》的颁布标志着"皇国"教育理念的法制化,军事教育在教育领域中的实施则标志着"军国主义"教育的初步展开①。由于这个时期教育立法的指导思想趋于统一,日本教育获得较快的发展,但这个时期立法的主导思想是为富国强兵和神圣不可侵犯的天皇专制主义服务的,故最终使日本教育陷入了为法西斯军国主义服务的泥潭,使东南亚各国人民和日本人民自身蒙受了极其惨重的损失。

4. 1947—1990 年期间的教育法制

1947 年 3 月 31 日《教育基本法》颁布至 1990 年 6 月 29 日颁布《终生学习振兴法》的 43 年期间,为日本近现代教育立法走出误区而进入教育民主化的法律立法时期。1947 年 3 月,日本以法律形式颁布了战后第一个最重要的教育立法:《教育基本法》和《学校教育法》。它们为战后的日本教育制度确定了基本原则,开始了明治维新改革以来的"第二次教育改革"。次年 6 月,日本国会废除了天皇的《教育敕语》。《教育基本法》的颁布是日本一件划时代的大事,该法用简洁的语言(共由十一条和附则组成)对整个日本教育事业的基本原则和宗旨作出了明确规定,是一部具有准宪法性质的教育宪法。它首先以

---

① 臧佩红著. 日本近现代教育史[M]. 北京:世界知识出版社,2010:77.

日本国民的名义和法律的形式公开宣布教育民主、教育主权在民，从此使日本教育在宪法和教育基本法制下走上了为建设和平民主国家服务的道路。同时，日本还颁布了根据该法精神和原则而制定的一系列的具体法令，涉及到教育行政、学校基准、教职员、教科书、振兴学校教育、私立学校教育、社会教育、教育财政等方方面面。1900年颁布的《终生学习振兴法》并由12条和附则组成，规定中明确了日本文部省必须加强与其他省厅（特别是通产省）在政策上和事业上的联系与调整，以使终生学习能更好地为日本的产业发展服务，这也是教育新动向中一项重要改革。

5. 1990年至今的教育法制

自1990年6月29日颁布《终身学习振兴法》（又称《终生学习整备法》）起至今的教育法制这时期为日本近现代教育立法的独创期。二战后的日本民主教育结出累累硕果，使日本经济在短短的时间内便跃居世界前列，到1987年，日本已居世界主要发达国家之首了。在这种背景下，以往拿来主义的教育体制已经不能适用于今天的社会政治、经济发展的需要了；另一方面，自60年代末期在世界范围内所兴起的终身教育思潮对日本教育也有很大的冲击和影响，这就要求日本教育必须进行改弦更张的第三次重大改革。1971年6月11日由中央教育审议会提出了《关于综合扩充、整顿今后学校教育的基本措施》的报告，接着于1981年提出了《终生教育》的咨询报告，而后又于1984年专门成立了隶属首相的临时教育审议会，提出了四个咨询报告（分别于1985年6月26日、1986年4月23日、1987年4月1日和1987年8月7日提出），接着1987年10月6日由政府颁布了《教育改革推进大纲》，随后又于1990年6月26日第118届国会的最后一天通过了《终生学习振兴法》。并于同年6月29日颁布，自7月1日起实施至今。纵观日本教育立法史，在近150年里，社会经济和教育相辅相成：社会经济发展促使教育法规也不断发展。立法趋势体现了用民主主义取代专制主义的特点①。

三、国外教育法制建设的一般特点

依法治教，是一个国家对教育实施较为成熟管理的标志。二战后，随着世界各国对教育的重视，随着教育日益成为一项最广泛、最重要的社会公共事业，越来越多的国家都更加关注教育法制的健全和完善，并将其视为国家对教育进行有效宏观控制和管理的一个重要手段之一②，从全球角度看，目前世界许多国家教育法制建设发展表现为如下三个特点：

（一）教育法律体系日趋完善

在许多国家，教育法律已成为各国宪法之下的一个相对独立完整的法律部门；教育法律体系的横向结构内容丰富且纵向结构层次分明，等级有序，实施的配套体系完备；教育法规构成了一个完整的，切实可行的整体，形成了一张覆盖所有教育活动与行为的大网。

---

① 张华清. 日本近现代教育立法的历史及对我国的启示 [J]. 才智，2017，(18)：50.
② 高如峰. 国外教育法制发展与我国教育法制建设 [J]. 教育研究，1998，(7)：42-45.

(二) 教育法律的执行、监督制度日趋成熟

公民具有较强的守法意识,为教育法律的实施营造了良好的社会大环境;国家具有严格的教育执法制度,各级政府和教育职能部门严格依法行政;另外国家拥有较为完善的教育执法监督机制,保证教育法规的合法实施。

(三) 教育司法制度比较健全

完善了教育系统内部的司法制度,一些国家的中央和地方教育行政部门设有专门机构行使教育行政裁判权和司法仲裁权,负责对涉及教师、校长、教育行政人员的诉讼案件和违法惩处案件作出行政惩戒和裁决;完善了教育系统外部的行政司法制度,许多国家设立了单独的行政仲裁制度和机构,专门受理涉及行政违法行为的诉讼案件;完善了国家机构的财政活动的专门稽查制度,许多国家还单独设立了国家审计机构,负责对包括教育机构在内的公共机构的财政活动进行监督、审计和裁定。

第二节　中国教育法制史

一、中国教育法制发展历程

我国是一个有着优秀文化传统的文明古国,教育历史悠久,可以追溯到传说中的"三皇五帝时期"。在我国,教育法制的历史也已有数千年之久,大致经历了古代、近代、现代及社会主义教育立法的四个发展阶段:

(一) 古代中国教育法制

1. 夏商西周时期的教育法制①

原始社会末期产生了最初的奴隶制教育法律制度。其后,经过周、商时期,特别是西周时期的建设,奴隶社会的教育法制建设积累了丰富的经验,为我国古代教育法制的发展奠定了基础,是中国教育法制的重要渊源时期。夏商时期的教育法律制度在形成时带有氏族社会的浓厚影响以及贵族宗法统治的显著特点。氏族长老对其氏族成员发号施令,家庭父母教育孩子,都把学习祭神作为其教育和学习的重要内容,在"礼"中加入了教育的因素,形成了"以礼为教"的教育法制的最初内容和形式。西周统治者实行"礼乐"之教的教育法制,其目的是教人"明人伦",即以西周社会制度为基础,把"父子、君臣、夫妇、兄弟、朋友"的五伦作为构成国家社会的重要因素,使人民各安本分,遵守秩序,不再有"荡检逾闲""犯上作乱"的行为,从而维护社会安定,确保统治地位不动摇。

2. 秦汉时期的教育法制

秦始皇为了巩固统一,为了保证国家法律政令得到有效的贯彻实施,非常注重法律的

---

① 刘兆伟、赵伟编著. 中国教育法制史 [M]. 哈尔滨:黑龙江人民出版社,2002:1-10.

宣传解释与普及教育，坚持以封建"法治"观念统一人们的思想言行。秦始皇采纳李斯的建议，正式颁布挟书、焚书令，明确规定：史官所藏史书，非秦国史籍一律焚毁……同时进一步规定，只有国家官吏才有权教授和解释法律政令，确立了以法为教、以吏为师、罢黜说、厉行"法治"的统一制度，还实行了有利于巩固统一的教育法制如：书同文，统一语言文字；行同伦，统一伦理习俗；立博士，设三老，统管从中央到地方的文教。汉朝的教育法制前后经历了两个不同的发展阶段：一是从西汉建立到武帝之前的70年间，黄老思想居于统治地位；二是从汉武帝起，儒家思想占据上峰，封建正统法律思想形成，在立法思想上强调德主刑辅、礼法结合。

3. 唐宋明清时期的教育法制

隋朝结束了四百余年的战乱割据状态，重新建立了统一的封建帝国。统治者进一步认识到儒家思想是封建社会长治久安的最好指导思想，重新重视儒学，确立了重振儒术的文教政策，同时也制定了重视儒学的教育法制。隋文帝统一中国后，全面恢复了前代所创立的主要学校，而且创设了书学和算学。在选仕政策上，以科举制代替了"九品中正制"，国子监是全国最高教育行政机构，又是最高学术研究单位，隋朝开始形成了一套较完备的中央集权制的教育法制。唐朝是中国古代中央集权制教育法制日趋完备和全面运作的定型化阶段，唐统治者加强了对官学教育的统一领导和管理。设立了国子监作为全国最高的教育行政领导机构，兼管地方教育行政事务的官员叫做长史，负责统一领导州、县官学，形成了从中央到地方一个较为完整的教育法制。宋朝教育法制基本上沿用唐制，各项政策、法规、制度都进一步加强、管理范围更加广泛，内容亦更加细致和完整。宋朝在中国古代教育史上最早设置了地方教育行政机构。明清时期，统治者为了加强皇权，在采用重典的同时，进一步提出礼法并用的思想，还确立了加强法制宣传的思想，使立法与法制的宣传教育相结合，还实施文化专制，通过各项教育法律制度，大兴文字狱。清朝基本袭用了明朝教育法制，一方面继续将"程朱理学"推崇至"至尊"的地位；另一方面，推行极端专制的文教政策，对知识分子采取压制和笼络兼施的手段进行控制。其显著特点是管理权力高度集中于中央，中央直接掌握了国子监和地方教育的行政管理权力，对各部门的职责有明确的规定①。

(二) 现代中国教育法制

1. 清朝末期中国教育法制

鸦片战争之后，随着社会经济的不断变化，同时受到资本主义文化教育的影响，封建的旧教育也不断地发生变化。1853年太平天国定都天京以后，以宗教教育的形式，反对封建主义，在教育方针、政策、内容、形式等方面进行了许多改革，如实现普遍平等的教育、重视人才选拔、注重文字改革、改革教育内容、编写新教材等。清朝后期及19世纪60年代后，清政府推行"洋务运动"，在教育方面采取了许多"向西方学习"的措施，在戊戌变法维新中制定了新的学制。19世纪末，清政府制定了一些教育法规，决定"废科举兴学校"，这标志着封建旧教育制度开始崩溃，资产阶级"新教育"制度开始兴起。

---

① 刘兆伟、赵伟编著. 中国教育法制史 [M]. 哈尔滨：黑龙江人民出版社，2002：10-13.

比较有代表性的教育法规有1898年5月（清皇帝）谕各省府厅州县改书院设学校；1902年《钦定学堂章程》，章程由《京师大学堂章程》《考选入学章程》《高等学堂章程》《中学堂章程》《小学堂章程》《蒙学堂章程》等6件组成；1903年《奏定学堂章程》对教育宗旨、学堂设置、教学内容、教员管理、经费来源、学堂建设和图书设备等做了具体规定；1905年8月"清帝谕立停科举以广学校"明令"著即自丙午（1906年）科为始，所有乡会试一律停止，各省岁科考试亦即停止"；1906年《强迫教育章程》规定"细童至7岁须令入学，及岁不及学者，罪其父兄"。清朝的教育法规大多取法于日本，部分保留了旧教育的内容。

2. 民国时期及北洋军阀政府时期的教育法制

1911年10月辛亥革命胜利后，1912年元旦孙中山宣誓就任临时大总统，中华民国诞生。1月3日，南京临时政府成立，蔡元培出任第一任教育总长。1月19日，教育部颁布了《普通教育暂行办法通令》和《普通教育暂行课程之标准》，针对清末封建主义的教育宗旨、学制、课程等进行了许多重要的改革。1912年7月，全国临时教育会议开幕，历时一个月，讨论了学制改革问题，制定了一个新的学校系统。当时的教育法制建设，吸取了西方国家特点，特别是美国教育立法的某些经验，具有资产阶级民主制国家教育单轨制的某些形式上的平等性质，并具有反封建和国民教育的精神，在一定程度上顺应了历史潮流。袁世凯复辟帝制后，在文化教育领域掀起了一股复古教育的逆流，1913年他下令恢复学校祀礼典礼，在10月的《宪法草案》根本大法上否定民主主义的国民教育。1915年初，袁氏政府颁布《特定教育要旨》，恢复了封建教育的核心——尊孔、读经。然而袁世凯倒台后的1916年9月，北洋军阀政府撤销了袁世凯所颁布的教育纲要，10月教育部颁布《高等小学校令施行细则》，删去了"读经"等相关内容，1919年4月，又拟定了"养成健全人格，发展共和精神"的新教育宗旨①。

五四运动后，中国进入新民主主义革命时期，1927年，蒋介石在南京建立了国民政府，出于维护和巩固其统治的需要，他很重视发挥法律在控制教育中的作用，建立了较为完备的教育法规体系，此时的教育法制活动主要是围绕着制定和确立反映国民党意旨、维护大地主大资产阶级利益的教育宗旨及各种教育制度而展开的。中华民国自1912年成立到1949年覆亡的38年间，正式制定公布了一千五百多个教育法规，其中具有代表性意义的是1931年5月国民会议通过的《中华民国训政时期约法》，其中关于教育的条文共计11条，该法对涉及教育的若干基本原则做出规定，成为以后教育法制建设的基础；1933年国民政府决定在曾经为工农红军解放过的地区，以及邻近革命根据地的地区，即所谓"特种区域"，推行"特种教育"；1936年4月，教育部颁行"中等学校特种教育纲要"，推行反共反人民的法西斯教育。

3. 中国共产党领导下的革命根据地的教育法制

1928年5月中国共产党在江西井冈山地区成立了湘赣边界苏维埃政府，它与南京国民政府是同时存在的两个性质截然不同的政权，这一局面一直持续到1949年新中国成立，共约22年。革命根据地的教育大体经过了三个阶段：一是苏区时期的新民主主义教育初

---

① 刘兆伟、赵伟编著. 中国教育法制史[M]. 哈尔滨：黑龙江人民出版社，2002：21-24.

创阶段。这时期的教育总方针是：以共产主义的精神教育广大的劳苦民众，使文化教育为革命战争与阶级斗争服务，使教育与劳动联系起来，教育工作的重点首先是干部教育，其次是社会教育，也重视普通教育的发展。1934年教育人民委员部将已公布的24项法规汇编成《苏维埃教育法规》，各地方各学校也制定了一批规章；二是抗日根据地时期，新民主主义教育的形成和发展阶段，自1937年的全面抗日战争爆发到1945年中国取得全面胜利，这时期实行的是抗战教育，教育为长期战争服务，实行普及的、义务的、免费的教育方案，开展全国学生的武装训练，教育工作的重点是干部教育。随着普通教育的发展，并制定了与之相适应的教育政策和教育规章，其中具有代表性的是中共中央颁布的《中央关于积极参加国民党区的小学教育与社会教育的指示》《中央关于开展抗日民主地区的国民教育的指示》等；三是解放区时期，新民主主义教育向全国发展，在1945年抗日战争胜利后至1949年中共取得解放战争的伟大胜利的三年内战期间，教育一方面贯彻教育为解放战争服务、为土地改革服务、为生产建设服务的方针，另一方面旨在提高解放区普通学校的教育质量，接收和改造了大批新解放区的普通学校，中共中央发布了如《中央宣传部关于对中原新解放区知识分子方针的指示》和《中央宣传部关于新收复城市大学教育方针的指示》等有关普通教育的指示文件①。

（三）1949年之后社会主义教育法制

1. 1949年至1956年，社会主义教育法制创建时期

这个时期的教育法制建设以《共同纲领》第五章"文化教育政策"为依据，强调教育要"以提高人民文化水平，培养国家建设人才，肃清封建的、买办的、法西斯主义的思想，发展为人民服务的思想为主要任务"，政务院、教育部和各地人民政府制定了一系列教育法规，如1950年到1952年相继发布了《高等学校暂行规程》《专科学校暂行规程》《小学暂行规程》《幼儿园暂行规程》《中学暂行规程》《中等技术学校暂行实施办法》《私立高等学校管理暂行办法》等②。这一时期的教育法制建设的步伐是比较快的，政务院制定和发布的法规有五十多件，教育部和高等教育部制定的规章有160多件，初步形成了多层次的、调整各方面教育关系的教育法规体系，奠定了中国社会主义教育法规建设的基础。

2. 1957年至1966年，教育法制建设发生曲折时期

1957年，在全国范围内开展了反右派斗争并且严重扩大化，1958年掀起了教育大跃进和教育大革命运动，中共中央、国务院发布《关于教育工作的指示》，由于"左"倾错误的严重影响，大部分的教育法规无法执行，有法不依，正常的教育法制建设工作基本停顿。1960年底开始纠正"左"倾错误，党中央分别于1961年和1963年颁发了《教育部直属学校暂行工作条例（草案）》和《全日制小学暂行工作条例（草案）》《全日制中

---

① 郝维谦、李连宁主编．各国教育法制的比较研究［M］．北京：人民教育出版社，1997：288-294．

② 郝维谦、李连宁主编．各国教育法制的比较研究［M］．北京：人民教育出版社，1997：295-296．

学暂行工作条例（草案）》，用法律形式肯定了国家的教育方针和大、中、小学校的基本制度、基本工作和教学原则。

3. 1966年至1976年，教育法制遭到严重破坏时期

"文化大革命"是一场灾难，使教育事业遭到空前的浩劫。学校可以无端停课，学生可以随意批判教师，无法无天，无政府主义达到了登峰造极的程度，教育法制建设遭到严重摧残，出于把法制视为"管、卡、压"的手段和工具，1966年8月中共八届十一中全会所通过的《关于无产阶级文化大革命的决定》中有关"改革旧的教育制度，改革旧的教学方针和方法"的精神和要求，建国前十七年来相继制订的一系列已被实践证明行之有效的教育法令和规定都难逃被"彻底砸烂"的厄运。1967年，中共中央连续发布《关于小学无产阶级文化大革命的通知（草案）》《关于中学无产阶级文化大革命的意见》和《关于大专院校当前无产阶级文化大革命的规定（草案）》等三个教育文件。1971年，中央又批转了《全国教育工作会议纪要》，在这些教育文件的错误引导下，"向修正主义教育路线开火"得到社会的认同与默许，教育法制受到肆无忌惮地破坏①。

4. 1976年以来，教育法制恢复重建和迅速发展时期

"文革"结束后，经过"拨乱反正"，邓小平同志亲自领导全国的教育事业，国务院于1977年10月正式批转了教育部《关于高等学校招收研究生的意见》，从全国统一的高校招生考试制度入手开始全面恢复"文革"期间遭受严重破坏的教育制度和法律体系工作。特别是1978年党的十一届三中全会以后，随着社会主义现代化建设事业迅猛发展，教育事业也随之有了很大的变化，这期间，教育法制建设取得了很大的进展，国家十分重视加强教育立法工作，加速立法进程，制定了一批教育法律、法规和规章，其中有七个重要教育法律分别是1980年2月第五届全国人大常委会第十三次会议通过的《中华人民共和国学位条例》；1986年4月第六届全国人民代表大会第四次会议通过的《中华人民共和国义务教育法》；1993年10月第八届全国人民代表大会常务委员会第四次会议通过的《中华人民共和国教师法》；1995年3月18日第八届全国人民代表大会第三次全体会议通过的《中华人民共和国教育法》；1996年的《中华人民共和国职业教育法》；1998年的《中华人民共和国高等教育法》以及2002年的《中华人民共和国民办教育促进法》。与此同时，国务院还发布和批准了《幼儿园管理条例》《学校体育工作条例》《学校卫生工作条例》《扫除文盲工作条例》等规章300多项。同时，中央完成了对建国以来教育法律法规的清理工作，国务院于1987年1月公布了1949年至1984年期间明令废止和宣布自行失效的行政法规和法规性文件目录。在清理教育法规、规章的基础上，国家教委编印了《中华人民共和国现行教育法规汇编》（1949—1989），这是建国以来第一部最完整的现行教育法规汇编。在此期间，教育法制宣传、教育及教育法学研究工作取得了一定的进展，全国广泛地开展了法制宣传教育，1985年6月中共中央、国务院转发了《关于向全体公民基本普及法律常识的五年规划》，同年11月全国人大常委会通过了《关于在公民中基本普及法律常识的决议》。近年来，随着"普法"工作的推进，教育法学的研究和教学工作也逐步开展起来，在教育立法和研究的实践中逐步形成了一支既懂教育又熟悉法

---

① 孙崇文．中国教育法制思想的嬗变与演进［J］．上海市高等教育研究所，2017，（5）．

律的教育法学研究工作者的队伍，涌现出了一批教育法学专家，队伍由小到大，研究问题也由浅到深，从研究某一个法律法规的具体问题逐步向研究一些教育法的基础理论问题拓展。

二、我国现代教育法制的主要特点

我国是一个有着优秀文化传统的文明古国，教育历史悠久，教育法制的历史也已有数千年之久，但是其现代教育制度则是近代以后从西方国家引进的，中国当代教育法制并不是自发产生的，而是在秉承中外历史教育法制的基础上发展起来的，因此中国教育法制史是一部继承史，而非断代史。新中国成立70年来，我国教育法制建设虽然历经坎坷，但总体上看，反映了人民的意志，对于保障和促进社会主义革命和建设，巩固发展人民民主专政，起到了积极作用，这时期教育法制建设有如下五个特点：

（一）体现国家的基本路线精神，代表人民的共同意志和根本利益

党的十一届三中全会以来，全国工作重心转轨到以经济建设为中心、实行改革开放上来，制订的新宪法充分体现的社会主义教育法的性质，制定的教育法律、法规都符合宪法，保障了教育的社会主义方向，促进了社会主义教育事业的改革和发展。

（二）从国情出发实行集权和分权相结合的立法体制

中国是社会主义的单一制国家，幅员辽阔、人口众多，各地发展不平衡。在教育立法上，除了基本法律只能由全国人大及常委会制定外，授权和允许地方各级人大及常委会和地方各级政府，根据本地实际需要，依据宪法、法律制定地方性教育法规，其具体性、针对性、及时性等特点能有效保障中央制定的法律法规得以贯彻落实，在指导和促进地方教育改革和发展方面发挥了积极作用。

（三）教育立法速度较快

总结建国以来的经验与吸取、借鉴外国有益经验相结合，教育立法速度较快。经过对1978年以前教育法规全面地、系统地清理，认真总结了建国以来教育立法正反两方面的经验，广泛研究借鉴了外国的有益经验，使建国后的教育立法取得了事半功倍的效果。

（四）在教育立法技术上采取了立法规划与急用先立相结合的办法

因我国教育法规很不完备，长时间缺乏教育基本法和高层次的教育法规，而且教育立法又落后于教育实际，教育改革的现实急需法律的指导和规范。国家教委于1986年开始组织力量进行前期调研，但任务繁重时间紧迫，无法等待教育基本法的出台再实施教育政策，因此于1986年先制定了《义务教育法》。国家教委一方面按国务院的立法规划进行《高等教育法》《职业技术教育法》的起草工作，同时又针对高等、职业教育改革中需要用法律调整的问题先制定一些应急的行政法规或部门规章，从而处理了教育当前和长远、需要和可能的关系，促进了现实的教育改革和加速了教育法规体系的构建。

（五）我国的教育法制建设已经有了一定的规模

国家管理的各个层面运用法律的意识和规定来规范政府包括教育行政部门的行政行为也成为共识，其显著的标志是从 2000 年 7 月 1 日开始施行的《立法法》和 2002 年 1 月 1 日出台的《行政法规制定程序条例》。就教育领域而言，由于教育以前被纳入国家行政管理体系，因此如果遵循"依法行政"的原则，那么我们现在将实现把教育从行政的轨道转向法制的轨道，也即将实现教育从"规则"向"法律"转变。1995 年 9 月 1 日施行的《中华人民共和国教育法》已经为实现这一转变打下了坚实的基础。

【小结】

教育法制同其他法律制度一样，有其自身产生和发展的历史过程。各国现代教育制度的建立、改革与发展都离不开其教育立法的确定和巩固。本章详细论述了英、法、美等西方国家及我国教育法制的发展历程，并总结了中外教育法制建设的主要特点。

教育法最早起源于西方国家，早期带有明显的宗教色彩，于 19 世纪初，现代教育方法开始得以发展。二战后，随着世界各国对教育的重视以及教育日益成为一项公益事业，越来越多的国家都更加关注教育法制的健全和完善，目前西方国家教育法制建设呈现出几个显著的特点：教育法律体系日益完善；教育法律的执行、监督制度日趋成熟；教育司法制度比较健全。

纵观我国教育法制的发展历程，大致经历了古代、近代、现代及社会主义教育立法四个阶段。我国教育法制建设虽然历经坎坷，但却反应人民意志，对保障和促进社会主义革命和建设，巩固法律人民民主专政起到了积极的作用。

【思考题】

1. 为什么要了解中外教育法制史？学习教育立法历程的重要意义何在？
2. 中西方教育法制的思想起源是什么？
3. 我国教育法制的现状是什么？
4. 未来我国教育法制建设中需要解决的主要问题是什么？

第三章 教育法的制定、实施与监督

【内容提要】

教育立法是指最高国家权力机关及其常设机关依据法定的权限和程序,创制、修改、补充和废止教育法律的活动。教育各项法律法规依据《宪法》《立法法》《教育法》等上位法的规定,依照社会、政治、经济的发展水平,遵循教育活动的客观规律和基本原理,以及教育管理活动的规律和特点来制定,通过法律议案提出、审议、通过、公布等立法程序,予以实施。教育法制定后,需要在现实社会中实现。教育法作为一种国家意志,其本身不能自我转化和自动实施,必须通过一定的方式才能在社会生活中实现。教育法的实施主要有三种方式,即教育法的执行、教育法的适用和教育法的遵守。教育法实施后,需要各类国家机关、政治或社会组织和公民依法对教育法的运行情况进行审查、督促、纠正,即教育法的监督,有效地保障教育法的实施质量。

【课程目标】

1. 识记教育立法的含义、基本原则,以及教育立法权限的划分及教育立法程序。
2. 识记教育法实施的含义、执行、适用与遵守。
3. 理解教育行政许可、确认与处罚。
4. 理解教育法的正式解释与非正式解释。
5. 理解教育法的监督的含义、作用与类型。
6. 运用本章知识,学会撰写教育立法议案,并创造必要的条件使教育法得到有效的实施。

第一节 教育法的制定

一、教育立法的内涵与立法原则

(一)教育立法的内涵

教育法的制定又称教育立法,有广义和狭义两种解释。广义的教育立法是指国家机关依据法定的权限和程序,创制、修改、补充和废止规范性教育法律文件的活动。狭义的教育立法是指最高国家权力机关及其常设机关依据法定的权限和程序,创制、修改、补充、和废止教育法律的活动。①

(二) 教育立法的依据

1. 《宪法》《立法法》《教育法》等上位法的规定

《宪法》是国家的根本大法，规定的是国家生活中最根本最重要的问题，是国家意志的法律化、定型化，是国家根本大法。它代表了国家和广大人民群众的根本利益，是全国人民一切活动的准则。

《立法法》规定的是国家法律、法规、规章制定的权限和程序。各类立法三体在制定法律、行政法规、自治条例和单行条例、规章时不得超越《立法法》规定的立法权限，也不得违反《立法法》规定的立法程序。

《教育法》是国家的教育基本法，由全国人民代表大会审议通过。在我国法律体系中，《教育法》是宪法之下的国家基本法律，与《刑法》《民法》《农业法》《工业法》《劳动法》等基本法律处于同等的法律地位。

2. 社会政治、经济的发展水平

马克思和恩格斯都曾经论述过社会、政治、经济与教育的关系，一定的社会物质基础是经济基础的反映，同时一定的经济基础决定了社会、政治的发展。因此，经济基础、物质生活基础、政治基础共同决定了教育立法的方向，决定了全民的素质，也决定了整个社会的法制水平和法治观念。社会经济规律是不以人的意志为转移的，所以教育立法不可逾越或违背社会发展规律，而应遵从并反映于社会治理中。

3. 教育活动的客观规律和基本原理

教育活动是社会活动中普遍而又特殊的活动。"普遍"之意即指教育活动是人们生活中最常见的活动，每个人都是受教育者。"特殊"之意即指教育活动与其他活动不同，它是关于人的教育活动，必须遵循人的发展规律，以及教育活动的发展规律。这种规律是不以人的意志为转移的，人们只有充分认识这些客观规律，才能制定出符合教育活动的教育法规，使教育立法科学化。因此，我们必须把教育活动的客观规律作为制定教育法规的重要依据。

(三) 教育立法的原则

教育立法是指制定教育领域相关法律法规的活动。在制定教育法律法规的过程中，必须遵循一定的规则，这些规则就是我们通常所说的"原则"。

1. 统一性原则

教育立法是一项社会性的活动，通过立法来解决社会中教育领域的各项问题，是法治社会的必然要求。立法的目的是使国家和人民的意志在教育事业发展上能得到充分体现，这是由社会制度的本质所决定的。教育立法首先要考虑是否与国家整体法制建设相统一；其次，要考虑是否满足社会主义社会对于人才的要求；再者，需要处理好社会主义国家经

---

① 徐向华，卞琳. 立法学教程 [M]. 北京：北京大学出版社，2017：34-35.

济发展与教育的关系，从而制定适合国情的社会主义教育法律法规。

任何国家的各种现行法律规范在整体上都应当是相互联系、彼此协调、内在统一的，即作为一个国家现行法律所形成的法律体系，在形式和内容上都应当是有机联系的统一整体。①《立法法》第 4 条规定："立法应当依照法定的权限和程序，从国家整体利益出发，维护社会主义法制的统一和尊严。"

2. 民主性原则

《立法法》第 5 条规定："立法应当体现人民的意志，发扬社会主义民主，保障人民通过多种途径参与立法活动。"这是教育立法民主性原则的法律依据。在教育立法中，要充分保障人民通过多种途径参与立法的权利。

我国是社会主义民主国家，从制度上，我们充分保障人民群众的民主权利。人民代表大会制度是一项真正体现人民参与的制度，它使各族人民都能够行使立法的权利，是保障立法民主性的根本渠道。

现代民主意味着与一定阶级的专政相联系，是一种社会制度表现形式。其次，民主也有一定的政治原则和权利，这意味着必须按照少数服从多数的原则组织国家政权和行使国家权力，必须在法律上承认全体公民一律平等，全体公民有决定国家制度和管理国家的权利。再者，民主也是一种工作方式，立法决策需要运用民主的工作方式。②

3. 实事求是原则

实事求是的基础是尊重规律，教育是一项以人的发展为核心的特殊教育活动。教育立法必须遵循实事求是的原则，立法需具有科学性，从社会制度出发，从社会生产力出发，从经济基础出发，从教育规律出发，从现实国情出发，从文化背景出发，从民族心理出发，综合考量各方因素，从而制定有利于教育发展的教育法律法规。

因此，立法应当从当代中国的实际出发，必须调查研究现实和历史的实际，立法科学与否要接受社会实践的检验，还需要检验相关主体的权利与义务、权利与权力、权利与责任之间的关系是否科学合理。

4. 稳定连贯性原则

教育发展与社会发展一样，是有普遍规律的，也具有极强的阶段性和连贯性。同时，教育发展还具有很强的变化性。因此，制定教育法律法规必须遵循稳定连贯的原则，保障教育的长续有效发展，同时，当客观环境发生变化时，教育法律法规需要及时修订，进行科学性调整。

5. 原则性和灵活性相结合的原则

原则性要求教育法规具有国家强制性，违法必究，同时，也说明教育法律法规具有极强的规范性和确定性，并且需要符合上位法的规定，不得逾越上位法的要求。但教育是以研究人的发展为核心的科学，而人随着社会的发展而变化发展，因此教育研究是动态的，

---

① 朱力宇，叶传星. 立法学 [M]. 北京：中国人民大学出版社，2015：60-62.
② 朱力宇，叶传星. 立法学 [M]. 北京：中国人民大学出版社，2015：62-65.

教育法律法规也应随着动态发展。因而，只有同时兼顾原则性与灵活性相结合的原则，教育法律法规才能真正适应社会的发展。

二、教育立法权限的划分

（一）最高国家权力机关及其常设机关制定教育法律的权限

中华人民共和国全国人民代表大会是最高国家权力机关，其常设机关是全国人民代表大会常务委员会。全国人民代表大会的立法权限包括：修改宪法；制定和修改刑事、民事、国家机构的和其他的基本法律；改变或者撤销全国人民代表大会常务委员会不适当的决定。

全国人民代表大会常务委员会的立法权限包括：解释宪法、监督宪法的实施；制定和修改除应当由全国人民代表大会制定的法律以外的其他法律；在全国人民代表大会闭会期间，对全国人民代表大会制定的法律进行部分补充和修改，但是不得同该法律的基本原则相抵触；撤销国务院制定的同宪法、法律相抵触的行政法规、决定和命令；撤销省、自治区、直辖市国家权力机关制定的同宪法、法律和行政法规相抵触的地方性法规和决议。

据此，教育法律要由全国人民代表大会或全国人民代表大会常务委员会制定。

【案例示例1】

中华人民共和国主席令

第×× 号

《中华人民共和国××××法》已由中华人民共和国第××届全国人民代表大会常务委员会第×次会议于××××年×月×日通过，现予公布，自××××年×月×日起施行。

中华人民共和国主席 ×××

××××年×月×日

（二）最高国家行政机关制定教育行政法规的权限

中华人民共和国国务院是国家最高权力机关的执行机关，是最高国家行政机关，其立法权限包括：根据宪法和法律，规定行政措施、制定行政法规、发布决定和命令；改变或者撤销地方各级国家行政机关的不适当的决定和命令；改变或者撤销各部、各委员会发布的不适当的决定和命令、指示和规章。国务院制定的行政法规的法律效力仅次于国家法律，除最高国家权力机关外，任何机关无权予以改变或者撤销。据此，教育行政法规要由国务院制定。

【案例示例2】

中华人民共和国国务院令

第××号

《××××条例》已经于××××年×月×日由国务院第××次常务会议通过，现予公布，自××××年×月×日起施行。

总理×××

××××年×月×日

（三）地方国家权力机关制定地方性教育法规的权限

根据《宪法》和《地方各级人民代表大会和地方各级人民政府组织法》的规定，省、自治区、直辖市的人民代表大会及其常务委员会根据本行政区域的具体情况和实际需要，在不同宪法、法律、行政法规相抵触的情况下，可以制定地方性法规。

较大的市（省、自治区的人民政府所在地的市，经济特区所在地的市和经国务院批准的较大的市）的人民代表大会及其常务委员会根据本市的具体情况和实际需要，在不同宪法、法律、行政法规和本省、自治区的地方性法规相抵触的前提下，可以制定地方性法规，报省、自治区的人民代表大会常务委员会批准后施行。据此，地方性教育法规要由法律规定的有权制定地方性法规的地方国家权力机关制定。

（四）民族自治地方的自治机关制定教育自治条例和单行条例的权限

民族自治地方的人民代表大会有权依照当地民族的政治、经济和文化的特点，制定自治条例和单行条例。自治区的自治条例和单行条例，报全国人民代表大会常务委员会批准后生效。自治州、自治县的自治条例和单行条例，报省、自治区、直辖市的人民代表大会常务委员会批准后生效。自治条例和单行条例可以依照当地民族的特点，对法律和行政法规的规定作出变通规定，但不得违背法律或者行政法规的基本原则，不得对宪法和民族区域自治法的规定以及其他有关法律、行政法规专门就民族自治地方所作的规定作出变通规定。

（五）国务院所属机构及地方国家行政机关制定教育规章的权限

《立法法》第80条规定："国务院各部、委员会、中国人民银行、审计署和具有行政管理职能的直属机构，可以根据法律和国务院的行政法规、决定、命令，在本部门的权限范围内，制定规章。部门规章规定的事项应当属于执行法律或者国务院的行政法规、决定、命令的事项。"涉及两个以上国务院部门职权范围的事项，应当提请国务院制定行政法规或者由国务院有关部门联合制定规章。

省、自治区、直辖市和较大的市的人民政府，可以根据法律、行政法规和本省、自治区、直辖市的地方性法规，制定规章。①

三、教育立法程序

（一）教育法律议案的提出

教育法律议案的提出遵循一般法律议案提出的程序。法律议案的提出是指依法享有专门权限的国家机关或人员向立法机关提出制定、修改、补充和废止某项法律的有效建议，这是立法程序的第一阶段。② 提出法律议案是一种法定权力，通常叫做提案权或立法提案权。立法提案权是法律规定的有关国家机关、组织或人员的一项专门职权，未经法律或立法机关授权者不具有提案权。

法律议案形成后，经过审查、讨论，被通过的立法议案则作为拟定法律草案的依据，依此形成可以提交法律制定机关审议的正式法律草案。

《立法法》第16条规定，向全国人大提出的法律案，在全国人大闭会期间，可以先向常委会提出，经常委会会议依照该法第二章第三节规定的有关程序审议后，决定提请全国人大会议审议，由常委会向大会全体会议作说明，或者由提案人向大会全体会议作说明。《立法法》第29条规定，常委会会议第一次审议法律案，在全体会议上听取提案人的说明。③

根据我国宪法和法律的规定，享有立法提案权的机关和人员如下：

有权向全国人民代表大会提出宪法修正案的机关和人员有：全国人大常委会、1/5以上的全国人大代表。

有权向全国人民代表大会提出属于全国人民代表大会职权范围内的法律议案的机关和人员有：全国人大主席团、全国人大常委会、全国人大各专门委员会、一个代表团或30名以上的全国人大代表、国务院、中央军委、最高人民法院、最高人民检察院。

有权向全国人民代表大会常务委员会提出属于全国人民代表大会常务委员会职权范围内的法律议案的机关和人员有：委员长会议、全国人大各专门委员会、全国人大常委会组成人员10人以上、国务院、中央军委、最高人民法院、最高人民检察院。

（二）教育法律议案的审议

法律草案的审议是指法律制定机关对列入议程的法律草案正式进行讨论和审议的活动。这是立法程序中最关键的阶段，其结果不仅直接关系到法律草案的命运，而且直接关系到法律草案被通过后的社会效果。④

对法律草案审议的程序一般分为三步：

---

① 杨颖秀. 教育法学 [M]. 北京：中国人民大学出版社，2019：71-72.
② 徐向华，卞琳. 立法学教程 [M]. 北京：北京大学出版社，2017：158-159.
③ 徐向华，卞琳. 立法学教程 [M]. 北京：北京大学出版社，2017：124.
④ 徐向华，卞琳. 立法学教程 [M]. 北京：北京大学出版社，2017：174.

其一，听取提案人关于法律草案的解释、说明。包括法律草案的立法理由、起草经过、指导思想和原则以及立法中的主要问题。

其二，由各代表团审议，各法律委员会审议，提出意见。

其三，根据意见，法律委员会对法律草案进行统一审议，向主席团提出审议结果报告和法律草案修改稿。

（三）教育法律议案的通过

表决草案是指有表决权者对法律草案表示最终赞成、反对或弃权的态度。最终是指经享有表决权的立法者表决，法律草案获得法定数目以上赞成票的表决结果。根据表决主体的不同，可将表决法律草案的程序分为两种，即：立法机关表决的普通程序和全民公决的特别程序。在世界各国中，不少国家同时存在着这两种程序，如菲律宾、瑞士等国，但在一些国家中，没有全民公决的特别程序，例如中国。①

（四）教育法律议案的公布

法律的公布是指立法机关将通过的法律以法定形式公布出去，这是立法的最后阶段。根据《宪法》第 80 条规定："中华人民共和国主席根据全国人民代表大会的决定和全国人民代表大会常务委员会的决定，公布法律。"法律签署公布后，及时在全国人民代表大会常务委员会公报和全国范围内发行的报纸上刊登。②

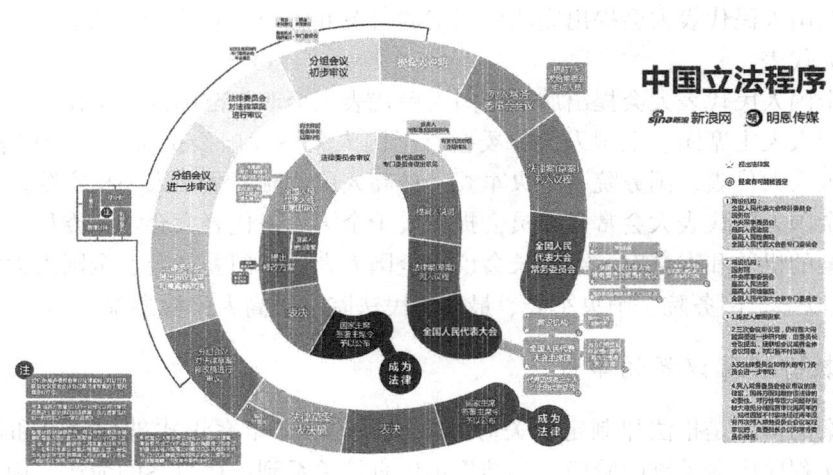

图 3-1　中国立法程序示意图③

---

① 徐向华，卞琳. 立法学教程 [M]. 北京：北京大学出版社，2017：186.
② 杨颖秀. 教育法学 [M]. 北京：中国人民大学出版社，2019：72-74.
③ 中国立法程序示意图 [EB/OL]. http：//news.sina.com.cn/pc/2012-03-08/326/2561.html，2012-03-08/2019-11-8.

【案例】

国外教育立法程序——以美国联邦职业教育法案立法程序为例[①]

与世界其他国家的立法程序在名称上大同小异，美国联邦职业教育法案的立法程序也包括了立法预测、立法规划、立法起草、议案提交、议案审议、通过立法、立法颁布等多个步骤。

（一）议题进入立法者视野

国家的事务复杂多样，若能形成国家立法，首先必须得到议员、总统的关注，并进而以议案的形式递交国会辩论。任何议案都离不开当下的国际国内形势背景，以及国家不同利益群体、政党以及舆论相关。

从宏观角度看，由于国际竞争压力、国内外战争因素、战后安置、民权运动、知识经济等多种政治经济形势的影响，各个时期联邦立法者们对于国内问题的关注点是有很大差异的；从微观的角度看，利益团体会在立法前，便以各种方式游说议员或总统，以便得到关注。而这种情况所形成的惯例是：美国众多的法案往往是由于外界利益集团的推动才进入立法主体的视野的，否则该类议案不仅不会被提出来，或者即便被提出来了，也只能搁在委员会"休息"。利益集团对于议案的推动，鲜明地体现在各阶段美国联邦职业教育立法的过程中。

（二）组成专门调查委员会开展议题调查

由于现代生活的复杂性，进入美国联邦立法者视野中的议题的范围和专业程度在不断地加深，因此，美国国会往往会专门成立或委派其他专业的机构对这些议题开展前期调查。比如，1914年在国内开展职业教育立法中，众参两院一致同意组建"国家资助职业教育委员会"，以真正调查国民对联邦资助职业教育需求的程度。在不足60天的时间内，国家资助职业教育委员会在博采各家之长的基础上，提交了超过500页的报告，报告内容涉及了职业教育的方方面面，其最后一章"立法建议"直接成为《史密斯—休斯法案》的蓝本。进入20世纪60年代，面对国内外形势的变化，当时的美国职业协会项目发展部多方努力，敦促肯尼迪总统组成新的立法调查机构开展全国职业教育调查。美国职业协会的许多立法建议也呈现在调查团的最终报告——《教育为改变的工作世界服务》中。而这份报告直接奠定了1963年《职业教育法》的基础。由于1963年《职业教育法》的许多资助项目将在1984财政年度终止，因此刚刚进入20世纪80年代，国会就为新的职业教育法的产生组织了三十多次听证会，而职业教育调查机构的《职业教育研究——终期报告》中的许多内容直接进入了新的职业教育议案中，成为1984年职业教育法案的基础。

（三）提交议案

提交议案是某一方面的职业教育议题正式进入国会立法程序的开始。由于美国国会分为参众两院，因此议案需要参众两院的议员分别依照各自的方式向两院提交。按照国会众议院的相关规定，在众议院例会期间的任何时候，众议院的任何议员、来自

[①] 荣艳红. 美国联邦职业教育法案的立法程序[J]. 职教论坛, 2010, (28): 84-88.

波多黎各的居民专员或代表均可以提出议案。这些被提出的议案只需投放到众议院的讲坛为此目的而专门设置的一个被称为"hopper"的木箱子（通常意译为"法案箱"）内即可。法案的提出无需获得许可，提出法案的议员被称为提案人（sponsor）。① 在参议院，参议员通常以在议长办公室将议案呈送给一名书记员的方式提出议案，或者采取更正式的方式，即"在议员席上站起来提出法案或联合决议。当参议员在议员席上提出法案或联合决议时，他通常会对法案或联合决议作一番陈述。通常，参议员在正式陈述之后，要求将法案或联合决议记入国会记录中。"② 与联邦层次的众多法案一样，为了表彰某些参众议员在议案提交以及推动议案审议等过程中所做的贡献，美国联邦层次的许多职业教育法案都以议员的名字直接命名，比如《史密斯—利弗法案》《史密斯—休斯法案》《卡尔·D·帕金斯职业教育法案》等等。

（四）国会审议

提交到国会的职业教育议案还必须经过两道至关重要的审议程序。其一是委员会的审议，其二是众参两院全院的审议。目前，美国参议院和众议院总共设有250多个不同性质的委员会（Committee）和小组委员会（Subcommittee），他们分别负责处理来自不同领域的议案。比如众议院司法委员会对影响司法程序的法案和包括宪法修正、移民与入籍、破产、专利、版权和商标等议案有管辖权；众议院教育和劳工委员会以及参议院的教育委员会对教育领域内的各类事项有管辖权。由于大多数委员会成员来自专业领域，如司法委员会在传统上几乎清一色是由律师组成的，教育委员会成员也多是被国人公认的该领域的专家。因此，递交到委员会或委员会小组的议案会被专家仔细研究和辩论，如果委员会不赞成该项议案，这项议案就不会再被审议，其寿命就在这里结束了。如果该议案有足够的重要性，委员会可以通过举行公共听证会，来了解正反两方对这一议案的意见。之后，委员会的投票结果将决定该议案能否进入下一步全院审议的程序。得到委员会多数赞成票通过的议案将被送到众议院审议、辩论和投票。在众议院全院表决通过后的议案，将送到参议院审议。如果参议院对众议院的议案进行了修改，整个修改后的议案还将被再次送回众议院审议。如果议案在两院都获得通过，这项被通过的议案即"法案"将被最终送交总统签署。

（五）总统签署议案

美国总统拥有使法案最终生效的权力。在美国联邦职业教育立法一个半世纪的历程中，只有第15位总统詹姆斯·布坎南拒绝在两院首次通过的职业教育议案上签字，其结果是直接导致促进赠地学院出现的议案被推翻。布坎南总统之后，在美国历史发展的诸多关键时刻，当职业教育的发展与国家的繁荣富强表现出更大相关性的时候，多位美国总统不仅积极在两院通过的职业教育法案上签字，而且还借助于国情咨文或个人影响力等方式手段建议国会认真考虑职业教育与国家发展的关系，及时颁布新的职业教育法案。比如1916年，正是看到职业教育对国家工业和国防安全的重要意义，威尔逊总统连续给国会发出三封国情咨文，强调了开展职业教育的迫切性。在其中的

---

① 蔡定剑，杜钢建．国外议会及其立法程序［M］．北京：中国检察出版社，2002：263-264．
② 蔡定剑，杜钢建．国外议会及其立法程序［M］．北京：中国检察出版社，2002：263-264．

一份咨文中,他说:"借助于职业技术教育的人才准备,未来我国的经济发展就有了更为宽广的基础,这个问题已被我们忽略良久,难道我不应该敦促众议院早日通过法案、早日实施法案吗?国家在等待着国会富有想象力地通过立法,我们急切地等待着一个十分伟大的令人震惊的事件发生。"肯尼迪当选总统后,一直将职业教育作为促进国家经济发展的重要力量,在他递交给国会的《美国教育报告》中呼吁"国会有必要对先前的职业教育法案重新进行回顾和评估,以最终实现职业教育的现代化。"①1963年《职业教育法》的颁布与肯尼迪总统的努力密不可分。

◎思考:我们可以比较一下中美立法在程序上的不同,正是政治体制的不同造成了两国在立法上的重大差别。鉴于中美两国两种立法制度,思考哪种体制能避免立法上重大失误?

第二节 教育法的实施

一、教育法实施的含义及过程

法律制定是一种文本式的社会治理模式,要想达到社会改造的功能,还需要强有力的法律实施。只有将教育法律转化为现实性,才能以此规范人们的教育行为,调整教育关系,维护教育公平,实现教育法治的目的。

(一)教育法实施的含义

教育法的实施是指教育法在现实社会中的实现。教育相关法律法规作为一种现实的国家意志,其本身仅仅具有文本意义,不能自动转化,必须通过一定的社会活动方式,才能得以贯彻,并调整人们的行为。

教育法的实施主要有三种方式,即教育法的执行、教育法的适用和教育法的遵守。

(二)教育法的执行

广义的执法即法的执行,指所有国家行政机关、司法机关及其公职人员依照法定职权和程序实施法的活动。狭义的执法仅指国家行政机关及其公职人员依照法定职权和程序实施法的活动。一般所说的执法指狭义的执法。②

教育行政执法应遵循合法性原则、权责统一原则、越权无效性以及合理性原则。③

教育执法是法律实现的最重要的方式,法的生命在于其最终落地实施。教育执法具有以下特点:第一,教育执法具有强制性与权威性,是以国家的名义对社会进行的全面管

---

① Report of the Panel of Consultants on Vocational Education: Education for a Changing World of Work [J]. Education Digest, 1963, 29 (1): 63.
② 叶芸. 教育法学 [M]. 北京: 北京师范大学出版社, 2017: 216.
③ 叶芸. 教育法学 [M]. 北京: 北京师范大学出版社, 2017: 221-224.

理；第二，教育执法主体是教育行政机关及其公职人员，其享有宪法与教育法赋予的权利，履行教育管理的义务，其执法对象是教育活动与教育行为人；第三，教育执法具有强制性，教育法律法规不以人的意志为转移，任何人都必须依法遵守教育法律法规，违法必究；第四，教育执法具有主动性，对于教育行政机关而言，执法必须主动有效；第五，教育执法具有程序严格性，法律的权威在于法律程序规范神圣不可侵犯，执法亦遵循相关法律法规，做到执法必严。总而言之，教育行政执法具有强制性、权威性、主动性、主体的确定性、对象的明确性、执法程序的严格性等特点。

(三) 教育法的适用

教育法的适用通常有广义和狭义之分。从广义上讲，教育法的适用是指国家权力机关、国家行政机关、国家司法机关及其公职人员依照法定的权限和程序，将教育法运用于具体的人或组织的专门活动。从狭义上讲，教育法的适用专指国家司法机关依照法定的权限和程序，运用教育法处理各种案件的专门活动。① 教育法的适用主体是国家机关，具有国家强制力、程序法定性、法律拘束力，要求准确、及时和合法等特点。②

(四) 教育法的遵守

教育法的遵守是指教育法律关系主体严格按照教育法律规范行事，使教育法得以实施的活动。《宪法》第5条第4款规定："一切国家机关和武装力量、各政党和社会团体、各企业事业组织都必须遵守宪法和法律。一切违反宪法和法律的行为，必须予以追究。"第5款规定："任何组织或者个人都不得有超越宪法和法律的特权。"《宪法》第33条第3款规定："任何公民享有宪法和法律规定的权利，同时必须履行宪法和法律的义务"。

遵守教育法，除了应当遵守宪法和法律之外，还应当遵守行政法规、地方性法规、自治条例和单行条例以及规章。教育法的遵守是每个公民的义务，任何人不得逾越法律，从事违法的教育活动。一旦发现任何有违宪法和教育法律法规的活动，必将受到惩罚。法律面前人人平等，所有教育从业人员严格遵守规章制度，是教育事业蓬勃发展的基础要求。

二、教育行政许可与确认

(一) 教育行政许可

教育行政许可是指通过颁发许可证、执照等形式，教育行政机关依据相关法律法规，应对行政相对方的申请，依法赋予行政相对方从事某种教育活动的法律资格。这是教育行政部门赋予申请人实施某种教育行为的法律依据。通常而言，其具有两个特点，第一，教育行政行为是一种依法申请的具体行政行为，具有权威性。行政机关与申请者是赋予与被赋予的关系，被赋予权利的一方需依照赋予一方的各项法律要求行使被赋予的权利；第二，教育行政许可是一种通过颁发许可证、执照等形式而从事某种教育活动的行政行为，

---

① 叶芸. 教育法学 [M]. 北京：北京师范大学出版社，2017：224.
② 叶芸. 教育法学 [M]. 北京：北京师范大学出版社，2017：225-226.

该许可证等证件是行政相对方行使教育权利的凭证。

教育行政许可的程序包括受理申请、审查（核实）、颁发许可证三个步骤。细分为受理申请、审查、作出是否颁发有关证照的决定、吊销程序、暂扣程序以及救济程序。

（二）行政处罚

教育行政处罚是指依照法定权限和程序对违反有关教育法律规范，但尚未构成犯罪的相对方给予行政制裁的具体行政行为，其实施主体是教育行政机关或其他行政主体，客体是所有教育从业者。教育行政处罚的实施主体是教育行政机关或法律法规授权的其他行政主体，除了法律法规确定的主体外，其他任何机构或个人，无法行使行政处罚行为。

教育行政处罚的原则是指对行政处罚的设定和实施具有普遍指导意义的准则，包括处罚法定原则、公正公开原则、处罚与教育相结合原则。处罚法定原则指的是处罚的依据是教育法的相关规定，必须严格依照法律秉公执法；公正公开原则指的是教育行政处罚必须维护法律的权威，程序公开，执法公正；处罚与教育相结合原则指的是教育行政机关相对违法者而言，必须依法履行处罚的责任，但从社会治理的角度而言，应辅之以教育的手段，达到教育的目的。

三、教育法的解释

教育法的解释是指对教育法的内容和含义所作的说明。一般是在教育法律法规颁布时配套出台或颁布后进一步解释而存在的一种法律形式。教育法的解释是根据一定的标准和原则、按照一定的权限和程序进行的，具有流程规范性。教育法的解释可以帮助人们理解教育法规的内涵，增强教育法的普及性，确保教育法实施的效果。

根据解释的效力不同，教育法的解释可以分为正式解释和非正式解释。

（一）正式解释

正式解释又称法定解释、有权解释或官方解释，是指特定的国家机关对法律所作的具有法律效力的解释，其权利来源是宪法和其他法律法规。正式解释又分为立法解释、行政解释和司法解释。

立法解释有狭义和广义之分，广义是指所有依法有权制定法律法规的国家机关或其授权机关，对自己制定的法律法规进行的解释。狭义是指国家立法机关对法律所作的解释。[1] 依据《宪法》第67条和《立法法》第42条规定，全国人民代表大会常务委员会有解释宪法的权力。国务院、中央军事委员会、最高人民法院、最高人民检察院和全国人民代表大会各专门委员会以及省、自治区、直辖市人民代表大会常务委员会可以向全国人民代表大会常务委员会提出法律解释要求。

行政解释是指国家行政机关依法对有关的法律、法规、规章如何具体应用的问题所作的解释。行政解释的主体是国家行政机关，国务院及其主管部门有对不属于审判和检察工作中的其他法律如何具体应用的问题进行解释的权力。省、自治区、直辖市人民政府主管

---

[1] 杨颖秀. 教育法学 [M]. 北京：中国人民大学出版社，2019：78.

部门有对属于地方性法规如何具体应用的问题进行解释的权力。①

司法解释是指国家的审判机关和国家的检察机关即最高人民法院和最高人民检察院依法对如何具体应用法律法规的问题所作的解释。最高人民法院有对属于法院审判工作中具体应用法律的问题进行解释的权力；最高人民检察院有对属于检察院检察工作中具体应用法律的问题进行解释的权力。②

(二) 非正式解释

非正式解释又称学理解释，是指学术界、社会团体及公民个人对有关法律所作的法理性和学术性的解释。③ 这种解释一般属于民间性质，不具有法律效力，常见于学者报告、论文、著作、新闻媒体报道等领域。但这种形式对于法治观念和法律知识的普及、提高公民法律素养具有非常重要的作用。

【典型案例】

黄甲等与江苏省如皋师范学校附属小学返还捐赠余款纠纷上诉案
——受赠人死亡，募捐余款归谁所有？

◎**基本案情：**

黄甲、顾某系夫妻，其子黄乙生前系江苏省如皋师范学校附属小学（以下简称如师附小）的学生。1996年10月，黄乙被确诊为小儿急性淋巴细胞白血病。1997年3月，黄乙所在的少先队四（2）中队在全校发出了"让'百灵鸟'重新歌唱"的募捐倡议，募得的捐款人民币20100元交给黄甲、顾某为黄乙治病。因黄乙换骨髓至少需20万元，1998年1月，如师附小在如皋市报上以全校少先队员的名义发出题为"为了挽救一棵生命的幼苗"的倡议，呼吁社会各界为黄乙治病进行捐款。经新闻媒体引导及社会各界的安排、策划，如师附小成立了募捐办公室对捐款进行管理，至1998年4月，共募捐人民币241783.65元（包含已给付黄甲、顾某的20100元）。在黄乙治病过程中，黄甲、顾某凭票到如师附小支取并使用捐款。1998年10月黄乙病故。1999年9月28日，黄甲、顾某到如师附小支取了用于黄乙治病及丧葬费的所有费用，并注明"结清所有账目"，合计支用捐助款人民币171049.71元，剩余70733.94元。2001年12月，黄甲、顾某诉至法院，要求如师附小返还剩余捐款，后又于2003年8月撤回起诉。2005年4月8日，如师附小与如皋市慈善会签订定向捐赠协议。5月13日，如师附小将捐款余额70733.94元捐给如皋市慈善会。2005年5月9日，黄甲、顾某再次诉至法院，要求如师附小返还捐赠余款人民币70733.94元。

争议焦点在于募捐款项在用于特定用途之后的余款所有权应归哪方所有？是由募捐人学校所有，还是应该作为受赠人学生的遗产由其家长继承？

---

① 杨颖秀. 教育法学 [M]. 北京：中国人民大学出版社，2019：78.
② 杨颖秀. 教育法学 [M]. 北京：中国人民大学出版社，2019：78.
③ 杨颖秀. 教育法学 [M]. 北京：中国人民大学出版社，2019：78.

◎**案例分析**：本案一、二审的判决结果相同，即共同认定余款并非黄昊所有之财产，其父母无权继承，但说理思路却有所不同。一审认为如师附小与所有委托其捐款的捐赠人之间存在事实上的代理关系，代理人既未代理捐出，则善款余额的所有权并未转移；而二审则认为捐赠者、如师附小、黄昊三方构成了为第三人利益的募捐合同关系，捐赠目的消失后，募捐合同关系随之消失，故善款余额不应用为捐助对象的个人遗产。前者基于已有之最相近法律条文（即赠与+代理）理解；后者则基于基本法理及未来立法走向考量，两者各具其理。我们倾向于认为在未作出专门的立法或司法解释之前以一审判决的说理较为妥适。即如师附小是代理个别的捐赠人向黄昊赠与款项，为实现捐赠目的已赠与的部分所有权转移，捐赠目的范围之外的余额即本案中未捐出的部分所有权未转移。这其中有两点应需厘清：一是如师附小代理黄昊及其家庭还是代理个别的捐赠人？我们认为只能是后者的代理而非前者，因为相对于黄昊及其家庭而言，如师附小的募捐行为是自主、自动和自觉的，不存在接受委托问题；二是捐赠目的除为黄昊治疗白血病外是否还包括改善这个遭遇不幸的家庭的生活状况的目的？我们认为，从如师附小发起的倡议及捐赠人响应倡议的情况来看不包括，但在个别捐赠人个体意愿中也无法绝对排除这样的目的，在无法查明的情况下，法官对公众爱心本意的斟断就显得十分重要。而且这样的斟断还必须考虑它的反面，即若余额甚巨，在捐助目的实现或消失后，捐赠人的本意中是否还包含着捐助其进行奢侈性享受呢？我们认为这显然是需要排除的，故应以不认定明确的捐助目的以外的内容为宜；如不排除，将会使众多的爱心行动异化到相反的方向上去，从而对社会的文明及此类募捐活动的健康发展不利。①

第三节 教育法的监督

一、教育法的监督的含义

教育法的监督有广义和狭义之分。从广义上讲，是指各类国家机关、政治或社会组织和公民依法对教育法运行情况进行的审查、督促、纠正等活动。从狭义上讲，是指国家专门法制监督机关依照法定权限和程序对教育法运行情况进行的审查、督促、纠正等活动。② 监督包括内部监督和外部监督，内部监督指的是国家机关自上而下或者自下而上的监督，这种监督关系是相对国家机关内部而言的；外部监督指的是国家机关以外的其他组织或个人的监督。

教育法的监督包括监督主体、监督对象和监督内容三部分内容。

监督主体指的是法律监督权的具体实施者。从监督机构来分，监督主体可分为国家监

---

① 受赠人死亡？募捐余款归谁所有？[EB/OL]. http：//www.66law.cn/domainblog/122514.aspx，2005-10-18/2019-12-18.

② 杨颖秀. 教育法学[M]. 北京：中国人民大学出版社，2019：81.

督和社会监督。国家监督是由国家权力机关、行政机关和司法机关进行的具有国家强制力并能直接产生相应法律后果的监督；社会监督是由执政党、民主党派、社会团体和公民个人依法进行的不具有国家强制力而具有舆论作用的监督。[①]

监督对象是指在教育法运行过程中，负有特定教育法律责任和义务的组织和个人。

监督内容是指教育法的运行情况，包括教育法律法规的实施力度、实施效果、实施进度等情况，主要是就行为的合法性进行监督。

二、教育法的监督的作用

教育法的监督对于教育法的实施具有至关重要的作用。首先，其最大限度保障了教育法的可持续健康运行；其次，教育法的监督保障了各种教育关系主体的权利与义务；最后，全民履行教育法的监督责任，能够开启我国教育事业依法治教的新局面，保障教育事业健康发展。

此外，教育法的监督是一种维护法制尊严的行为，不仅能够推进依法治教的进程，保障教育法的合理健康运行，而且也能及时纠正实施中的失误，进一步贯彻社会主义民主原则，保证人民当家做主的权利。

三、教育法的监督的主体、对象和类型

（一）教育法的监督的主体

监督主体包括国家、人民群众、执政党。国家监督指的是国家检察机关、权力机关、行政机关职能机关与专门监督机关等，这些主体可以开展各种形式的监督。例如审计机关的监督，这种监督具有权威性，是一种自上而下的监督机制；人民群众的监督指的是企业事业单位、社会力量、学生家长、学生、教师等的监督，这种属于软性监督，是人民群众通过合理的方式，行使法制监督的权利；执政党的监督指的是党纪检的监督，这种监督也具有权威性，具有强制力，是执政党依据相关法律法规，依法行使监督的权利。

（二）教育法的监督的对象

教育法的监督主要指对教育法的运行情况，对行为的合法性进行监督。教育法监督的对象不仅包括教育行政机关及其工作人员、学校等在教育法运行中负有责任和义务的组织和个人，还包括取得行政许可证的行为责任人。任何从事教育行为和教育活动的责任人，都应该在法律的框架体系下开展教育活动。

（三）教育法的监督的类型

教育法的监督类型多种多样，从横向的角度来看，可以分为国家监督和社会监督；从纵向的角度来看，国家监督可以分为国家权力机关的监督、行政机关的监督以及司法机关的监督。社会监督可以分为中国共产党的监督、民主党派的监督、其他社会组织的监督、

---

① 杨颖秀. 教育法学[M]. 北京：中国人民大学出版社，2019：81.

社会舆论的监督、人民群众的监督。①

1. 国家监督

国家监督分为国家权力机关的监督、国家行政机关的监督、国家司法机关的监督。国家权力机关的监督又分为国家权力机关对教育立法的监督与国家权力机关对教育法实施的监督；国家行政机关的监督分为各级政府的监督、教育行政部门的监督、行政监察和审计检查与有关政府部门的监督；国家司法机关的司法监督分为国家检察机关的监督与国家审判机关的监督。

（1）执政党的监督

执政党通过各级党委（特别是党纪委）、党员干部对本机关执行教育法规的情况进行监督、通过党员自身的行动保证教育法规的执行来实施监督。执政党的监督主要表现在通过制定正确的教育方针政策，指导党组织成员自己遵守法律以及实施监督义务；通过党组织的纪律委员会监督教育法的实施；通过对党组织干部的考察或违纪处理，实现监督的责任。

（2）国家权力机关的监督

国家权力机关的监督是法制监督体系的最高层次，具有最高的权威，其主体是各级人民代表大会及其常务委员会，对象是各级人民政府包括教育行政机关及其公务员、各级人民法院和各级人民检察院。依据宪法和有关基本法律，形式有：第一，听取、审议人民政府有关教育领域的工作报告；第二，审查和批准教育发展计划、预算、决算，审议教育行政机关提出的议案；第三，向教育行政部门提出质询和询问；第四，通过人民代表大会视察和检查教育工作，对教育行政活动进行监督；第五，依法任免由其管辖的教育部门的公务员，国家权力机关设立专门的机构对教育行政机关及其行政人员进行监督；第六，组织对特定教育问题的调查，办理群众来信来访；第七，行使法制审查权；第八，撤销下级或行政机关的不适当决定或命令；第九，实施教育执法检查。②

（3）国家行政机关的监督

行政监督指的是上级教育行政机关对下级教育行政机关的监督，这种监督分为自上而下和自下而上两种。自上而下指的是上级行政机关对于下级行政机关的监督，自下而上是指下级行政机关对于上级行政机关的监督。总体而言，行政监督指的是教育行政机关对企事业单位和公民执行和遵守法律、行政法规的监督。另外，监督还包括专业性质的特种监督，如审计监督、统计监督等。

（4）国家司法机关的监督

各级人民检察院是国家的专门法律监督机关，行使国家检察权。各级人民法院是国家的审判机关，行使审判权。司法机关的司法监督主要包括检察机关对公安机关、法院等司法机关的监督；法院对行政机关的司法监督——行政诉讼制度；上级法院对下级法院审判工作的监督；人民法院对行政机关的监督等。

---

① 杨颖秀. 教育法学［M］. 北京：中国人民大学出版社，2019：81.
② 杨颖秀. 教育法学［M］. 北京：中国人民大学出版社，2019：82.

2. 社会监督

社会监督分为中国共产党的监督、民主党派的监督、人民政协的监督、社会团体的监督、社会舆论的监督与公民的监督六大类。

国家机关以外的社会组织或人民群众的监督包括人民政协、民主党派、社会团体（工会、职工代表大会、共青团、城市居民委员会、农村村民委员会等群众组织）的监督；也包括通过互联网、报刊、杂志、广播等各类媒体渠道公布问题，进而进行批评和检举；同时，还包括人民群众的批评、检举、申诉和控告。人民群众通过口头或书面形式直接向国家行政机关提出询问、要求、批评、建议等，或通过各民主党派、各群众性组织来行使，或通过人民来信来访制度，或通过互联网、报刊、电台、电视台反映意见等。社会监督是教育法监督最重要的环节之一，也是人民民主制度的最好体现。我国公民依法行使言论自由的权利保障了社会监督的效力。

【小结】

教育立法是指国家机关依据法定的权限和程序，创制、修改、补充和废止规范性教育法律文件的活动，教育立法需符合《宪法》《立法法》《教育法》等上位法的规定，遵循国家法制统一性、民主性、实事求是、稳定连贯性、原则性和灵活性相结合的原则。法律议案的提出、法律议案的审议、法律议案的通过、法律议案的公布是教育立法的四个基本程序。法律制定是一种文本式的社会治理模式，要想达到社会改造的功能，还需要强有力的法律实施。教育法的实施主要有三种方式，即教育法的执行、教育法的适用和教育法的遵守。教育法的监督对于教育法的实施具有至关重要的作用。教育法的监督是一种维护法制尊严的行为，不仅能够推进依法治教的进程，保障教育法的合理健康运行，同时也能及时纠正实施中的失误，进一步贯彻社会主义民主原则，保证人民当家做主的权利。

【思考题】

1. 教育立法的含义、基本原则是什么？
2. 教育法实施的含义和表现方式是什么？
3. 教育法的正式解释与非正式解释的区别是什么？
4. 教育法的监督的含义、作用与类型是什么？
5. 运用本章知识，请针对学前教育领域的当前现状，撰写一份学前教育立法议案。

第四章 教育法律责任

【内容提要】

本章主要介绍教育法律责任的相关知识，包括教育法律责任的内涵、类型、构成要件、归责原则等基本内容。从学校、校长、教师、学生四个层面，详细介绍了在其违反《教育法》《义务教育法》《未成年人保护法》《民办教育促进法》等法律条文时，应当承担的法律责任。为便于学生掌握核心知识点，本章小结罗列了本章所涉及的重要概念，并结合典型的教育法律责任案例，引导学生运用本章知识分析和解决实际问题。

【课程目标】

1. 理解教育法律责任的内涵、类型、构成要件及归责原则，初步形成对教育法律责任的整体认识。
2. 掌握学校、校长、教师、学生等法律关系主体的法律责任。
3. 运用教育法律责任知识，分析和解释常见的教育法律现象。

第一节 教育法律责任概述

一、教育法律责任的内涵

法律责任是指因违法行为或特定的法律事实所导致的带有强制性的法律后果。目前，对教育法律责任的概念，国内学者还有许多不同的界定。例如，教育法律责任是指行为人因实施了违反教育法律、法规的行为，依法应当承担的否定性法律后果。[①] 教育法律责任是指行为人违反了有关的教育法律法规而必须承担的法定后果。[②] 教育法律责任是指教育法律关系主体对特定的法律事实所引起的损害，依照法律的规定需要承担的补偿、强制履行或接受惩罚的否定性法律后果。[③] 教育法律责任是指由行为人违反教育法律规范的行为所引起的，应当由其依法承担的惩罚性的法律后果，从而恢复被破坏的教育法律关系和教

---

① 袁兆春，宋超群. 教育法学 [M]. 济南：山东人民出版社，2014：94.
② 杨颖秀. 教育法学 [M]. 北京：中央广播电视大学出版社，2004：245.
③ 孙霄兵，马雷军. 教育法理学 [M]. 北京：教育科学出版社，2017：425.

育法律秩序的手段。① 教育法律责任是教育法律关系主体因实施了违反教育法的行为，依照有关教育法律、法规的规定应当承担的否定性的法律后果。② 教育法律责任是指教育法律关系的主体因违反了教育法律规定的义务，在法律上应当承担的义务，是由于违反《教育法》规定的行为所产生的一种法律后果。③ 基于此，我们认为教育法律责任是指教育法律关系主体因实施了违反教育法律法规的行为或因特定的法律事实而需要承担的否定性法律后果。

法律责任具有以下几个特征：

第一，法律责任并不完全由违法行为引起，而是由违法行为或某种法律事实引起。一方面，法律责任主要是教育法律关系主体违反了法律规定，存在违法行为，应该承担法律责任；另一方面，特定的法律事实也会导致法律责任，如在学校事故责任的追究过程中，虽然学校并不存在违法行为，但是基于公平责任、无过错责任的原则而应当承担一定的法律责任。

第二，从法律责任的基本性质来看，法律责任由国家强制力保证实施，具有国家强制性，因而法律责任的追究是由国家司法机关或者国家授权的行政机关来执行，任何个人或其他组织都无权行使这一职权。

第三，法律责任具有法定性，法律责任的主体、程序以及归责原则等都是由具体的法律条文规定的，具有明确的法律规定性。

二、教育法律责任的类型

教育法律责任按照违法的性质以及危害程度的不同，或者特定的法律所导致的后果的轻重，可以分为行政法律责任、民事法律责任以及刑事法律责任。

（一）行政法律责任

教育行政法律责任简称为教育行政责任，是教育法律关系主体因违反教育行政法律规范而应当承担的法律后果。教育行政责任包括违法教育行政责任和教育违法行政责任。二者具有本质区别。违法教育行政责任是指由行政机关及其公职人员在教育行政行为中滥用职权、违法失职等行为而导致的法律后果；教育违法行政责任是指教育行政管理相对人违反教育行政管理法规而承担的法律后果。④ 根据1998年国家教委颁布的《教育行政处罚暂行实施办法》第九条规定："教育行政处罚的种类包括：警告；罚款；没收违法所得，没收违法颁发、印制的学历证书、学位证书及其他学业证书；撤销违法举办的学校和其他教育机构；取消颁发学历、学位和其他学业证书的资格；撤销教师资格；停考，停止申请认定资格；责令停止招生；吊销办学许可证；法律、法规规定的其他教育行政处罚。"

---

① 张维平，石连海. 教育法学 [M]. 北京：人民教育出版社，2008：316.
② 叶芸. 教育法学 [M]. 北京：北京师范大学出版社，2015：23.
③ 陈鹏，祁占勇. 教育法学的理论与实践 [M]. 北京：中国社会科学出版社，2006：442.
④ 孙霄兵，马雷军. 教育法理学 [M]. 北京：教育科学出版社，2017：426.

(二) 民事法律责任

民事法律责任是指行为主体由于民事违法行为而应当承担的法律后果。教育民事法律责任是指教育法律关系主体因违反教育法律法规，破坏了平等主体之间正常的财产关系或人身关系，依照法律规定应当承担的民事法律责任。① 民事法律责任的主体是公民或法人，分为侵权行为和违约行为。其中侵权行为是违反了法律所设定的义务，违约行为是指直接违反了当事人合同或协议中所规定的义务，其形式以财产责任为主。《民法通则》第一百零六条对民事责任划定的归责原则为："公民、法人违反合同或者不履行其他义务的，应当承担民事责任。公民、法人由于过错侵害国家的、集体的财产，侵害他人财产、人身的，应当承担民事责任。没有过错，但法律规定应当承担民事责任的，应当承担民事责任。"民事法律责任以恢复被损害的利益与权益为目的，《民法通则》第一百三十四条中规定了十种承担民事责任的主要方式："停止侵害；排除妨碍；消除危险；返还财产；恢复原状；修理、重作、更换；赔偿损失；支付违约金；消除影响；恢复名誉；赔礼道歉。"

(三) 刑事法律责任

刑事法律责任是指行为主体因违反刑事法律规范而应承担的法律后果。刑事法律责任是所有法律责任中性质最严重的种类。承担刑事法律责任将会受到司法机关的制裁。《中华人民共和国刑法》第三十二条将刑罚分为主刑和附加刑。其中，主刑分为管制、拘役、有期徒刑、无期徒刑和死刑五种类型；附加刑分为罚金、剥夺政治权利、没收财产三种类型。在《教育法》《义务教育法》《未成年人保护法》《教师法》等法律条文中，均有依法追究刑事责任的规定。

三、教育法律责任的构成要件

(一) 责任主体

法律责任产生后需要具体的对象来承担，这个对象就是法律责任的主体。教育法律责任主体是指因违反教育法律法规而应承担法律后果的对象。主体可以是具有法定责任能力的自然人、法人或其他社会组织，也可以是政府机关甚至国家。自然人主体必须达到法定的责任年龄、具有法律责任能力，无民事行为能力的自然人不能成为责任主体。

(二) 违法行为

违法行为是追究法律责任的客观基础，分为积极的作为和消极的不作为两种类型。积极的作为是指责任人有意识地做出与法律规定相悖、侵害了他人的合法权益的行为；消极的不作为是指责任人未履行应当履行的义务而对他人合法权益造成损失的行为。作为与不作为行为的共同特征是都违反了教育法律法规的规定，给他人或社会造成了侵害或损失。

---

① 叶芸. 教育法学 [M]. 北京：北京师范大学出版社，2015：27.

(三) 主观过错

主观过错是承担法律责任的必要条件之一，刑法意义上的主观过错是指行为主体的故意和过失。故意是行为人明知自己的行为会导致危害社会的结果，并且希望或者放任这种结果发生的心理状态。过失是指行为人应当预见自己的行为可能导致危害社会的结果，因为疏忽大意而没有预见，或者已经预见但轻信能够避免，以致发生这种结果的心理状态。民法上的过错是指当事人明知或应知自己的行为可能给他人的合法权利带来损害，在主观上对这种损害持放任或者希望的态度。民法上，如果法律有明确规定承担民事责任不以过错为要件时，则不再考虑当事人是否有主观的过错，可以认定承担侵权责任。

(四) 损害事实

损害事实是指一定的行为致使权利主体的人身权利、财产权利以及相关利益受到侵害，并造成财产利益和非财产利益的减少或灭失的客观事实。损害事实是侵权责任构成中的客观后果的要件，是产生赔偿责任的基础。损害事实包括人身损害事实、财产损害事实、精神损害事实三类。

(五) 因果关系

因果关系是一个哲学概念，是一个事件和第二个事件之间的作用关系，其中后一事件被认为是前一事件的结果。这种引起与被引起的关系就是事物的因果关系。[①] 要认定行为人对犯罪或侵权行为承担责任，必须证明其存在法律上的因果关系。因果关系有直接因果和间接因果两种情形，行为人对直接因果承担责任，对间接因果，只在法律有明文规定的情况下才承担相应的法律责任。

四、教育法律责任的归责原则

法律责任的归责原则是确认和承担法律责任时必须依照的标准和准则。一般来说，主要有过错责任原则、无过错原则和公平责任原则。

(一) 过错责任原则

过错责任是行为主体由于过错而侵害他人权利，应当承担相应的法律责任。行为人是否存在过错是判定责任的依据。过错责任原则一方面要求行为人承担因过错而造成的后果，另一方面也是对受害人的法律权利。

(二) 严格责任原则

严格责任原则也称无过错责任原则、客观责任原则、危险责任原则。严格责任是指因行为或与行为相关的事件对他人的权利造成损害而应当承担的法律责任。严格责任是一种

[①] 杨立新. 侵权法论 [M]. 北京：人民法院出版社，2004：167.

绝对责任，不以行为人主观上是否存在过错作为责任承担的条件，① 行为人只要给他人造成损失，不论其主观上是否有过错而都应承担的责任。例如，产品缺陷致人损害的、高度危险作业致人损害的、环境污染致人损害的等情形，都适用于该原则。

（三）公平责任原则

公平责任原则是指当事人双方在对造成损害均无过错的情况下，由法院（法官）根据公平概念，结合当事人财产状况及其他条件，确定一方对另一方的损失并给予适当补偿的法律责任。②《民法通则》第一百三十二条对公平责任的规定是："当事人对造成损害都没有过错的，可以根据实际情况，由当事人分担民事责任。"公平责任原则的适用应考虑"实际情况"，这种"实际情况"主要包括"损害程度"和"当事人经济状况"两种因素。损害的发生及损害的程度是适用公平责任原则的客观前提。

第二节 学校的法律责任

学校的法律责任是指学校作为法律关系主体，因实施了违法行为或者因特定的法律事实而应当承担的法律后果。学校法律责任具体体现在学校、教师和学生之间的权利义务关系，以及以学校为中心的与社会其他主体之间的法律关系。③ 在《教育法》《义务教育法》《未成年人保护法》《民办教育促进法》等法律中，对学校法律责任作了明确规定。

一、违规设立、变更、终止学校的法律责任

学校作为开展教育教学活动的主要场所，其设立必须具备严格的基本条件，以保障学校正常运行。学校设立的基本条件主要包括组织机构、章程、教师、教学场所和设施设备、办学资金等，《教育法》对此作了明确要求。《教育法》第二十七条规定："设立学校及其他教育机构，必须具备下列基本条件：（一）有组织机构和章程；（二）有合格的教师；（三）有符合规定标准的教学场所及设施、设备等；（四）有必备的办学资金和稳定的经费来源。"除学校的设立以外，学校的变更和终止同样必须遵照相应的法定程序。《教育法》第二十八条规定："学校及其他教育机构的设立、变更和终止，应当按照国家有关规定办理审核、批准、注册或者备案手续。"对于违反国家有关规定举办学校的情形，《教育法》在第七十五条中提到应由教育行政部门或者其他有关行政部门予以撤销；有违法所得的，没收违法所得；对直接负责的主管人员和其他直接责任人员，依法给予处分。

二、违规招生、徇私舞弊的法律责任

学校享有招收学生的权利，同时必须履行法律、法规规定的义务。《教育法》第九条

---

① 高君智．教育法学［M］．兰州：甘肃人民出版社，2011：212.
② 高君智．教育法学［M］．兰州：甘肃人民出版社，2011：213.
③ 李洪杰，任铭越．学校法律责任研究［J］．黑龙江省政法管理干部学院学报，2018，（6）：134-136.

明确了"中华人民共和国公民有受教育的权利和义务。公民不分民族、种族、性别、职业、财产状况、宗教信仰等，依法享有平等的受教育机会。"在招生方面，学校应当充分保障受教育者平等的受教育权，不得在招生过程中违规操作、徇私舞弊。根据《教育法》第三十七条规定："受教育者在入学、升学、就业等方面依法享有平等权利。学校和有关行政部门应当按照国家有关规定，保障女子在入学、升学、就业、授予学位、派出留学等方面享有同男子平等的权利。"《义务教育法》第十九条第二款规定："普通学校应当接收具有接受普通教育能力的残疾适龄儿童、少年随班就读，并为其学习、康复提供帮助。"

对于违反国家有关规定招收学生和在招生工作中徇私舞弊的情况，《教育法》及《义务教育法》中列明了相应的法律责任。根据《教育法》第七十六条，"对于违反国家有关规定招收学生的学校或者其他教育机构，由教育行政部门或者其他有关行政部门责令退回招收的学生，退还所收费用；对学校、其他教育机构给予警告，可以处违法所得五倍以下罚款；情节严重的，责令停止相关招生资格一年以上三年以下，直至撤销招生资格、吊销办学许可证；对直接负责的主管人员和其他直接责任人员，依法给予处分；构成犯罪的，依法追究刑事责任。"根据《义务教育法》第五十七条，"学校拒绝接收具有接受普通教育能力的残疾适龄儿童、少年随班就读的，由县级人民政府教育行政部门责令限期改正；情节严重的，对直接负责的主管人员和其他直接责任人员依法给予处分。"

根据《民办教育促进法》第四十二条："民办学校的招生简章和广告，应当报审批机关备案。"第六十二条："民办学校发布虚假招生简章或者广告，骗取钱财的，由县级以上人民政府教育行政部门、人力资源社会保障行政部门或者其他有关部门责令限期改正，并予以警告；有违法所得的，退还所收费用后没收违法所得；情节严重的，责令停止招生、吊销办学许可证；构成犯罪的，依法追究刑事责任。"

三、违规收费的法律责任

《教育法》第三十条第五款规定："学校及其他教育机构应当遵照国家有关规定收取费用并公开收费项目。"这就规定了学校在收费问题上，不得违规收费，且收费项目应当做到公开透明。对于违反国家有关规定向受教育者收取费用的，《教育法》第七十六条要求"由教育行政部门或者其他有关行政部门责令退还所收费用；对直接负责的主管人员和其他直接责任人员，依法给予处分。"在《义务教育法》中，也有关于学校收费问题的规定。《义务教育法》第二十五条规定："学校不得违反国家规定收取费用，不得以向学生推销或者变相推销商品、服务等方式谋取利益。"第五十六条规定"学校违反国家规定收取费用的，由县级人民政府教育行政部门责令退还所收费用；对直接负责的主管人员和其他直接责任人员依法给予处分；学校以向学生推销或者变相推销商品、服务等方式谋取利益的，由县级人民政府教育行政部门给予通报批评；有违法所得的，没收违法所得；对直接负责的主管人员和其他直接责任人员依法给予处分。"

2018年，湖南省醴陵市纪委通报了1起中小学违规收费的典型案例：醴陵市仙岳山街道南门中学违规收费问题。2017年下学期，仙岳山街道南门中学自行增设第八节课，对全校学生进行补课。除部分贫困家庭学生免费外，该校分别对七年级学生收取150元/人，八、九年级学生收取200元/人的费用，共计金额34040元，并全部用于上课教师的交通补助、误餐补助，造成了不良影响。

醴陵市教育局已责成该校将违规收费全额退还给学生家长。钟向阳作为南门中学校长，对此负有领导责任。2018年5月，钟向阳受到党内警告处分。①

四、违规颁发学位学历证书的法律责任

《教育法》第二十三条规定："国家实行学位制度。学位授予单位依法对达到一定学术水平或者专业技术水平的人员授予相应的学位，颁发学位证书。"学位授予的前提是被授予人达到一定的学术水平或专业技术水平。学校违反规定颁发证书的，将承担相应的责任。《教育法》在第八十二条第一款中明确："学校或者其他教育机构违反本法规定，颁发学位证书、学历证书或者其他学业证书的，由教育行政部门或者其他有关行政部门宣布证书无效，责令收回或者予以没收；有违法所得的，没收违法所得；情节严重的，责令停止相关招生资格一年以上三年以下，直至撤销招生资格、颁发证书资格；对直接负责的主管人员和其他直接责任人员，依法给予处分。"

《民办教育促进法》第六十二条第四款规定："民办学校非法颁发或者伪造学历证书、结业证书、培训证书、职业资格证书的，由县级以上人民政府教育行政部门、人力资源社会保障行政部门或者其他有关部门责令限期改正，并予以警告；有违法所得的，退还所收费用后没收违法所得；情节严重的，责令停止招生、吊销办学许可证；构成犯罪的，依法追究刑事责任。"

五、违规使用教科书的法律责任

教科书是学生在学校进行学习、获得系统知识的主要材料，也是教师开展课堂教学的主要依据。因此，教科书的选用必须符合相关规定，严格把关。根据《义务教育法》第三十九条："国家实行教科书审定制度。未经审定的教科书，不得出版、选用。"学校必须通过合法、正规的渠道，选用经过审定的教科书。选用未经审定的教科书的，依据《义务教育法》第五十七条："由县级人民政府教育行政部门责令限期改正；情节严重的，对直接负责的主管人员和其他直接责任人员依法给予处分。"

六、违规分设立重点班和非重点班的法律责任

《教育法》第九条规定："公民不分民族、种族、性别、职业、财产状况、宗教信仰等，依法享有平等的受教育机会。"受教育机会平等主要有三层含义，一是有平等的入学机会；二是在接受教育的过程中受到平等对待，平等地获得教育资源；三是获得平等的成就机会。在教育内容上，公民有权接受相同内容的教育，学校不得对不同的人进行不同内容的教育。《义务教育法》第二十二条规定："学校不得分设重点班和非重点班。"这一规定保护了公民的平等受教育权。对于分设重点班和非重点班的学校，《义务教育法》第五十七条规定："由县级人民政府教育行政部门责令限期改正；情节严重的，对直接负责的

---

① 醴纪宣，醴陵市通报一起中小学违规收费的典型案例［EB/OL］．http://baijiahac.baidu.com/s?id=1604596900443091732&wfr=spider&for=pc，2018-06-29/2019-12-17．

主管人员和其他直接责任人员依法给予处分。"

七、违规开除学生的法律责任

《义务教育法》第二条、第四条分别对适龄儿童、少年接受义务教育的权利和义务作了明确规定："国家实行九年义务教育制度。义务教育是国家统一实施的所有适龄儿童、少年必须接受的教育，是国家必须予以保障的公益性事业。""凡具有中华人民共和国国籍的适龄儿童、少年，不分性别、民族、种族、家庭财产状况、宗教信仰等，依法享有平等接受义务教育的权利，并履行接受义务教育的义务。"九年义务教育制度作为我国教育基本制度之一，规定适龄儿童、少年必须接受义务教育，这既是权利也是义务。《未成年人保护法》第十八条规定："学校应当尊重未成年学生受教育的权利，关心、爱护学生，对品行有缺点、学习有困难的学生，应当耐心教育、帮助，不得歧视，不得违反法律和国家规定开除未成年学生。"《义务教育法》第二十七条规定："对违反学校管理制度的学生，学校应当予以批评教育，不得开除。"第五十七条规定："违反本法规定开除学生的，由县级人民政府教育行政部门责令限期改正；情节严重的，对直接负责的主管人员和其他直接责任人员依法给予处分。"《未成年人保护法》第六十三条规定："学校、幼儿园、托儿所侵害未成年人合法权益的，由教育行政部门或者其他有关部门责令改正；情节严重的，对直接负责的主管人员和其他直接责任人员依法给予处分。"

八、安全管理不到位的法律责任

《义务教育法》第二十四条规定："学校应当建立、健全安全制度和应急机制，对学生进行安全教育，加强管理，及时消除隐患，预防发生事故。学校不得聘用曾经因故意犯罪被依法剥夺政治权利或者其他不适合从事义务教育工作的人担任工作人员。"第六十条规定："违反本法规定，构成犯罪的，依法追究刑事责任。"《未成年人保护法》第二十二条规定："学校、幼儿园、托儿所应当建立安全制度，加强对未成年人的安全教育，采取措施保障未成年人的人身安全。学校、幼儿园、托儿所不得在危及未成年人人身安全、健康的校舍和其他设施、场所中进行教育教学活动。学校、幼儿园安排未成年人参加集会、文化娱乐、社会实践等集体活动，应当有利于未成年人的健康成长，防止发生人身安全事故。"《未成年人保护法》第六十条规定："违反本法规定，侵害未成年人的合法权益，其他法律、法规已规定行政处罚的，从其规定；造成人身财产损失或者其他损害的，依法承担民事责任；构成犯罪的，依法追究刑事责任。"

九、民办学校违规的法律责任

《民办教育促进法》第六十二条规定："民办学校有下列行为之一的，由县级以上人民政府教育行政部门、人力资源社会保障行政部门或者其他有关部门责令限期改正，并予以警告；有违法所得的，退还所收费用后没收违法所得；情节严重的，责令停止招生、吊销办学许可证；构成犯罪的，依法追究刑事责任：（一）擅自分立、合并民办学校的；（二）擅自改变民办学校名称、层次、类别和举办者的；（三）发布虚假招生简章或者广告，骗取钱财的；（四）非法颁发或者伪造学历证书、结业证书、培训证书、职业资格证书的；（五）管理混乱严重影响教育教学，产生恶劣社会影响的；（六）提交虚假证明文件或者采取其他欺诈手段隐瞒重要事实骗取办学许可证的；（七）伪造、变造、买卖、出租、出借办学许可证的；（八）恶意终止办学、抽逃资金或者挪用办学经费的。"

第三节　校长的法律责任

校长的法律责任是校长在负责学校的管理和运营过程中，因行为不当或实施违法行为而应承担的法律后果。《教育法》《义务教育法》《教师法》等法律对校长的法律责任都作出了相关规定。

《教育法》第三十一条规定："学校及其他教育机构的校长或者主要行政负责人必须由具有中华人民共和国国籍、在中国境内定居、并具备国家规定任职条件的公民担任，其任免按照国家有关规定办理。学校的教学及其他行政管理，由校长负责。"《义务教育法》第二十六条规定："学校实行校长负责制。校长应当符合国家规定的任职条件。校长由县级人民政府教育行政部门依法聘任。"校长作为学校的法定代表人和主要行政负责人，需要依法具备相应的任职条件，依法行使校长的职权，履行法定的义务，对行为的不利后果承担相应的责任。① 校长对外代表学校，对内负责领导全校工作。② 校长作为学校法定代表人，依法履行职责和权利。校长在履职过程中涉及的法律责任主要有以下几种。

一、挪用、克扣教育经费的法律责任

教育经费是中央和地方财政部门的财政预算中实际用于教育的费用，是办学必不可少的财力条件。任何组织和个人都不得挪用、克扣教育经费。校长作为学校的法定代表人，代表学校法人行使职权。学校拥有对设施和经费的管理、使用权，校长在具体的工作中代表学校法人行使相应的权利，应当遵守国家有关教育经费投入及学校财务活动的管理规定，使其有利于学校正常运转。《教育法》第六十一条规定："国家财政性教育经费、社会组织和个人对教育的捐赠，必须用于教育，不得挪用、克扣。"《教育法》第七十一条第二款规定："违反国家财政制度、财务制度，挪用、克扣教育经费的，由上级机关责令限期归还被挪用、克扣的经费，并对直接负责的主管人员和其他直接责任人员，依法给予处分；构成犯罪的，依法追究刑事责任。"

二、侮辱、殴打、打击报复教师的法律责任

校长有义务维护教职工的合法权益，有义务加强民主建设，接受教职工的监督，不得侮辱、殴打、打击报复教师。根据《宪法》第三十八条规定："中华人民共和国公民的人格尊严不受侵犯。禁止用任何方法对公民进行侮辱、诽谤和诬告陷害。"《教师法》第三十五条、三十六条分别规定："侮辱、殴打教师的，根据不同情况，分别给予行政处分或者行政处罚；造成损害的，责令赔偿损失；情节严重，构成犯罪的，依法追究刑事责

---

① 杨颖秀. 教育法学［M］. 北京：中国人民大学出版社，2014：205.
② 徐新启，康仲德. 教育法实例说［M］. 长沙：湖南人民出版社，2000：71.

任。""对依法提出申诉、控告、检举的教师进行打击报复的，由其所在单位或者上级机关责令改正；情节严重的，可以根据具体情况给予行政处分。"

三、违规招生及徇私舞弊的法律责任

校长在组织招生过程中，应当遵循有关法律法规的规定，不得徇私舞弊，不得拒绝残疾适龄儿童、少年。《教育法》第七十七条规定："在招收学生工作中徇私舞弊的，由教育行政部门或者其他有关行政部门责令退回招收的人员；对直接负责的主管人员和其他直接责任人员，依法给予处分；构成犯罪的，依法追究刑事责任。"例如，2003年"中央美院附中招生舞弊案"：中央美院附中原校长金甲镇、副校长石良和教务部主任柯肇晴三人为照顾各种"关系"，徇个人私情、私利，将符合条件的学生无端排挤掉，损害了国家对招生工作的正常管理秩序，破坏了公平竞争的环境，剥夺了其他学生平等竞争的机会，触犯了刑法。三人的行为构成徇私舞弊罪，一审分别判处金甲镇、石良有期徒刑两年三个月，判处柯肇晴有期徒刑一年缓刑一年。[①]

《义务教育法》第五十七条规定："学校拒绝接收具有接受普通教育能力的残疾适龄儿童、少年随班就读的，由县级人民政府教育行政部门责令限期改正；情节严重的，对直接负责的主管人员和其他直接责任人员依法给予处分。"

四、对校舍、教育教学设施监管不利的法律责任

《未成年人保护法》第二十二条规定："学校、幼儿园、托儿所不得在危及未成年人人身安全、健康的校舍和其他设施、场所中进行教育教学活动。"校长作为学校的负责人，对学校的校舍、教育教学设施负有安全监督和管理的责任。《教育法》第七十三条规定："明知校舍或者教育教学设施有危险，而不采取措施，造成人员伤亡或者重大财产损失的，对直接负责的主管人员和其他直接责任人员，依法追究刑事责任。"

五、违规侵占学校财产的法律责任

学校的场地、房屋、设施设备等财产是保障教育教学、科学研究和生活服务的基本条件，任何组织和个人不得侵占、破坏。《未成年人保护法》第四十二条规定："任何组织或者个人不得扰乱教学秩序，不得侵占、破坏学校、幼儿园、托儿所的场地、房屋和设施。"《教育法》第七十二条第二款规定："侵占学校及其他教育机构的校舍、场地及其他财产的，依法承担民事责任。"

第四节 教师的法律责任

教师的法律责任是指教师出现违法行为时，应当承担的法律后果。根据《义务教育法》第五十五条："学校或者教师在义务教育工作中违反《教育法》《教师法》规定的，

[①] 陈俊杰，张洁. 中央附中原校长招生舞弊被判 [EB/OL]. http：//news.sina.com.cn/c/2006-01-22/12528051017s.shtml，2006-01-22/2019-12-05.

依照《教育法》《教师法》的有关规定处罚。"通常,教师的法律责任主要有以下三种。

一、故意不完成教育教学任务的法律责任

《义务教育法》第三十五条第二款规定:"学校和教师按照确定的教育教学内容和课程设置开展教育教学活动,保证达到国家规定的基本质量要求。"《教师法》第八条也规定:"教师应当履行贯彻国家的教育方针,遵守规章制度,执行学校的教学计划,履行教师聘约,完成教育教学工作任务的义务。"相应地,《教师法》第三十七条明确规定:"故意不完成教育教学任务给教育教学工作造成损失的,由所在学校、其他教育机构或者教育行政部门给予行政处分或者解聘。"

二、体罚、侮辱、歧视学生的法律责任

《教师法》第八条规定:"教师应当履行关心、爱护全体学生,尊重学生人格,促进学生在品德、智力、体质等方面全面发展的义务。"根据《教师法》第三十七条:"对于体罚学生,经教育不改的或者品行不良、侮辱学生,影响恶劣的情形,情节严重,构成犯罪的,依法追究刑事责任。"

《义务教育法》第二十九条要求:"教师在教育教学中应当平等对待学生,关注学生的个体差异,因材施教,促进学生的充分发展。教师应当尊重学生的人格,不得歧视学生,不得对学生实施体罚、变相体罚或者其他侮辱人格尊严的行为,不得侵犯学生合法权益。"又根据《未成年人保护法》第二十一条规定:"学校、幼儿园、托儿所的教职员工应当尊重未成年人的人格尊严,不得对未成年人实施体罚、变相体罚或者其他侮辱人格尊严的行为。"《未成年人保护法》第六十三条第二款规定:"学校、幼儿园、托儿所教职员工对未成年人实施体罚、变相体罚或者其他侮辱人格行为的,由其所在单位或者上级机关责令改正;情节严重的,依法给予处分。"

2018年11月,西安市教育局通报了5起教师违反师德的典型案例。其中,高陵区草市小学教师陆某,对上课做小动作的学生实施体罚,致其手掌部肿胀;陆某还曾用同样的办法屡次体罚学生,在社会上造成恶劣影响。高陵区教育局党委给予陆某党内严重警告处分、降低专业技术等级处分。[1]

三、侵犯学生隐私的法律责任

《未成年人保护法》第三十九条规定:"任何组织或者个人不得披露未成年人的个人隐私。对未成年人的信件、日记、电子邮件,任何组织或者个人不得隐匿、毁弃;除因追查犯罪的需要,由公安机关或者人民检察院依法进行检查,或者对无行为能力的未成年人的信件、日记、电子邮件由其父母或者其他监护人代为开拆、查阅外,任何组织或者个人不得开拆、查阅。"第六十九条明确规定:"侵犯未成年人隐私,构成违反治安管理行为的,由公安机关依法给予行政处罚。"

---

[1] 西安市教育局,关于我市5起教师违反师德典型案例的通报 [EB/OL]. http://edu.xa.gov.cn/ptl/def/def/index_902_4679_ci_trid_3021574.html,2018-11-28/2019-12-05.

第五节 学生的法律责任

学生的法律责任是指当学生违反了教育法律法规或者学校规章制度时应承担的法律后果。按照《教育法》的规定，学生承担法律责任的情形主要有以下四种。

一、扰乱教育教学秩序

根据《教育法》第七十二条："结伙斗殴、寻衅滋事，扰乱学校及其他教育机构教育教学秩序或者破坏校舍、场地及其他财产的，由公安机关给予治安管理处罚；构成犯罪的，依法追究刑事责任。"

二、考试作弊

《教育法》第七十九条规定："考生在国家教育考试中有下列行为之一的，由组织考试的教育考试机构工作人员在考试现场采取必要措施予以制止并终止其继续参加考试；组织考试的教育考试机构可以取消其相关考试资格或者考试成绩；情节严重的，由教育行政部门责令停止参加相关国家教育考试一年以上三年以下；构成违反治安管理行为的，由公安机关依法给予治安管理处罚；构成犯罪的，依法追究刑事责任：（一）非法获取考试试题或者答案的；（二）携带或者使用考试作弊器材、资料的；（三）抄袭他人答案的；（四）让他人代替自己参加考试的；（五）其他以不正当手段获得考试成绩的作弊行为。"

三、违规取得或使用学历学位证书

《教育法》第八十二条第三款规定："以作弊、剽窃、抄袭等欺诈行为或者其他不正当手段获得学位证书、学历证书或者其他学业证书的，由颁发机构撤销相关证书。购买、使用假冒学位证书、学历证书或者其他学业证书，构成违反治安管理行为的，由公安机关依法给予治安管理处罚。"

四、侵犯他人或机构合法权益

根据《教育法》第八十三条："侵犯教师、受教育者、学校或者其他教育机构的合法权益，造成损失、损害的，应当依法承担民事责任。"

【案例分析】

郑某系某长江中学七年级六班学生，吴某系该班的班主任。2012年5月15日上午课间操期间，学生郑某以腹痛为由向其班主任吴某请假，吴某准许其可不参加跑步。同日下午第三节体育课，授课教师发现郑某旷课，立即告诉了班主任吴某。吴某到各科教师办公室、厕所等处查找未果，并告诉班级同学看见郑某叫她立即到其办公室。课间，郑某到吴某办公室解释未上体育课的原因，吴某根据查找原告的过程认为，郑某无故旷课，并编造事由说谎。遂用手背击打郑某的面部，用教鞭（长50厘米、直径1厘米，实心塑料）抽打郑某的胳臂和腿部。2012年5月19日，学生郑某身体损伤经公安机关鉴定为轻伤。郑某因精神受到极大刺激,生活不能自理,且性格狂躁易怒、不愿与人接触。2013年9月9日,郑某被精神疾病司法鉴定所鉴定为患有'创伤性应激障碍',该病的发生与2012年5月15日被打有因果关系。

◎ **案例分析**:我国的《教师法》《未成年人保护法》等法律对规范学校、教师的行为均做了明确的规定,对体罚学生的行为亦做了禁止性的规定。《义务教育法》第二十九条规定:"教师应当尊重学生的人格,不得歧视学生,不得对学生实施体罚、变相体罚或者其他侮辱人格尊严的行为,不得侵犯学生合法权益。"在教育、教学活动中,教师应当遵循教育规律并遵循学生身心发展特点教书育人、依法履行职责。聘任的教师,在实施教育、管理职责中,故意致伤学生身体的,作为聘任单位的学校应承担相应责任。

(案例来源:"青岛公布十大校园暴力案例 呼吁从源头遏制暴力发生",人民网-山东频道,2016年5月26日。案例内容有增改。http://sd.people.com.cn/n2/2016/0526/c364532-28406649.html)

【小结】

违反教育法律,就应当承担相应的法律责任。本章主要围绕教育法律责任进行论述,主要包括教育法律责任的概念、学校法律责任、校长法律责任、教师法律责任和学生法律责任等具体内容。

所谓教育法律责任是指教育法律关系主体因实施了违反教育法律法规的行为或因特定的法律事实而需要承担的否定性法律后果。

学校的法律责任主要体现在其违规设立、变更、终止学校,违规招生、徇私舞弊,违规收费,违规颁发学位学历证书,违规使用教科书,违规分设立重点班和非重点班,违规开除学生,安全管理不到位,在民办学校的违规情形等方面。

校长的法律责任主要体现在挪用、克扣教育经费,侮辱、殴打、打击报复教师,违规招生及徇私舞弊,对校舍、教育教学设施监管不利,违规侵占学校财产等方面。

教师的法律责任主要体现在故意不完成教育教学任务,体罚、侮辱、歧视学生,侵犯学生隐私等方面。

学生的法律责任主要体现在扰乱教育教学秩序、考试作弊、违规取得或使用学历学位证书、侵犯他人或机构合法权益等方面。

【思考题】

1. 什么是教育法律责任?
2. 学校法律责任主要体现在哪些方面?请列举你身边学校因违法违规而承担法律责任的例子。
3. 校长法律责任与学校法律责任是一致的吗?如果不一致,其与学校的法律责任有什么区别?
4. 教师的哪些不当行为会触犯教育法律?
5. 学生应当如何规范自身的行为?除了遵守教育法律以外,还应当遵守哪些法规?

第五章 国家教育权

【内容提要】

教育权是指负有施教责任的权利主体能够按照自己的意愿对施教对象（基于自愿或者被强制）进行教育、指导的一种权利。在现代社会，教育权可分为国家教育权、社会教育权、家庭教育权。在原始社会，教育权是一种道义上的权利与义务，人类进入文明社会后，教育权逐渐演变成为统治者统治社会的工具，而进入现代社会后，国家控制教育是各国提升综合国力的必由之路。

国家教育权是一定社会中，统治阶级通过国家机构对教育的控制权，由政府代表行使。公民自然权利是国家教育权的合法性基础，《宪法》与《教育法》是国家教育权的直接性权源，国家教育权属于公权力，其权利主体是国家机构，主要包括政府机构和政府授权机构。

【课程目标】

1. 识记"教育权"概念、内容和性质，理解"教育权"的演变。
2. 理解"社会教育权"和"家庭教育权"的内涵。
3. 识记国家教育权的内涵、特点，理解"国家教育权"的权源依据。
4. 理解"国家教育权"的演变。
5. 运用"国家教育权"的内容，解答当今中国社会教育的基本问题。

第一节 教育权

一、引言

在原始社会，教育权是一种道义上的权利与义务。例如部落或民族内部成员相互之间的规则与允诺，虽不具有真正意义上的法律关系，但也具有法律关系中权利与义务的基本特征，是法律关系的雏形。

人类进入文明社会后，教育权逐渐演变成为统治者统治社会的工具。这种方式是由社会的统治权威所承认和维护的，是肯定而明确的权利与义务。在阶级社会，教育权不仅仅是统治阶级用于政治统治和军事统治的需要，更是传播、延续、发展其精神统治的需要。

在西方中世纪，在社会中占主导地位的是教会教育和骑士教育，统治者通过教会感化、骑士培养，统治社会思想，从而实现政治稳定。在中国，最早出现且占主导地位的教育形态是西周的官学。而后的私学教育虽得到一定规模的发展，但封建社会的统治阶级依然以各种形式和途径加强对私学的管制，规范、利用并影响教育权的发展。因此，基于社会的私学教育逐渐被削弱，其所发挥的社会效应也逐渐减小。

进入现代社会后，尤其是二战以来，各国之间军事、政治、经济、科技、人才的较量日趋激烈。科技与人才领域的竞争，归根到底是教育的竞争。因此，国家控制教育是各国提升综合国力的必由之路。从1958年美国为了改善美国教育制度，增强美国国防竞争力而颁布的《国防教育法》，到我国每个五年制定的教育规划纲要，无不凸显国家对教育权的高度重视。无论是资本主义国家，还是社会主义国家，管理和发展教育都是国家的一项重要职能。进入21世纪后，各国教育法治建设逐渐加强，法治程度逐渐提高。教育领域的规制也会不断优化，教育法治对于国家的促进作用也会不断增强。

二、教育权的内涵与性质

（一）教育权的内涵

教育权是为满足和实现公民接受教育的权利而实施的强制或自愿的教育行为。具体来说，教育权就是具有施教责任的权利人按照自己的意志而对施教对象（受教育者）进行的强制或自愿的教育活动的一种权利。教育权与受教育权存在一定的不同。教育权指的是"谁"掌握和控制着教育的权利，或者说是"谁"有资格或权力（权利）开展教育事业，管理和督导、监控教育事业，或者对教育事业施加影响。受教育权阐明的是"谁"有资质、有权利或者有义务接受教育。

根据权利人的性质，教育权可分为国家教育权、社会教育权、学校教育权、家庭教育权四类。国家教育权代表的是国家机构的教育权利；社会教育权代表的是社会特定群体的教育权利；学校教育权代表的是特定学校活动主体的教育权利；家庭教育权代表的是家庭（或家族）的教育权利。

（二）教育权的内容

根据划分方式的不同，教育权的内容也不尽相同。从教育的领域划分，可分为国家教育权、社会教育权、家庭教育权；从教育的场域划分，可分为学校教育权、社会教育权、家庭教育权；从教育关系与教育现象划分，可分为教师教育权、父母教育权等。

总而言之，从教育法律关系主体分，我们把教育权分为国家教育权、学校教育权、社会教育权、家庭教育权。

（三）教育权的性质

基于教育权利与义务人所构成的法律关系，施教的主体为统治阶级（政府、国家）的教育权，归属为公权利，适用于公法，称为国家教育权；施教的主体为社会（含社会团体、公共组织或个体组织）的教育权归属于私权利，适用于民法；施教的主体为家庭成员的家庭教育权，同样属于私权利的范畴。

但在现实生活中，法律介入家庭教育权的情况较少，但随着社会的发展，家庭教育的被重视程度越来越高，家庭教育立法是一个趋势。未来法律介入家庭教育权的情况会逐渐增多，家庭教育权的法律规制也会渐趋完善。

1. 社会教育权

社会教育权是指来自行使国家教育权机构以外的社会组织或个人，以相对自由的作为或不作为的方式对他人发出教育方面要求的权利。[①]

社会教育权所探讨的"社会"是被人格化的社会整体，是权利主体所享有的教育权利的总和，这些权利必须符合社会公共生活和社会公共利益。

一般而言，社会教育权主要包括举办教育权、参与管理权、校外教育权、发展教育权等。

社会教育权的权利主体是非政府机构的其他社会组织或个人，其教育权范围属于"法不禁止即自由"的社会习惯权利，受实体法的规限，只有在实体法范围内才合法。

2. 家庭教育权

家庭教育、学校教育与社会教育三者并列，共同构成培养人与塑造人的完整教育体系。家庭教育权主要是指父母对子女的教育权利。家庭教育权受宪法保护，是宪法所规定的基本义务。家庭教育权基于民法，尤其是以婚姻家庭关系法为基础，监护人的义务主体就是被监护人。一般而言，家庭教育权主要包括对教育形式的选择权、父母的学校教育参与权（包括知情权、提案发言权、共同决定权）等。

其中，家庭教育是人的发展最基础的部分，家庭教育事关个体发展、家庭福祉和国家竞争力。家庭是孩子成长的摇篮，是亲子关系建立和发展的基础。家长是孩子的第一任教师，孩子在家长的引导下学习适应社会，逐步掌握社会生活必备的知识、经验和技能，完成从自然人到社会人的过渡。在孩子社会化的进程中，家庭对其影响是不可替代的，孩子性格的刚懦、品质的优劣、学习的强弱等无不与家庭教育有着密切的联系，科学的家庭教育对人一生的发展有着十分重要的作用。

习近平总书记于 2015 年 2 月在新春团拜会上指出，"要注重家庭，注重家教，注重家风"，这进一步凸显了家庭教育事业的重要性。2019 年全国教育工作会议上，教育部陈宝生部长首次对家庭教育提出明确要求："积极推动将家庭教育纳入基本公共服务体系，争取专门经费支持，通过家委会、家长学校、家长课堂、购买服务等形式，形成政府、家庭、学校、社会联动的家庭教育工作体系。"陈宝生部长回应了家庭教育重要性的问题，认为"家庭教育不到位，不仅会抵消学校教育的效果，还会给孩子发展造成一定的消极影响"。

2019 年 6 月 23 日，中共中央国务院印发《关于深化教育教学改革全面提高义务教育质量的意见》，该意见明确提出："要重视家庭教育，并加快家庭教育立法，强化监护主体责任。"近年来，重庆、贵州、山西、江西、江苏、浙江等省相继出台家庭教育地方条例，也为全国性立法奠定了一定基础。

[①] 杨颖秀. 教育法学 [M]. 北京：中国人民大学出版社，2019：31.

第二节　国家教育权的内涵、特点与权源依据

一、国家教育权的内涵

关于国家教育权的内涵，学者们有不同的观点。赵敏（2004）认为国家教育权是国家通过国家机关对教育实施发展、举办、领导、管理等活动的公权力。① 秦惠民（1998）认为国家教育权是相对于家庭教育权、社会教育权而言，作为现代教育权的主体，是国家依法对年轻一代进行施教的公权力②。温辉（2008）认为国家教育权作为一个法学概念，是一个与国家教育责任相对应的宪法学研究范畴。③

综上所述，国家教育权是统治阶级通过国家机构以达到对教育进行控制的权利，主体是国家机关及其工作人员，实施对象是全体公民。国家教育权是不可转移和弃让的，具体表现形式体现在国家对于教育资源的控制和分配上，是统治阶级意志的表现。首先，国家教育权的主体是国家；其次，国家教育权是一种公权力；最后，国家教育权是通过国家机关，对教育实施影响的权利。

国家教育权作为一个教育法学概念，属于国家抽象主权之一，是指国家按照法律规定，依法对全体公民进行教育发展的公权力，具体来说，包括立法权、行政权、司法权等职权内容。

二、国家教育权的特征

国家教育权本质上是一种由国家行使的权力，具备公权力的一般特征，同时它又是有关教育的公权力。要分析其性质，应在教育维度之内展开。

其一，公权民授，公意是构成公权合法性的基础。19世纪中期以来，西方国家开始建立义务教育体系，让所有儿童进入公立学校接受免费教育。公立学校的建立和义务教育的普及强化了国家对教育的控制。国家权力介入教育应当以符合公意为前提，否则其合法性就会受到挑战。公民参与是公权力合法性的保证。比如，美国就以实体法的形式，规定父母有权参与学校教育，其权利包括知情权、提案权、发言权以及共同决定权。④

其二，个人的自然权利先于公权存在，公权以维护公民的自然权利为目的。自然法认为，自然权利（nature rights）是个人的内在权利，它基于自然法或人的本性而不是基于国家法的规定，这些权利包括生命权、自由权、财产权和幸福权等。个人为了获得知识与技能，谋求自身发展，与其他人协议同意让渡自然权利给国家，委托国家提供教育服务，国家行使教育权力的目的是保护和实现公民的自然权利。⑤

---

① 赵敏. 大学校长与国家权力系统关系诠释 [J]. 现代大学教育，2004，（1）：33.
② 秦惠民. 现代社会的基本教育权型态分析 [J]. 中国人民大学学报，1998，（5）：85.
③ 温辉. 宪法与教育——国家教育权研究纲要 [M]. 北京：中国方正出版社，2008：28.
④ 余若峡. 自然法视角下的国家教育权 [J]. 教育发展研究，2010，（11）：59.
⑤ 余若峡. 自然法视角下的国家教育权 [J]. 教育发展研究，2010，（11）：60.

其三，公权以契约的方式得以确立，这种契约就是法律。自然法理论强调法的公平、正义、理性，主张实在法（人定法）应服从自然法，即服从公平、正义等根本价值。这些理念深刻影响着西方国家的法律面貌，也清晰地体现在有关教育的法律制度中。同样，国家教育权通过契约的方式即教育立法得以确立。①

综上所述，国家教育权是以民意为前提的，个人自然权利先于公权存在，用立法的方式予以确认并实施。

三、国家教育权的权源依据

（一）公民自然权利是国家教育权的合法性基础

在现代民主社会中，国家教育权的权力源泉乃是公民的自然权利，具体到教育领域而言，即"作为权利主体的全体社会成员所享有和拥有的符合社会生活公共利益要求的教育权利的总和"。它不但构成了国家教育权的合法性基础，也从根本上决定了它的逻辑基点与价值追求。依据古典经济学和制度经济学的观点，提供教育服务等公共物品乃是国家的重要义务与职能之一，相比于家庭与公民个人而言，国家也无疑掌握着更多的教育资源，故国家也必须拥有与此相应的公权力。②

（二）《宪法》与《教育法》是国家教育权的直接性权源

我国《宪法》第19条规定："国家发展社会主义的教育事业，提高全国人民的科学文化水平。国家举办各种学校，普及初等义务教育，发展中等教育、职业教育和高等教育，并且发展学前教育。"《教育法》第6、15条分别规定："国家在受教育者中进行爱国主义、集体主义、社会主义的教育，进行理想、道德、纪律、法制、国防和民族团结的教育。""国务院教育行政部门主管全国教育工作，统筹规划、协调管理全国的教育事业。"这些法律规定明确了国家对社会成员进行教育和对教育活动进行管辖的权力与责任，是我国国家教育权的直接性权力来源。③

第三节　国家教育权的演变

一、农业社会的国家教育权

在农业社会，人们从事的是农业、渔业、采伐业，以及矿业等工作，普通民众只是接受了家庭和社会习俗的教育，掌握了耕种土地、捕鱼、采伐等基本知识，他们就完成了物质资料和人口繁衍的两大任务，此期人们识字率较低，文盲率极高。西欧有宗教教育的传统，普通民众的子女自出生之后，接受家庭教育与宗教教育。

---

① 余若峡. 自然法视角下的国家教育权 [J]. 教育发展研究, 2010, (11): 60.
② 刘大洪, 苏丽芳. 人权视野下的国家教育权理论探析 [J]. 武汉大学学报, 2012, (5): 70.
③ 刘大洪, 苏丽芳. 人权视野下的国家教育权理论探析 [J]. 武汉大学学报, 2012, (5): 70-71.

中国农业社会的教育则是"生活教育+少量的学校官学教育+少量的私学教育",能上官学的人多是官宦子弟或贵族,民间的地主或富裕的农民也将子女送到私塾读书,其目标是培养农业社会所需要的管理人员。普通民众都没有机会接受学校教育,只能在出生后跟着长辈学习必要礼俗和农业耕种常识。对于多数劳苦大众来说,农业社会的教育是一种生活礼俗教育加上简单的农业知识的学习。

(一) 中国农业社会国家对教育的控制与影响

农业社会生产力发展水平不高,机械化程度很低,主要是以农业、渔业、采矿业等消耗天然资源的经济部门为主的社会形态。作为一种社会现象,教育从产生的第一天起,就和人类社会的发展相联系,并随着社会的发展变化而发展变化。如果以中国古代教育制度的形成与发展为线索去考察中国几千年的教育发展,我们可以明显地看出社会发展变化对教育的影响。在从夏王朝到1840年鸦片战争这段有几千年文字记载的历史中,教育领域的每一次变革都与经济发展、社会制度以及人民生活水平息息相关。而国家教育权也是与社会制度和经济水平密切相连的,在农业社会,除中央官学、地方官学、私塾制度等针对统治阶级的教育制度外,大部分老百姓以生活教育与礼仪教育为主,国家对老百姓的教育生活影响较弱。其中,官学与私学两者的发展呈现此消彼长的关系,即当官学兴盛时,私学就凋零;当官学衰落时,私学就兴盛。

我国的教育起源很早,相传五帝时就有了现在解释为用来宣讲教令的学校——"成均"。但现在一般认为如同《古今图书集成·学校部》里"夏后氏设东序为大学,设西序为小学"描述的那样,真正的学校形成于夏代称为"序"的机构。《礼记·王制》里也记载:"夏后氏养国老于东序,养庶老于西序",指出夏代把以前只具有比较单一的养老敬老功能的"序"改变成为可以兼教习射的教育机构。

西周在继承夏商教育发展的基础上,使教育更加制度化、系统化。受社会发展和西周社会特有的宗法制度的影响,那时形成了政教合一、官师不分、教育机构与行政机构不分的"学在官府"的教育制度。在这种制度基础上,形成了从中央到地方等级和职责都比较分明、比较完善的学校组织体系;建立了相对严格的视学制度;确定了以礼、乐、射、御、书、数等"六艺"为主的教学内容。这样,西周的学校教育与社会教化紧密联系、合为一体,"以'化民成俗'为旨归的西周社会教育化制度代代相袭,堪称中国古代教化之源,对中国几千年的封建教育产生了深远的影响"。

春秋战国时期,由于周王朝统治力量的衰微和战乱的频繁,造成西周宗法制社会形态逐渐解体、"学在官府"的教育体制逐渐消亡、学术挣脱官府的控制向民间扩散等现象。同时,由于封建经济逐渐发展壮大,社会对人才的需求增加,以孔子为代表的大批思想家应运而生,并纷纷开办私学,促使教育从国家行政体制中分离出来,在教育理论和实践上解决了许多前人没有解决的问题,开启了后世官学与私学并存的局面。

在公元前221年统一中国后,秦始皇为了巩固统治,在继续执行秦王朝几百年间形成的一些有效的教育制度的基础上,为了适应新的形势,统一了文字,立博士、设"三老"(有秩、啬夫、游徼)来管理从中央到地方的各级教育,采取"以吏为师,以法为教"的政策,推行以"昌明法度、匡正异俗"为目的的社会教化活动,使秦王朝的官吏教育及相应的法制教育开展得很有声势,这些举措有力地推动了大一统的政治局面。但是,由于秦始皇在执政的最后四五年里,妄图恢复西周以前"学在官府"的局面,又颁布"挟书令"并"焚书坑儒",同时还采取禁止私学的政策,使普通教育活动受到很大的摧残。

在汉初休养生息、恢复了国力之后,西汉惠帝废除"挟书令"、文帝允许开办私学、武帝采用董仲舒提出的"罢黜百家,独尊儒术"的建议,确立了儒家思想占统治地位的意识形态,在长安建立"太学",设"五经博士"为教官,选地主子弟去学儒家经典,把教育和选拔人才的制度结合起来,开创了以儒取士的察举制。这些变革不仅使汉代的文教模式成为后世之基础,也促使了汉民族共同文化心理的形成。

由于受战乱及士族占统治地位的社会现实的影响,也为了选拔优秀人才,曹丕努力恢复儒学的地位,本着"以经学贡士"的原则,废除察举制,设立了九品中正制,这一制度沿用了300多年。

公元606年,在九品中正制衰落的情况下,隋炀帝杨广设立进士科考,以考试的方式来选拔人才,标志着科举制的创立,在此后的1300年里,历代王朝竞相沿袭并对这一制度不断完善。

唐代将孔子神圣化,重新确立了儒术的正统地位,唐太宗李世民进一步完善了科举制,增加了考试科目,编《五经正义》作为学习教材和科举考试的依据;武则天虽然崇信佛教而不重视儒学,但她"创立了皇帝亲自考试录取进士的殿试制度,加强了皇帝对选官用人的控制",并开创了至今还在使用的糊名考试的方法来保证考试的公平。这样,在唐代,中国古代教育"完成了古代'养士'和'取士'之道合而为一的理想"。

宋王朝采用重文抑武的策略来加强和巩固中央集权制,除继续抬高儒学的地位、进一步完善科举制外,还倡行理学,将理学作为教学指导思想,放宽了学生进入官学读书的资格限制,并在官学系统中设立了武学与画学,同时还大力发展以书院为代表的私学教育,对其管理也更加规范化。宋代先后有过三次大规模的兴学活动,值得一提的是"庆历兴学"时创立的"学田制度",将封建国家和社会私人办学的积极性结合起来,有效地解决了当时地方官学的经费问题,扩大了教育面。

元代在宋代"三舍法"的基础上,采用"升斋等第法"和"积分法"对学生的学业成绩和品德行为进行考察和管理,完善了学籍管理制度。还在普通国子学之外设立蒙古国子学和回回国子学,满足了促进国内多民族文化发展和交流的需要。此外,元代还进一步完善了学田制,并通过它加强了对书院的控制,使书院表现出官学化的倾向。

明朝和清朝前期进一步发展了社学制度,广泛设立学校,建立了从地方到中央衔接紧密的学制系统。但由于在教育思想上以理学思想为正统,强化了科举制,把八股文规定为科举考试的固定格式,还大兴"文字狱",使教育内容逐渐空疏无用,同时,因为控制的加强,书院制发展到清代就完全官学化了,导致中国古代教育的路越走越窄。

综上所述,在中国农业社会,国家对于教育的统治是伴随社会制度的变革而生,并服务于统治阶级的。普通大众以生活教育与礼仪教育为主。国家对于教育的影响与控制较弱。

(二) 西方农业社会国家对教育的影响

在西欧,普通民众的子女出生后,在家接受必要的家庭教育以及宗教教育。贵族子弟则是接受家庭教育后，能够有机会进入私立的初等或中等教育机构。中世纪以后，一部分贵族子弟进入中世纪大学，封建主的子弟则接受骑士教育。

中世纪骑士教育是指世俗奴隶主子弟所受的教育，它同时也是一种培养为世俗封建主服务的、保护封建制度的武夫的教育，作为中世纪西欧早期结合宗教教育与武士教育为一体的一种西欧封建主阶级的特殊教育形式而存在。

"骑士七技"指的是骑马，游泳，投枪，击剑，打猎，弈棋，吟诗。骑士教育培养的三个阶段包括：第一阶段（0~8岁）为家庭教育阶段，接受母亲教育，主要学习宗教知识、道德教育和身体的养护与锻炼；第二阶段（8~14岁），礼文教育阶段，贵族之家按其等级将儿子送入高一级贵族的家中充当侍童，侍奉主人和贵妇；第三阶段（14~21岁），侍从教育阶段，重点学习"骑士七技"。骑士制度本质上是国家统治的需要，通过骑士制度，培养符合国家统治的骑士，进而达到统治国家的目的。

西欧农业社会的教育以宗教的灌输为主，旨在培养虔诚的教徒以及传授简单基本的读写算知识，其目的是形成宗教信仰，确立社会秩序，达到统治的目的。总而言之，无论在中国还是西方农业社会，多数人只是接受习俗教育、宗教教育或家庭教育，国家对教育的影响仅仅限于在统治阶级的子弟群体中。

表5-1　　　　　　　　　中国与西方农业社会教育形态的对比

生存方式	地区	学习内容	教学机构	受教育人群
以土地为依托，耕种弄作为主，少数以渔业、采伐业，以及矿业为生。	西欧	读、写、算，自由艺术，哲学、神学、技术、军事谋略，骑士七技。	教区、教堂和主教学校；骑士教育、宫廷学校、中世纪大学。	来自上层阶级或主教区的男性儿童、教区的妇女，年龄在7~20岁。
	中国	四书五经为多数学校修习内容，唐朝的四门学以上学《周礼》《礼记》《仪礼》等；书学以《说文》《字林》为专业；算学学《九章》《孙子》等；律学学律令；弘文馆学书法、经史等，医学学《本草》《脉经》等；地方学校主要修习经学、医学等。	中国古代中央和地方有官学，如唐朝有国子学、太学、四门学、书学、算学、律学；弘文馆和崇文馆等六学二馆。地方有州学、县学和私学。	官学的生源来自于官宦家庭，民间有钱人家送子女上私塾。

二、工业社会的国家教育权

工业社会的主要特征是大机器工业生产取代一批以往的农业、手工业生产，生产力水平大幅度提高，经济部门主要以制造业即第二产业为主。19世纪以前，政府对教育很少干预，国民教育的权力主要集中在教会手中。工业社会以前，国家对教育的权力体现在教会制度中。工业社会以后，国家开始实施免费的义务教育，逐步发展中等、高等、师范以及职业技术教育等，旨在通过发展教育，增强国民的综合素质，提升国家的综合实力。

（一）义务教育作为免费、强制和普及的教育

现代意义的城市化，开始于工业革命，英国是最早开始城市化进程的国家。18世纪中叶，英国人瓦特将蒸汽机进行了改良，由此引发的技术革命导致手工劳动向工业机器大生产重大转变，并蔓延至整个欧洲大陆，19世纪扩散到到北美地区，随后向全世界扩散。首先是工业化推动城市化，然后是第三产业发展推动了城市化。城市化是指乡村人口向城市集中，劳动力从第一产业往二三产业转移。城市化的进程是大工业生产造成的，是社会经济发展到一定程度才出现的。城市数量和占地规模不断扩大，只有少数人利用机械化的技术耕种土地。人们主要从事商品生产、制造业、耐用品与非耐用品和建筑业。工业社会里农业人口的比例不断降低，而且农业也开始大规模地机械化生产，意味着农业人口持续不断地向城市转移。

大工业生产以及城市化需要培养适应其发展的市民，于是开始工业化进程的各国纷纷普及初等义务教育。德国在1619年德意志魏玛公国颁布的《义务教育规定》中，就要求父母送6~12岁的儿童上学。1717年，普鲁士国王弗里德里希-威廉一世就颁布了一项《义务教育规定》，明文规定"所有未成年人，不分男女和贵贱，都必须接受教育"。威廉一世的儿子弗里德里希继位后，坚决贯彻义务教育的基本国策，并于1763年8月12日亲自签署了世界上第一部《普通义务教育法》。联邦德国于1872年颁布《普通教育法》，德国也被认为是世界上第一个实行普及义务教育的国家。严格来说，应该是当时的普鲁士王国第一个实行普及义务教育的制度。而后，美国于1830年开始了公立学校运动，1852年马萨诸塞颁布《义务教育法》。英国相对较迟颁布义务教育法，直到1870年《初等教育法》才姗姗来迟。法国于1882年颁布《费里教育法》。还有俄罗斯1918年的《统一劳动学校规程》和《统一劳动学校宣言》以及日本1872年的《学制》和1886年的《小学校令》。这些国家将小学教育纳入到义务教育范畴，加大了国家对于教育的控制与影响，极大地提高了国民素质，推进了工业化的进程。

表5-2　　　　　　　　　工业社会世界各国颁布的义务教育法律法规一览

国家	普及初等义务教育	义务教育的延伸
英国	1870年《初等教育法》	1918年《费舍法案》、1944年《巴特勒法案》
美国	1852年马萨诸塞的《义务教育法》	1920年前后，多数州将义务教育规定为9年
联邦德国	1872年《普通教育法》、1919年《魏玛宪法》	1949年《基本法》
法国	1882年《费里教育法》	1959年《教育改革法》

续表

国家	普及初等义务教育	义务教育的延伸
俄罗斯	1918年《统一劳动学校规程》和《统一劳动学校宣言》	1958年《关于加强学校同生活的联系和进一步发展苏联国民教育制度的法律》
日本	1872年《学制》和1886年《小学校令》	1947年《教育基本法》
中国	1903年《奏定学堂章程》，1911年《试办义务教育章程案》，1912年《壬子癸丑学制》；1985年《中共中央关于教育体制改革的决定》，1986年《中华人民共和国义务教育法》	1995年《中华人民共和国教育法》

以英国为例，19世纪初英国开始施行国家直接管理教育的一系列措施。1833年，国会通过了"教育补助金"法，这是英国教育从作为宗教教派活动或民间活动向教育国家化发展的转折点，也是英国建立国民教育制度和国家直接把握教育领导权的开端。此后，英国又成立了专门负责教育拨款分配和使用的枢密院教育委员会，后又改组为教育局。随着英国教育领导体制逐步实现国家化，至20世纪初，英国确立了由国家统一领导与地方分权同时并存的教育领导体制。

英国的初等教育一直由国教教会管理，教会初等教育具有慈善性质。17世纪后期，英国社会贫困现象突出，教会、民间团体和私人纷纷开办慈善学校，推动了慈善教育的发展。慈善学校不收学费，课程主要是基督教教义，学生毕业后不能升入中等学校。1870年，英国政府颁布《初等教育法》（又称《福斯特法案》）。法案规定：国家对教育有补助权和监督权；地方设立学校委员会管理地方教育，在缺少学校的地方设置公立学校；对5~12岁的儿童实行强迫初等教育；学校里的普通教育与宗教分离。该法案的颁布，标志着英国国民教育制度的正式形成，从此，英国出现了公、私立学校并存的局面。

工业革命以前，英国的中等学校仍是从封建社会流传下来的文法学校和公学。文法学校和公学产生于文艺复兴时期，是英国富家子弟升入大学的预备学校，属于中等教育性质。公学强调学校由公众团体集资兴办，培养一般公职人员，其教学设备、条件、和教学质量等均高于文法学校。文法学校和公学修业年限一般为5年，注重古典语言的学习和上层社会礼仪的培养，同时还进行体育和军事训练。

工业革命以后，原有的中等教育已不能满足现代资本主义发展的需要，改革文法学校和公学成为英国中等教育改革的重要内容之一。具体措施有：改革宗教教学，削减古典科目，增加实科课程等。极大地增强了国家对于教育的控制。

(二) 高等教育是世界各国综合国力的象征

在工业社会普及中学阶段的义务教育，对个体来说是谋生的需要，进入商品生产、制造业、建筑业，需要一定的文化程度并掌握某种职业技能；对于国家来说，就是培养大工业生产所需要的产业工人，同时也是提高国民素质的需要。在工业化的后期，代表更高生产力人才培养的高等教育逐渐成为世界各国综合国力的象征。

近现代大学起源于欧洲中世纪大学，发展于19世纪初。启蒙运动后，经过理性主义改造的德国洪堡创办的柏林大学，被认为是世界上第一所新型大学。一般来说，1809年德国柏林大学的创立标志着现代意义上的大学的诞生。现代大学与中世纪大学的根本区别在于大学职能的转变。现代大学有三大职能，包括教学科研、人才培养以及服务社会。柏林大学成为世界各国竞相效法的典范，19世纪下半叶伴随科学技术的发展，德国在传统大学之外相继建立了一批工科大学，确立了传统大学与工科大学并存的高等教育格局。

世界各国纷纷创办现代大学，大大推进了工业社会的发展，同时高等教育也成为了世界各国综合国力的象征。英国在19世纪20年代开始了新大学运动，1828年伦敦大学正式成立，继伦敦大学之后，许多城市创办了近代城市大学，如曼彻斯特大学、伯明翰大学、利物浦大学等。1963年的《罗宾斯报告》促进了高等教育的蓬勃发展，《1988年教育改革法》使公立高校脱离地方教育当局管辖，取得与大学同等的地位。1992年颁布的《继续与高等教育法》废除了高等教育双重制，建立了统一的高等教育体制。美国在殖民地时期就创办了9所学院，南北战争以后，1862年《莫雷尔法》的颁布，创立了主要讲授农业和机械知识的赠地学院，使得州立大学快速发展。1902年伊利诺伊州首创两年制社区学院，1958年的《国防教育法》、1965年的《高等教育法》等法案奠定了美国高等教育持续健康发展的基础。日本也在1868年明治维新后大力发展高等教育，1972年颁布《学制》，1918年颁布新修订的《大学令》，正式承认公立大学和私立大学，形成了国立、公立和私立大学三足鼎立的局面。法国于1896年颁布新的法令，允许每个学区的各个学院组成独立的大学，促进了高等教育的大发展。

而中国大学的起源是北洋大学堂，当年中国在甲午海战中惨败日本后，变法之声顿起，天津中西学堂改办为北洋大学堂，标志着中国近代第一所大学诞生。民国时期1938—1949年，国民政府颁布了《大学令》《大学规程》《修正大学令》《学位授予法》等一系列法律法规，确立了高等教育的基本制度，同时还创办了32所国立大学。1949年后中共接管了所有国立大学并进行了社会主义改造。1985年颁布了《中共中央关于教育体制改革的决定》，制定了一系列的重大措施，随后，1998年8月29日通过了《高等教育法》，中国的高等教育逐步形成了公办为主、公私立并举的高等教育体系。

(三) 国家教育权开始向幼儿教育、职业教育、家庭教育延伸

早发型工业化国家在普及初等义务教育以后，国家将教育权逐步伸向幼儿教育、职业教育和家庭教育，并加强这方面的立法。以幼儿教育为例，早在1961年日本就通过了振兴幼儿园教育的决议，实行了为适龄幼儿提供入园奖励和补助费，向幼儿园提供园舍设施完善费，园具设施费等一系列措施，1964年、1971年、1991年，日本又多次实施幼儿园教育振兴计划，2006年，日本颁布新的《教育基本法》，首次把幼儿教育纳入其中。法国于1989年颁布《教育方向指导法》，提出了把幼儿教育提前至2岁的目标，随后又在2000年颁布的《教育法典》中重申幼儿教育是国家的公共事业。美国在20世纪90年后，也通过了一系列与学前教育有关的法案，强调加大幼儿教育的资助力度，完善幼儿教育体

系，如《儿童早期教育法》《儿童保育与发展固定拨款法》《2000年目标：美国教育法》《不让一个孩子掉队法》等。

在职业教育方面，11世纪到18世纪末，是职业技术教育的早期形式：学徒制阶段；18世纪后期到19世纪末，是第一次工业革命后职业技术教育的兴起阶段，各国开始出现职业教育机构，但职业教育尚未制度化，国家干预职业教育的力度还不够大；19世纪末到20世纪40年代，是第二次工业革命后现代职业技术教育制度的确立阶段，国家教育权干预职业教育的力度越来越大，如德国1919年颁布的《魏玛宪法》以及1923年普鲁士通过的《延长职业学校义务年限的法律》、法国1919年的《阿斯蒂埃法》、英国1889年的《技术教育法》、美国1917年的《斯密斯-休士法》、日本1899年的《职业学校令》、1903年的《专科学校令》等；20世纪50年代到90年代是第二次世界大战后职业技术教育的蓬勃发展阶段；20世纪90年代至今是新技术革命时期职业技术教育的调整与改革时期。

此外，发达国家纷纷进行家庭教育立法，或者完善家庭教育的法规体系，如2006年，日本新修订的《教育基本法》将"家庭教育"单列成一条，这在日本家庭教育立法进程中具有里程碑式的意义。[①]《社会教育法》也经过了多次修订，其中2001年7月的修订对家庭教育立法体系的完善影响深远。法国于1994年7月，涉及家庭政策的各部门在家庭会议中的基本责任和权力才被明确地以法律形式加以规定。自此，家庭会议的义务受法律约束，[②] 成为政府有关部门的部长和所有经济、社会工作的合作者们共同探讨的家庭问题。美国2002年颁布的《不让一个孩子掉队法》是美国将家庭教育纳入学校教育体系的一次重要政策尝试。

总而言之，工业社会的国家教育权主要体现为一是投入并兴办义务教育学校，将义务教育作为免费、强制和普及的教育，并逐步延长义务教育年限；二是加强了对中等后教育的投入，将高等教育作为综合国力的象征；三是国家教育权开始向幼儿教育、职业教育、家庭教育延伸。

三、后工业社会的国家教育权

后工业社会的关键变量是信息和知识，主要经济部门是以加工和服务为主导的第三产业甚至第四、第五产业，诸如运输业、公共福利事业、贸易、金融、保险、房地产、卫生、科学研究与技术开发等。映射到教育领域，国家对于教育的影响越来越深，各国纷纷出台各种措施来发展教育事业，从而达到人才培养、科技发展与综合国力提升的目的。

（一）后工业社会的特征

后工业社会是工业社会的延续，"后工业社会并不取代工业社会，就像工业社会并不消除经济中的农业部门一样，犹如在羊皮纸上刮去原有的文字后重写，这些新的发展覆盖

---

① 张德伟. 日本新《教育基本法》[J]. 外国教育研究, 2009, (3): 96.
② 和建花. 法国、美国和日本家庭教育支持政策考察 [J]. 中华女子学院学报, 2014, (2): 104.

在旧的一层上，消除了一些特征，同时加厚了整个社会的结构。"也就是说，后工业社会依然带有工业社会的一些特征。由于后工业社会的城市化率非常高，在工业化较为成熟的英国，其城市化率接近90%，德国、美国、澳大利亚等国城市化率也达到了80%以上。多数发达国家的城市化率超过70%~80%，多数人生活在城镇，中等教育普及化，大部分经济活动由非农活动组成，且多数人在工厂或办公室工作，多数人习惯于办公室的工作，而不是劳作于土地。后工业社会的特点是人与人之间的竞争，以信息为基础的"智能技术"同机械技术两者并驾齐驱，人的工作性质发生了改变。在前工业社会，生活是与大自然的竞争，人类要从土壤、水域或森林中竞夺生存资源，人类活动往往是小群体形式，并受自然变迁的制约；在工业社会，工作是与改造中的自然进行竞争，在生产商品或货物方面，人类与机器相比，相形见绌；至于在后工业社会，工作主要是"人与人之间的竞争"。在工作和日常事务之中，自然和制造的因素被排除在外，人们不得不学习如何与他人相处。在前工业社会（农业社会），服务部门主要是家务仆役阶层，而工业社会的服务业主要是辅助商品生成的运输业、公共事业和金融业以及个人服务的提供（如美容师，餐馆服务员，等等）。但在后工业社会中，新的服务业主要是对人的服务（主要是医疗保健、教育和社会服务）以及专业和技术服务（例如，研究、评估、电算及系统分析）。丹尼尔描述了后工业社会的典型特征如下①：

1. 理论知识的首要性

理论知识的系统汇编和材料科学成为技术创新的基础。知识被编撰成抽象符号系统，应用于多样和变化的现实，理论知识还是孕育发明的母体。同时，材料产业已经渗透到了国民经济、国防建设和社会生活的各个领域，是高新技术产业发展的基础，对国民经济发展作用重大。

2. 智能新技术的出现

以电脑线性程序、马尔科夫链、随机过程等为基础，可以利用模型、模拟以及其他系统分析和决策工具，来应对经济问题、工程问题，制定更为有效和"合理"的解决方案。

3. 知识阶层的扩展

社会上成长最快的集团是技术和专业人员，在美国，1975年，这个群体包括职业经理，占到800万劳动人口的25%；到2000年，技术和专业阶级将是社会上最大的群体。

4. 妇女地位的提高

工业社会里，工厂主要是男性参与，妇女往往被排除在外。而后工业社会为女性提供了更多的就业机会，妇女第一次获得了经济独立的可靠基础。

后工业化时期，适应城市化的生活、理论知识的学习以及掌握专业技能等成为一项头等大事。普及中等教育、不断提升教育的层次，也是掌握理论知识和专业技能的必要途径。专业技能是取得权力的基础，教育则是获取权力的方式。在后工业社会，专业技能越来越成为获得职务和地位的最有利条件。因而，普及高中教育及高等教育是适应后工业社会的必要条件。根据世界银行的统计数据，北美和欧洲国家的高中毛入学率达到了

---

① [美] 丹尼尔·贝尔. 高铦、王宏周、魏章玲译. 后工业社会的来临 [M]. 南昌：江西人民出版社, 2018：110-111.

92.2%，为全球最高；其次是东亚和东南亚的高中毛入学率达到了 78.1%，其中部分国家如日本和韩国高中毛入学率已经接近 100%。① 进入后工业社会的发达国家或地区的义务教育、中等教育以及高等教育的发展程度不断加深，水平不断提高。

（二）国家对教育的影响不断加深

每个时期，由于处在一个国际大环境下，各个国家在教育上都会出现一些大体上相似的举措或政策，因而，每个特定的历史时期，各国教育都有一些共同的趋势。二战后，世界暂时进入一个相对和平的历史时期，并且各国开始在经济、军事等领域开始一轮新的竞争，欧洲各国竞相开始教育改革，这些国家的教育大体上都具有以下几个特征：

1. 延长义务教育的年限

延长义务教育的年限不仅是发达国家的普遍做法，而且还是发展中国家也正在采取的改革措施，延长的方向是学前教育 1~2 年或高中阶段教育。各国义务教育年限一旦确立，一般来说相对比较稳定，但也并非一成不变，而是都呈现出缓慢延长的趋势。普及教育的一端伸向幼儿教育阶段，另一端又向中学后教育阶段发展，即不仅要普及高中，还要向高等教育领域延伸。以 2015 年为例，所有 OECD 国家义务教育的平均年限是 10.57 年，其中义务教育年限以 9 年、10 年和 12 年居多，分别为 25.71%、28.57%、和 25.71%，而普及 9 年以下、13 年、14 年义务教育的比例均在 10%以下。②

2. 大力发展职业技术教育

20 世纪年代末，在终身教育思想的倡导下，发达国家纷纷采取措施，在普通教育与职业教育之间搭建"立交桥"。1989 年美国颁布的《美国 2061 计划》、1991 年布什政府签发的《美国 2000 年：教育战略》、1994 年《学校-就业机会法案》、1990 年《帕金斯法案Ⅱ》、2006 年《帕金斯法案Ⅳ》等等一系列的法案和战略，促进了职业教育的发展。其中《卡尔帕金斯法案Ⅳ》（The Perkins Act of 2006）将职业教育更名为生涯技术教育（Career and Technical Education 即 CTE），反映了学术教育与职业教育的融合，促进了学生的终身成长。③ 法国 1998 年 7 月颁布的《职业教育改革的工作纲要》提出职业教育的改革原则：职业教育文凭要做到普通文化知识与职业能力知识之间的平衡，提升职业教育的品质，进而改变"职业教育的形象"。1999 年法国教育部颁布的《面向 21 世纪的高中》阐述了法国高中的发展目标：职业教育必须做到"普通教育，职业培训和经济环境中的平衡"，使学生在接受职业教育的同时，获得高中学生应具备的文化知识，获得从事职业工作的必要能力，使普通教育与职业教育达到实质、有效沟通的目的④。英国在 20

---

① The UNESCO Institute for Statistics. Reducing global poverty through universal primary and secondary education [EB/OL]. https：//www.unesco.org/gemreport，2017-06-30.

② 陈纯槿，顾小清. 义务教育年限延长与基础教育发展——基于 PISA 2015 数据的实证研究 [J]. 华东师范大学学报（教科版），2018，（5）：71-82.

③ Career Technical Education Revitalization Act [EB/OL].
http：//leginfoLegislature.ca.gov/faces/billNavClient.xhtml？billind=200720080AB1414，2018-06-08.

④ 左彦鹏，张桂春. 以"法"推动职业教育发展的成功案例：法国的经验 [J]. 职教论坛，2016，（30）：93-96.

世纪80—90年代也加大了对职业教育的干预力度，出台了著名的《青年培训计划》和《技术与职业教育计划》，旨在增强英国经济的国际竞争力。2010年英国在颁发《为可持续发展而提升技能》的国家战略性文件中提出，全面实施资格与学分框架制度，该框架涵盖了语言课程、普通中学教育证书、国家职业资格等多种资格，并基于知识、技能及能力的标准将中等教育、继续教育、职业教育等各个类型的学习连接起来，从而为不同学习形式的认可、转换与沟通，以及资格的比较提供了可靠的平台①。

3. 重视教师教育制度的建设

教师教育的制度建设也开始受到各国重视，很多国家都对教师教育的发展作出了规定，例如英国教育部于2010年颁布《教学的重要性》的白皮书，强调加大对教师职前培养的投入。美国2002年的《不让一个孩子掉队法》、2011年的《我们的未来，我们的教师：奥巴马政府教师教育改革与改进计划》、2012年9月12日的《教师培养改革法》力图强化教师准备计划的责任，支持合作伙伴的建构，从而满足教师和教育领导的需要，提高学校教育质量。德国各州文化教育部长联席会议与2004年颁布的《教师教育标准》规定了教师职前教育和教师在职教育中教育科学方面应具备的能力。法国在《关于教育指导发的附加报告草案》中，强调改善教师培训与聘用，规定从1992年开始，获得教师招聘资格的人必须具备学士学位；2007年又出台《对于教师培训任务手册之意见》，明确了中小学教师专业能力标准。

4. 对中小学进行课程改革

对学校，尤其是中小学进行课程改革，也是这一时期各国教育改革的共同趋向。英国1988年制定了课程改革方案，2013年9月，教育部颁布了指导基础教育开展课程改革的一个纲领性指导文件：《英格兰国家课程：框架文件》（The National Curriculum in England：Framework Document），该课程计划将于2014年9月起在英格兰实施。2014年国家课程的形式延续了《1988年教育改革法》（Education Reform Act 1988）中提出的传统做法，即以学科学习为主体，另加上了以内容领域为特点的专题学习。美国为了使各州中小学达到最低的共同标准，发动了基于共同标准的课程改革，2010年全国州长协会和各州教育长官委员会颁发《共同核心州际标准》（Common Core State Standards，简称共同标准），目前已有44个州及哥伦比亚特区采用。2015年8月5日，日本文部科学省在中央教育审查会上提交了下一时期的《学习指导要领》（以下简称《纲要》）。《纲要》规定了日本青少年学生必须接受的最低限度学习内容的课程标准，大约每10年修改一次，一般提前三四年公示备选教科书的编纂进程与内容。现行《纲要》于2011年、2012年、2013年分别开始在日本的小学、初中、高中学校全面实施。在现行的高中地理、历史科目中，世界史为必修课程，日本史和地理则为选修课程。

5. 高等教育逐渐成为发展的重心

随着各国教育体制的逐渐完善，教育发展的重点也渐渐由低往高上升，高等教育中的课程领域逐渐拓宽，专业设置日益完善，大多数发达国家的高等教育已经实现普及化。2017年世界平均入学率为37.86%，2017年美国为88.17%，法国为65.63%，德国为

---

① 杨汉清. 比较教育学（第三版）[M]. 北京：人民教育出版社，2015：193.

70.24%，英国为 60%，日本为 80.6%，中国在 2018 年则达到了 48.1%，俄罗斯为 81.91%①。发达国家的高等教育入学率持续上升，高等教育在各国经济、政治、文化以及个体的发展中扮演着越来越重要的角色，反映了社会对终身教育的需求，这也成为战后欧美各国教育发展的一个重要趋势。

6. 教育管理体制的改革均权化

对教育管理体制的改革永远是教育改革不可缺少的一部分，20 世纪 80 年代以来，教育行政均权化改革在世界各国此起彼伏，蔚然成风。中央集权制国家下放部分权力到地方教育行政部门，而地方分权制国家则加强中央对全国教育的监测、评估，甚至将原属于地方的部分权力上移到中央政府。许多国家经历了"教育行政均权化"改革，大多实行的是中央与地方合作的行政体制，兼具中央集权与地方分权的特点。在法律上，中央政府是教育管理的主体，中央政府及其教育行政部门具有管理全国教育事务的权力，有全国统一的教育行政体系；地方各地教育行政部门有相当大的自主权；中央行政机构与地方教育政策部门不存在实质上的命令与服从的上下级关系。在这种体制下，中央与地方合作，共同管理教育事业，两者的权力较为平衡，在一定程度上缓解了中央与地方之间的矛盾，减少了集权制与分权制各自的弊端。

在后工业社会，尤其是第二次世界大战后，各国教育改革表现出来了一些共同趋向，其中义务教育年限的延长、职业教育的加强是最明显的两个方面，体现出二战后的整个国际环境是对知识、科技的需求非常急切，教育成为决定一国国际地位的重要因素。因而，发展教育事业是一个国家在国际竞争中能否成功的重要决定因素。

第四节 国家教育权的内容

自然权利在联合国的《世界人权宣言》中有具体表述，如《宣言》的第一条这样谈道："人人生而自由，在尊严和权利上一律平等。"②关于教育的权利是："（一）人人都有受教育的权利，教育应当免费，至少在初级和基本阶段应如此。初级教育应属义务性质。技术和职业教育应普遍设立。高等教育应根据成绩而对一切人平等开放。（二）教育的目的在于充分发展人的个性并加强对人权和基本自由的尊重。教育应促进各国、各种族或各宗教集团间的了解、容忍和友谊，并应促进联合国维护和平的各项活动。（三）父母对其子女所应受的教育的种类，有优先选择的权利。"③

为保证国家教育权的行使和制约，国家教育权在横向上分为教育立法权（教育政策制定权）、教育行政权、教育司法权；在纵向上，分为中央教育权和地方教育权。

---

① 世界银行数据库［EB/OL］. https：//data. worldbank. org. cn/indicator/SE. TER. ENRR？+locations=US-FR-DE-RU-JP-GB&end+=+2014&locations=US-FR-JP-DE-GB&year_low_desc=true，2019-12-20.

② 联合国世界人权宣言［EB/OL］. https：//www. un. org/zh/universal-declaration-human-rights/index. html，2019-12-11.

③ 联合国世界人权宣言［EB/OL］. https：//www. un. org/zh/universal-declaration-human-rights/index. html，2019-12-11.

一、国家教育权的内容

(一)教育立法权

立法权构成国家的主权,并通过法律来组织和调整。教育立法权是指国家制定、修改和废止教育领域的法律的权力。国家具有制定和修改教育法律的权力。一方面,教育立法机关自己制定教育法律;另一方面,立法机关授权教育行政机关制定法规、条例、决议和命令等,它们都具有法律规范的性质。

在三权分立的多党制国家,作为立法机关的议会享有提出法案的权力。在中国,全国人民代表大会及其常务委员会依法行使立法权。

根据宪法和其他有关法律关于法律制定权限划分的规定,我国教育的法律制定权限如下:

1. 全国人民代表大会有权在宪法中规定有关教育的基本原则、制度等,有权制定属于基本法律的教育法。全国人大常务委员会有权制定属于基本法律以外的有关教育的法律,并在全国人大闭会期间对全国人大制定的法律进行部分补充和修改。

2. 国务院有权根据宪法和法律规定教育行政措施,制定教育行政法规,并发布有关的决定和命令。国务院所属各部委有权根据法律、行政法规等,在其职权范围内制定部门性教育行政法规,发布有关教育的命令、指示和规章。

3. 省、直辖市的人民代表大会及其常设机关,在与宪法、法律和行政法规不悖的前提下,有权制定地方性教育法规,报全国人大常委会备案。

4. 省、自治区人民政府所在地的市和经国务院批准的较大市的人大常委会,有权拟定本市需要的有关教育的地方性法规草案,报请省、自治区人大常委会审议制定、并报全国人大常委会和国务院备案。

5. 民族自治地方的人大有权制定有关教育的自治性条例,报全国人大常委会批准后生效。自治州、县有关教育的自治性条例须报省或自治区人大常委会批准后生效,并报全国人大常委会备案。

6. 县以上地方各级人民政府依照法律规定的权限有权发布关于教育方面的决定或命令。其下属部门在其职权范围内可发布有关教育的命令和指示。

7. 省、自治区(直辖市)以及省、自治区的人民政府所在地的市和其他经国务院批准的较大市的人民政府,还可以根据法律和行政法规制定有关教育的规章。

(二)教育行政权

教育行政权是指国家有关行政机关及其所属工作人员在现实生活中实施教育法规的活动,是有关行政机关及其工作人员按照法定职权和程序,直接影响公民、社会组织或其他社会力量的有关教育的权力,或对其教育权利与义务的行使和履行进行监督的具体行政行为。

(三) 教育司法权

教育司法权是指国家专门机关依照法律规定，对教育案件作出裁判的权力。在我国，人民法院和人民检察院是代表国家行使司法权的专门机关，其他任何机关、任何组织、任何个人都没有这种权力。人民法院依照法律规定独立行使审判权，人民检察院依照法律规定独立行使检察权，审判权和检察权均不受行政机关、社会团体和个人的干涉。

二、国家教育权的实现

国家教育权要实现和维护上述权利，主要应考虑以下三方面权利的实现：

1. 教育资源分配权

这是基于实现和维护公民公平受教育权利的需要。罗尔斯将自然法的社会契约论上升到一个更高的抽象水平，并提出国家权力和社会制度要保证所有社会价值自由和机会、收入和财富、自尊的基础都平等地分配。① 也就是说，实现分配的正义是国家权力的根本任务。由此类推，自然法视角下国家教育权的核心内容应是保证教育资源分配的正义。根据罗尔斯提出的平等自由原则和公平原则，公平分配教育资源是指：第一，国家为处于同一受教育阶段的禀赋相当的人提供平等的受教育条件，不因其家庭出身、社会地位、经济状况而有所差别，使每个具有相似动机和禀赋的人，都有平等的受教育机会；② 第二，国家将教育资源向那些天赋较低和出生于较不利的社会地位的人倾斜，以便改善最不利者的处境。③

2. 教育标准制订权

这是基于实现和维护公民充分发展个性的权利以及尊重人权和基本自由的需要。自然法理论主张，个人的天性是绝对自由的，因此，教育要尊重儿童的自然天性，鼓励个性的自由发展。密尔的思想与自然法理论一脉相承，他认为，在一个社会中，对这种多样性的尊重，必然会产生教育的多样性，而"一种全体性的国家教育不过是一个将人民塑造成完全一样的产品的模具。"④只有允许多样化的教育并存，包括允许公立学校体系形成各自不同的办学特色，以及允许私立学校保留不同的办学风格，才能为个性的多样化发展提供可能。但是，多样化教育可能会造成培养目标的千差万别以及教育质量的参差不齐，反而不利于个人的发展与社会的整体福祉。因此，义务教育阶段下教育标准的制订权应成为国家教育权的重要组成部分，国家通过设立教育标准，包括培养目标、课程、教育质量标准等，来保证教育满足公民个体发展的需要，同时不偏离国家的要求。⑤

---

① ［美］约翰·罗尔斯. 正义论［M］. 何怀宏，何包钢，廖申白译. 北京：中国社会科学出版社，2006：62，73，101.
② ［美］约翰·罗尔斯. 正义论［M］. 何怀宏，何包钢，廖申白译. 北京：中国社会科学出版社，2006：62，73，101.
③ ［美］约翰·罗尔斯. 正义论［M］. 何怀宏，何包钢，廖申白译. 北京：中国社会科学出版社，2006：62，73，101.
④ 胡劲松. 论教育公平的内在规定性及其特征［J］. 教育研究，2001，(8)：8-12.
⑤ 余若峡. 自然法视角下的国家教育权［J］. 教育发展研究，2010，(11)：60.

3. 教育活动监督权

这是基于实现和维护公民教育选择权利的需要。根据自然法理论，公民拥有教育选择权，包括选择是否接受教育以及接受什么样的教育。父母对其子女所应受的教育在种类选择上具有优先权。父母或公民个人在进行选择时可能受多种因素影响，因此这种自由选择的结果是否真正符合个体的利益，需要国家进行监督。国家教育活动监督权主要包含三个方面：一是对于儿童，国家有权监督其父母教育权的正确行使；二是对于成年公民，国家有权监督其正确行使教育选择权；三是对于学校等教育机构，国家有权监督其是否达到所规定的条件。①

【小结】

教育权分为国家教育权、社会教育权、家庭教育权。国家教育权是统治阶级通过国家机构以达到对教育进行控制的权利，其主体是国家机关及其工作人员，实施对象是全体公民。国家教育权是不可转移和弃让的，具体表现形式体现在国家对于教育资源的控制和分配上，是统治阶级意志的表现。国家教育权的内容包括教育立法权、教育行政权、教育司法权。

农业社会的国家教育权表现为生活礼俗教育加上简单的农业知识的学习；工业社会的国家教育权主要体现为投入并兴办义务教育学校；后工业社会的国家教育权则表现为义务教育、中等教育以及高等教育的发展程度不断加深，水平不断提高。

【思考题】

1. 国家教育权的含义、特征、内容是什么？
2. 国家教育权、社会教育权以及家庭教育权有什么异同？
3. 国家教育权的权源依据是什么？
4. 农业社会、工业社会、后工业社会的国家教育权有什么特点？
5. 根据本章学习内容，请简要概述改革开放以来，我国国家教育权的特点。

---

① 余若峡. 自然法视角下的国家教育权[J]. 教育发展研究，2010，(11)：60.

第六章 受教育权

【内容提要】

受教育权是"接受教育的权利"。受教育权利的内涵有一个发展变化的过程，主要形成了四种学说，即公民权说、生存权说、学习权说和发展权说。受教育权兼有社会权、自由权等多重属性。受教育权由权利主体、权利客体、权利内容与义务主体构成。受教育权的法律救济制度是指公民的受教育权受到侵害而形成利益冲突之后，依据有关法律法规进行纠纷解决与受损权益恢复、补偿、赔偿的途径，其目的是确保受教育权的良好实现。在我国的现行法制框架中，受教育权法律救济制度包括行政救济制度与司法救济制度两部分。《教育法》规定受教育权的法律救济途径包括申诉、调解、仲裁、复议和诉讼。

【课程目标】

1. 识记受教育权、学习权等概念。
2. 理解受教育权与学习权的区别与联系。
3. 能运用有关法律知识解释受教育权实现的历程。

第一节 受教育权与学习权

一、受教育权

受教育权有广义和狭义的理解。广义的受教育权，对应的英文为"the right to education"，在我国教育法学界经常使用，也是《世界人权宣言》、联合国《经济、社会、文化权利国际公约》《儿童权利公约》等众多国际法律文件中"the right to education"的官方中文版本通用译法，其权利内涵较为丰富，不只是"接受教育的权利"，还包括教的权利和选择教育的自由①。狭义的教育权，顾名思义，就是"接受教育的权利"（the right to be educated or the right to receive an education）②。

1948年12月10日，联合国大会通过第217A（Ⅱ）号决议并颁布《世界人权宣言》，

---

① John Daniel, Frederiek de Vlaming, Nigel Hartley, Manfred Nowak（eds）. Academic Freedom 3: Education and Human Rights [M]. London: Zed Books Limited, 1993: 6.
② 申素平. 教育法学原理、规范与应用 [M]. 北京：教育科学出版社，2009：16.

第二十六条明确指出"人人都有受教育的权利",受教育权利作为"人人都应该享受"的基本人权得到普遍的确认。受教育权利的内涵有一个发展变化的过程,主要形成了四种学说,即公民权说、生存权说、学习权说和发展权说。[①] 其中,"学习权说"是受教育权利的重大发展和突破,是学习型社会中公民受教育权利的应有之义。

1. 公民权说

公民权说,又称政治性权利说。该学说认为,受教育权的本质就是公民为扩大其参政的能力而要求国家提供文化教育条件的权利,其特点在于把公共教育和民主政治直接联系起来,强调教育的政治功能,旨在为国家为社会培养合格的公民。让广大公民具备民主参政的能力,如自由发表意见、享受宗教的自由、和平集会的权利和选举权等,接受教育成为公民有效行使其政治权利和自由的手段。因而,从政治性权利的意义上看待受教育权,受教育权便具有了自由权的特性。

2. 生存权说

生存权说,又称经济性权利说。该学说认为,受教育权的实质就是为了让普通民众接受教育后可以获得必要的求生技能,找到合适的工作岗位,让他们过上健康且文明的生活。这就要求国家从社会的需求以及个体的需要出发,提供必要的文化教育条件和均等的受教育机会的权利。

这里的受教育权主体是"普通民众公民",他们通过接受教育获得求生的技能,在掌握一定的生活技能后在市场上找到相关的工作。

如果从狭义上理解生存,教育可以解决部分人温饱问题、提供最底线的生存需求,如果从广义上理解生存的含义,生存应该是超越个人温饱,让普通人活得"自由"、活得有尊严。教育首先是为普通公众提供条件,让他们通过接受教育,获得相应的知识技能,能够过上自由、幸福、满意的生活。因而,无论从广义上还是从狭义上来理解生存,受教育权的确是一种生存权。为了使普通公众更好地生存、更好地适应社会,国家需积极履行义务,以使公民享有教育上的平等权。

公民权说和生存权说都是把教育当成一种工具,过多地从政治的或经济的视角对受教育权加以阐释,在一定程度上忽视了教育的本体作用。

3. 学习权说

为了克服上述理论的缺陷,"学习权说"应运而生。从字面上理解,"受教育"是指个体被动地从教育者那里接受教育的过程。心理学家张春兴认为"学习"是个体经练习或经验使其行为产生较为持久改变的历程。[②]"好的学习不是来自教师找到了一种好的教学方法,而是来自给学习者更好的机会去建构。我没想要教,而他们却学会了"。[③]

简言之,个体在社会实践中,在社会传递下,以语言为中介,自觉地自身积极主动地

[①] 尹力. 学习权保障:学习型社会教育法律与政策的价值基础 [J]. 北京师范大学学报(社会科学版),2010,(3):70-78.

[②] 张春兴. 现代心理学:现代人研究自身问题的科学 [M]. 上海:上海人民出版社,1994.

[③] 布兰思福特等. 人是如何学习的——大脑、心理、经验及学校 [M]. 程可拉等译. 上海:华东师范大学出版社,2002:3.

掌握社会和个体的经验的过程就是学习。从性质上看，动物的生活方式是以其对外界自然条件的适应为特征的，其学习是不自觉的，消极被动地适应其生存的环境，人的学习则是自觉的、有目的的、积极主动的过程。建构主义认为，学习是学习者在原有知识经验基础上，在一定的社会文化环境下，主动对信息进行加工处理，建构知识的意义的过程。

学习权立足于个人与生俱来的、要求通过学习来发展和完善自身的权利，强调的是公民根据自己的需要，选择适合自己的学习方式，谋求自身的发展。

从权利渊源上说，相对于受教育权的被动他赋性来说，学习权是一种主动的自我赋权[1]；从教育理论上说，学习权强调了个体学习的自主性，强调学习对于个体的发展性；从法学理论上说，学习权强调了学习主体在选择教育方式、教育内容以及教育场所等方面的自主性。学习权因其突出了学习对公民个性张扬、自由发展的意义，被称作是当今世界教育法学理论的主要成果。全球化背景下的学习型社会里，学习权既涵盖了传统意义上的受教育权，更是对受教育权的重大发展和突破，甚至作为一种理念存在，它远远超出了"接受教育"的涵义。学习权是每一个人最为重要的基本权利。它不仅能促进个人的全面发展和自我实现，也为社会的可持续发展奠定了坚实的基础。

4. 发展权说

发展心理学揭示，人是终身发展的，个体心理发展贯穿了个体从受精卵开始到出生、到成熟直至衰老、死亡的生命全程，包含了人的心理发生和发展的整个过程。荣格（C. G. Jung）和艾里克森（E. H. Erikson）等心理学家的理论揭示，个体的自我发展并不局限于儿童时期，而是贯穿从出生到死亡的整个"人的生命周期"。

20世纪80年代以来，发展权作为一项人权逐渐得以确立。生存权和发展权成为人权体系中两个最为重要的组成部分。在联合国1986年12月通过的《发展权利宣言》的第一条指出："发展权是一项不可剥夺的人权，由于这种权利，每个人和所有各国人民均有权参与、促进并享受经济、社会和政治发展。在这种发展中，所有人权和基本自由都能获得充分实现。"第二条规定："人是发展的主体，因此，人应成为发展权利的积极参与者和受益者。"由于教育的基本任务是在促进人的发展的前提下使社会得到发展，个人接受教育后不仅受教育程度得到提升，同时可以使身心得到和谐发展，因而，受教育权便具有了发展权的特性。如果说公民权说和生存权说是把教育当作谋生的手段，学习权说强调个体的自主选择，重在过程，发展权说则是强调受教育的结果，学习权与发展权相辅相成。

一个国家如果把发展权当成是一项重要的任务，重视广大公民的教育，必然会加大对教育的投资。2016年5月，习近平就深化人才发展体制机制改革作出的重要指示，"人才是党执政兴国的根本性资源""办好中国的事情，关键在党，关键在人，关键在人才。"具体到我国，目前，人口红利逐步消失，实现中华民族的伟大复兴，除了提振人口生育率之外，还必须提升国民素质，发展教育，这是实现民族复兴的重要途径。认识到受教育权的发展权内涵，最终达成主权国家的每一个公民都能有尊严地、满意地生活的目标，无论

---

[1] 尹力. 学习权保障：学习型社会教育法律与政策的价值基础 [J]. 北京师范大学学报（社会科学版），2010，（3）.

对个体的发展还是主权国家的发展，其意义都是不可估量的。

二、学习权

学习权的概念来源于1985年联合国教科文组织在第四届国际成人教育会议上通过了的《学习权宣言》。根据《学习权宣言》的规定，"学习权"是人类生存不可或缺的要素，是人的一项基本权利，对学习权的内涵作出了具体的界定："学习权乃是：阅读和写字的权利；质疑与分析的权利；想象和创造的权利，研究自己本身的世界而撰写历史的权利；获得教育资源的权利；发展个人和集体技能的权利。"[1] 在1990年3月5日世界全民教育大会在泰国宗滴恩召开。出席大会的有150个国家和地区的代表，其中有总统、部长、专家、学者和联合国组织的负责人共1500人，通过了《世界全民教育宣言：满足基本学习需要》（以下简称《宣言》），《宣言》确认的最终目标是要满足所有人的基本学习需要。[2] 该《宣言》认为，每一个人——儿童、青年和成人，都应能获得旨在满足其基本学习需要的受教育机会。基本需要包括基本的学习手段（如读、写、口头表达、演算和问题解决）和基本学习内容（如知识、技能、价值观念和态度）。基础教育本身不仅是目的，它是终身学习和人类发展的基础。

1990年，日本临时教育审议会发表了第四次报告，并制定了《终生学习振兴法》，强调为了主动适应社会变化，建立富有活力的社会，满足人们日益提高的学习要求，必须建立以向终身学习体系过渡为核心的新教育体系，进而实现终身学习的社会。

2000年联合国教科文组织、联合国儿童基金会、联合国开发计划署、世界银行等国际政府间组织和国际非政府间组织以及180多个国家，在世界教育会议上重新承诺：实现全民教育（education for all，EFA）的目标，即世界范围全民（基础）教育成为联合国"千年发展目标"（Millennium Development Goals（MDGs））的重要内容。

全民教育即教育向人人开放，人人都有受教育的权利和机会，使每个社会成员享有受教育的权利和机会，是实现社会平等的根本保证，使所有人都接受最低程度的教育，达到一定的标准，使个人获得生存发展能力的基本手段。全民教育内涵包括教育的民主化和普及化。

全民教育思想包括全民教育的目的、视野和责任，以及实现全民教育的要求。全民教育的目的是满足人的基本学习需要。全民教育的视野和责任是为所有儿童、青年和成人提供基本教育，普及以学习获得为重点的教育，改善学习环境，国家、社会、个人自觉承担基本教育的责任。

我国现行的法律法规中虽然尚未出现有关学习和学习权保障等方面的规定，但满足公民的学习需求已成为党和政府行动纲领中的重要内容。

由此可见，学习权作为一项基本权利，凸显了公民的主体地位，具有较为积极的意

---

[1] UNESCO. International Conference on Adult Education (4th) Final Report [R]. France：Paris，1985：67-68.

[2] 联合国教科文组织. 教育的使命——面向二十一世纪的教育宣言和行动纲领[M]. 赵中建译. 北京：教育科学出版社，1996：10-49.

义。可以看出，"学习权"包含几层含义。一是学习自由，即个人主动学习的部分：不受妨碍地选择学习时间、地点、方式进行读、写、质疑、创造以及研究和探索的权利，这是学习权得以实现的前提。二是接受教育，即经由他人协助利用一切教育资源以获得各种学习方式与内容的权利，这是学习权得以实现的保障①。三是终身教育，人的一生中的各个阶段都享有学习的权利。②

"学习权"是以"受教育权"为基础，以"学习自由权"为核心形成的一系列相关权利的统一体，它旨在保障所有人在正规学校教育之外仍有权利获得他向往的学习机会。

1. 主动性

"受教育"是指个体从施教者那里接受教育的过程，而"学习"则是由个体发挥主观能动性、积极自愿地去获得具有价值的学习内容的过程。"受教育权"是伴随个体接受学校教育的一种权利，而当学校教育不能完全满足人的个性发展以及生存发展需要时，人们便开始寻求更为灵活、便捷、个性化的学习方式。

"受教育权"的实现与普及是人类社会实现工业化后的一种社会权利。"受教育权"包含"学习权"，但是学习权掌握在个体的手中，学习是一种自然潜能，人自出生开始就有不断学习的欲求，因而，"学习权"并不局限于学校，而是拓展到了整个教育系统甚至一般社会生活，由于学习权利的实践形式不限于学校，可以在任何时空展开，其实现也未必需要国家为其提供特定的条件，例如，人可以通过网络媒体学习，也可以自学，也可以通过观察社会与他人，在实践中学习，自我反思也是学习。

因此，"学习权"实质上是以"受教育权"为基础所形成的私权。"学习权"要想获得充分实现，必须要求他人（包括国家、社会机构、监护人等）为其提供学习条件、学习环境和学习内容等。"学习权"的核心是充分运用选择教育的自由权，积极主动地选择学习内容、自主进行学习、获得个人经验的过程。

2. 人权特性

学习的发生可以不需要外在的条件，如果外界提供便利的条件，那就更加有利于学习。因而，学习权具有人权的特性。学习是所有人特有的专利或特权，无论何人，只要自我反思，就是一种学习，因而，学习伴随了人的一生，是一种与生俱来的权利。

"学习权"是一种"私权"，强调个人的主观性和选择性，学习权的行使必须经过个人对学习资源的主动选择。法律难以强行干涉，即使干涉，也无能为力。这一特质与"受教育"既是权利又是义务的双重属性有一定的区别。当公民不履行义务教育阶段的受教育的义务时，政府可以依法干涉，以保证国家教育权这一公权力的推行；而对于学习权来说，学习者有处置自身学习权利的自由。简言之，我们只能"鼓励"和"引导"公民参与学习，让学习成为一种生活方式和生存方式，"学习权"保障的最终目的在于激发个体终身参与学习的积极性，培养个体主动参与学习的热情以及终身学习的能力，以营造良

---

① 周志宏. 教育法与教育改革 [M]. 台北：高等教育出版社，2003：511.
② Hake, B. Lifelong learning in late modernity: The challenges to society organizations and individuals [J]. Adult Education Quarterly, 1999, (49): 79-90.

好的学习氛围，为学习社会的构建奠定基础。

3. 学习权是社会权与自由权的有机统一

学习的发生，除了依靠学习者个人的主观能动性之外，还需要各种学习资源和学习机会。离开了可供学习的资源和条件，学习无疑成为无米之炊。我国政府提出的"构建学习型社会"之"构建"本身便包含了"由国家促成、创造与提供"之意，要求国家履行积极义务，这无疑使学习权具有了社会权的属性。学习权也具有自由权属性。学习权在很大意义上，带有浓厚的自由权色彩。以学习选择权为代表，侧重于学习者的"自由""选择"特性，要求国家和社会既要提供必要的协助和服务以满足公民的学习需求，又要履行消极不干预的义务，不得干涉公民的学习自由。

第二节 受教育权的性质与内容

一、受教育权的性质

1. 受教育权兼有社会权、自由权等多重属性

作为自由权，其目的是保障个人私人领域生活的自由自在，着重保障全体国民的形式上的平等，体现在教育权上，则是公民作为权利主体，有自由选择合适的教育的权利，例如，"学校选择权"更多的是一项自由选择权利，其目的是让教育从形式上的平等走向实质上的平等，成为一种社会保障。后现代法学思想对西方，特别是美国教育机会平等实践的发展产生了重要的影响，使得教育机会平等的法律实践出现了从追求形式平等向实质平等的转变。人们对受教育权平等的认识，已经不再局限于规则层面或者停留于形式平等的水平，而对实质平等和实体公正的追求，成为教育机会平等的重要目标①；作为社会权，则是以社会整体的安全和生活和谐为保障目的，以使其恢复人类实质的自由，过着有尊严的生活，体现在教育权上就是公民作为权利主体，可以要求国家提供受教育机会、条件和相关救助的内容；作为政治权，是指公民依法享有的参与国家政治生活的权利，主要指选举权、被选举权，参加管理国家，担任公职和享受荣誉称号等权利。体现在受教育权上，就是公民有通过受教育，然后参与政治的权利，因为只有受教育才懂得参政议政。

2. 受教育权利的实现与社会的经济发展状况、民主化程度、法制化完备、义务教育的普及程度等密切相关

在受教育权的实现方面，不同种类的权利的实现是有先后顺序的。正如马歇尔所指出，"权利的实现分为'民事权利'（18世纪）、'政治权利'（19世纪）、'社会权利'（20世纪）"。受教育权利既是一项民事权利，也是一项政治权利，还可以被看作是一项社会权力。在19世纪，义务教育权利的实现是一项民事权利，进入20世纪后，受教育权得到各发达国家的重视，演变成了政治权利。自1919年德国的《魏玛宪法》首次

---

① 秦惠民. 平等的受教育机会——解读一个重要的教育法原则 [A]. 劳凯声. 中国教育法制评论（第3辑）[C]. 教育科学出版社，2004：4.

明确规定受教育权利开始,在 142 个成文宪法国家的宪法中,规定了公民受教育权的占 51.4%①。

权利总是先由少数人获得集中的质量,再扩大到其他多数人那里。这是一个历史发展的通道和事物发展的路径。② 受教育权的实现也是一样。在普及义务教育之前,还只有部分具有某种特权或有钱人的子女可以享受这种教育。如在奴隶社会和封建社会,具备政治特权、阶级特权、身份特权、血统特权的人的子女才有可能接受初等和中等教育,在欧洲封建社会中,教会教育、宫廷学校和骑士教育成了世俗封建主和教会的主要教育形式;我国封建社会,只有各级政府的官吏和有钱的封建地主才有权或有钱送其子女上官学和私塾。文艺复兴以后,欧洲的英国、德国、法国、俄国等实行教育上的双轨制,逐步普及初等义务教育,但这种普及是带有严重的等级性和差别性:一条是供劳动人民入学的初等教育轨道;一条是供统治阶级或贵族、资产阶级、资产阶级化的贵族子女进入的文法学校、实科学校、文科中学等的轨道。随着初等教育的普及,人民群众接受中等教育的呼声越来越高,于是中等教育的普及的立法也随之而进行了。到上个世纪中期,各个发达国家已基本普及了中等教育,高等教育也开始由精英阶段走向大众化,在这种背景下,不论是上层社会,还是中产阶级,甚至连贫困阶层的子女均有权接受初等和中等阶段的义务教育。在接受义务教育既是义务也是权利的背景下,人民不仅追求形式上的平等,而且追求实质上的平等,家庭经济条件优越或民主意识强的家长开始为其子女接受好的义务教育,以便上名牌大学而开始殚精竭虑。"学校选择权"便呼之欲出了。因而,没有义务教育的普及,"学校选择权"还处于萌芽阶段;等到义务教育普及,政府对这个问题便不得不制定政策以缓和阶级矛盾了。

法制的完备也为受教育权的实现提供了现实的土壤,法制包括立法、司法和执法三个方面。这三个方面的完备也是受教育权实现的必要条件。近年来,法学界逐步接受了在权利的实现过程,在应然权利和实然权利之中加上"法定权利"的权利三分法。其中,应然权利是指道德权利,即权利主体应当享有的权利;法定权利是由立法(国内立法和国际立法)加以确认的那些应然权利;实然权利是指权利主体能够实际享有的应然权利和法定权利。三种权利并非并行关系,而是层级关系,其中有很大一部分是重叠的。③受教育权从应然权力到法定权利的实现有待于我们国家的经济的发展和法制的完备。

3. 义务教育阶段的受教育权具有权利义务性质

公民有受教育的权利,是指公民在义务教育阶段有入学和接受学校教育的权利,这项权利受到国家、社会、家庭和学校的保护。国家必须向公民提供学校教育的机会和条件,公民可以选择受教育的机会和形式。公民有受教育的义务,是指公民必须在义务教育阶段接受一定标准的教育,在义务教育阶段结束时达到国家规定的义务教育目标。在这里,公

---

① 亨利·范·马尔塞文,格尔·范·德·唐著,陈云生译. 成文宪法的比较研究 [M]. 北京:华夏出版社,1987:159-160.
② 孙霄兵著受教育权法理学——一种历史哲学的范式 [M]. 北京:教育科学出版社,2003:454.
③ 王家福、刘海年主编. 中国人权百科全书 [M]. 北京:中国大百科全书出版社,1998:646、116、535.

民作为受教育权利的享有者，对应的义务主体是国家。国家必须为每位公民提供受教育的机会和条件，公民既可行使受教育权而入学接受教育，也可放弃该权利而选择其他教育形式。公民作为受教育义务的承担者，对应的权利主体是国家。国家可以建立义务教育制度并提出义务教育的强制要求。公民作为义务主体，必须履行接受某种形式的义务教育并在结果方面最终达到国家规定的义务教育标准。也就是说，虽然公民既有受教育的权利又有受教育的义务，但作为可以选择也可以放弃的权利，主要是在起点阶段的入学和过程阶段的在学；而作为必须履行的义务，主要指的是在结果上必须达到国家规定的义务教育目标。

从世界范围来看，受教育权的入宪经历了从义务到权利再到基本权利的过程。在当今各国宪法文本中，受教育权的具体表述方式大致可分为四类：第一类规定"受教育权是公民的一项基本权利"，强调受教育权的社会权属性，突出国家提供受教育机会和条件的积极义务；第二类规定"受教育是公民的一项自由"，强调受教育权的自由权属性，突出国家不干预公民受教育自由的消极义务；第三类规定"公民有平等的受教育权"，强调受教育权的平等权属性，突出国家对公民进行平等保护的义务；第四类规定受教育既是公民的权利又是公民的义务，我国和越南、巴拿马等少数国家属于此类。与前三类规定将受教育定位为权利的特点不同，其凸显的是受教育权利和义务的复合属性。

二、受教育权的内容

（一）受教育权的构造

受教育权由权利主体、权利客体、权利内容与义务主体构成[①]。权利主体指的是享有权利的人。受教育权的权利主体当然就是能够享有受教育权的人。各国的宪法和相关法律一般将受教育权的主体限定为该国的所有人。权利客体是指一项权利的具体载体，受教育权的客体就是受教育权的具体载体。在这里，具体载体就是教育，包括各种层级和种类的教育。如果进一步细分，在层级上可以分为幼儿教育、初等教育、中等教育、高等教育等，从举办者的角度出发，可以将受教育权的客体在类型上分为公办教育和私立教育，从教育型态上可以分为学校教育、家庭教育和社会教育。义务主体通常指国家，因为国家承担了义务教育的绝大部分经费开支，同时政府对义务教育阶段的课程拥有一定的控制权力，通过制定课程标准，课程计划与评价指标来对课程进行监控。在公民接受教育的过程中，除了国家或政府提供教育机会和条件设施，学校、教师和父母等主体也会以不同的身份和形式参与进来，也享有特定的权利和义务。

（二）受教育权的内容

受教育权是一项复杂的权利体系，内容非常丰富，体现在不同层次的法律体系中。

1. 社会权

在义务教育阶段，所有适龄儿童和青少年，作为权利主体，为保障义务教育的实现和

---

① 申素平．教育法学原理、规范与应用［M］．北京：教育科学出版社，2009：22.

享受,可以要求国家提供受教育机会、物质条件、制度安排和相关救助的内容,包括:(1)教育机会请求权。也就是在义务教育阶段,每个适龄儿童和青少年都能在居住环境附近享有相应的受教育机会,政府必须提供;在义务后教育阶段,青少年或公民能经过竞争和自然选择可以获得义务后教育的机会;(2)教育条件请求权。义务教育阶段的受教育者可以对学校提出合理的教育条件设施建设请求;义务后教育阶段的学生也可以对教育机构的条件改善提出合理化建议,甚至对教师的教育教学提出改进建议。(3)教育资助请求权。义务后教育阶段不属于免费教育的范畴,处境不利或家庭困难的学生会面临入学困难或经费问题,这些处境不利的学生有权向教育机构或国家申请必要的帮扶措施,如奖学金以及助学贷款,教育机构以及国家应该多向学生提供这种资助。

2. 自由权

儿童或青少年以及成年阶段的公民作为权利主体,在受教育的过程中有一定的自由选择学校、教育内容、教育方式等方面的权利,鉴于儿童或青少年在义务教育和高中阶段仍未成年,由其监护人与其共同商定并作出教育方面的选择,因而,会产生父母的教育选择自由;公民或社会团体可以依法登记注册或经过审批,有创办和管理教育机构的自由。

(1)受教育自由。

受教育者可以根据自己的兴趣爱好、身心发展需要以及就读学校的地理位置等因素,选择教育机构、教育内容、教育方式方法甚至师资的权利,对于未成年的受教育者的部分选择权由其与父母商量后,由父母代为行使。

(2)父母选择教育的自由。

儿童或青少年的父母或其监护人又确保其子女所受的宗教、道德教育与其自身的信仰一致的自由,也可以为子女选择就读公立学校或私立学校,在美国,还包括父母选择在家上学的自由。

(3)创办和管理教育机构的自由。

公民可以有依法创办教育机构,成为法人并经营学校的自由,但必须接受国家的监督和管理。同时,受教育者以及其监护人有适度参与监督并管理所在学校的自由。

(4)教师的教育自由。

教师在教育过程中可以根据自己的专业背景在教育内容、教育方式方法以及针对不同差异的学生享有的教育教学方面的自主权,即可以根据需要调整教育内容,选择教育教学方式,对学生实施因材施教等。

【延伸阅读】 我们可以从受教育权的实现过程、基本权的功能理论、国际人权文件等角度进行划分。

从教育权的实现过程划分,受教育权的体系可以分为三个阶段:学习机会权、学习条件权和学习成功权。学习机会权包括入学升学机会权,教育选择权和学生身份权;学习条件权包括教育条件建设请求权、教育条件利用和获得教育自主权;学习成功权则包括获得公正评价权和获得学业学位证书权。[①] 从基本权的功能出发,受教育权可分为主观法功能

---

① 龚向和. 受教育权论 [M]. 北京:中国人民公安大学出版社,2004:36-59.

和客观法功能。①

第三节 受教育权的法律救济

受教育权是公民的一项重要的基本人权，要保障和实现受教育权，建立健全受教育权的法律救济制度是关键与核心所在。受教育权的法律救济制度是指，公民的受教育权受到侵害而形成利益冲突之后，依据有关法律法规进行纠纷解决与受损权益恢复、补偿、赔偿的途径，该制度旨在确保受教育权的良好实现。

在我国的现行法制框架中，受教育权法律救济制度包括行政救济制度与司法救济制度两部分。

1. 教育权的行政救济

我国的行政救济主要有教育申诉和行政复议两种途径。《教育法》以及1995年原国家教委印发的《关于实施〈中华人民共和国教育法〉若干问题的意见》规定："各级教育行政部门建立和健全教师、学生的行政申诉制度，各级各类学校应建立健全校内的申诉制度，维护教师、学生的合法权益。"但由于相关规定并未对学生申诉作进一步操作细化规定，如申诉程序、申诉受理机构以及时效制度、管辖范围等，使得教育申诉的难度增大。

再者，学生的申诉中涉及的大多数争议事项因被视为学校的"内部行为"，而使受教育权纠纷在内部非正当地轻易化解。此外，1999年的《行政复议法》第一次明确规定将教育行政行为纳入复议范围。根据目前的司法实践看来，学校基于被授权组织的职权所行使的部分侵犯法律规定的公法权利的话，这一系列纠纷是被纳入行政诉讼受理范围的，学校可以被当做行政主体。因此，当这些"职权行为"侵害学生被教育权时，学校同样可以作为行政复议的被申请人。

2. 我国的司法救济途径主要有行政诉讼、民事诉讼和刑事诉讼三种

行政诉讼的依据来自《行政诉讼法》《教育法》《高等教育法》等法律法规的相关规定，从《教育法》第四十二条的规定来看，学生提起行政诉讼的原因是"对学校给予的处分不服向有关部门提出申诉"。此类情况下，学生与学校争议的对象是学校给予学生的处分是否适当的问题。虽然通过"授权行政主体"理论，现阶段的司法实践中可以认可学校作为行政诉讼被告的主体资格，但随着学校自治理论的成熟，"教育处分权"的行使被越来越当做是学校的自治行为，司法干预的强度如何把握是个难题。至于民事诉讼途径，学界目前对受教育权能否纳入民事法律保护范围的问题主要有两种观点。一种观点认为，我国民事法律中尚缺少保障受教育权的规定，民法理论中也没有受教育权的概念，国外更罕有将受教育权作为民事权利的情形，因此这条路径是不予肯定的；另一种观点认为，如果将受教育权作为一种民事权利，就需要对其内涵外延作出界定。而实际上，这种界定是非常困难的，一种作为民事权利的抽象的受教育权不仅在实践中没有意义，在适用上也势必造成混乱。这种观点在理论和实务界一直处于主流地位，造成受教育权的救济处

---

① 许育典. 教育宪法与教育改革 [M]. 台北：吴楠图书出版社，2005：20-34.

于十分尴尬的境地,既得不到公法救济,也得不到民事救济。虽然在近几年,将受教育权排除于民事救济的现状有所改变,越来越多的受教育权纠纷可以通过民事诉讼来解决,但这仅仅是司法实践中的弹性调整,受教育权的法律救济并没有在根本上摆脱困境。最后,我国刑事法律中对受教育权法律救济的规定,主要针对人身权与财产权。但是,对受教育权有极大妨害的部分行为并不受刑事法律的控制。如招考舞弊行为,在现实中,由于刑法缺少相应规定,这类行为未得到应有惩治,而有不断蔓延的趋势,严重侵害受教育者所享有的受教育的平等权利。[1]

法律救济的过程,实际上就是把规范权利转化为现实权利的过程。受教育权法律救济途径是指受教育者认为其受教育权受到学校或教师、教育行政部门以及其他社会组织和个人的不法侵害时,依法请求法院或其他有关机构给予解决,使其权利得到补救或实现的法律途径。现行有关法律规定虽然对侵权人予以追究相应的法律责任,教育权受侵害者也可以通过诉讼等途径得到一定的金钱赔偿,但是缺乏对公民受教育权的根本保护与救济。就中国现有的受教育权救济途径来说,也存在一定程度的不足。

《教育法》规定受教育权的法律救济途径包括申诉、调解、仲裁、复议和诉讼。

1. 申诉

申诉是学生在接受教育的过程中,对学校给予的处分不服,或认为学校和教师侵犯了其合法权益而向有关部门提出要求,要求其重新作出处理的制度。目前的申诉制度不够完善,已出台有关教育法律法规的条文多为原则性规范,对申诉程序的规定相当薄弱。《教育法》和《普通高等学校学生管理规定》都规定了受教育者享有"对学校给予的处分不服向有关部门提出申诉"的权利。但没有法规对"有效措施"作出细化,或者没有规章对学生申诉制度作进一步的具体规定,缺乏专门负责受理学生申诉的机构和人员、申诉时效、申诉后处理机制等方面的规定。因此有必要对现有法律法规进行细化,增强可操作性。

2. 调解、仲裁和行政复议

调解是指经过中立第三方的排解疏导、说服教育,促使发生纠纷的双方当事人依法自愿达成协议的一种活动。调解属于非正式的纠纷解决方式,因而在申诉和诉讼等其他正式解决方式过程中都可以运用调解的手段。

仲裁是指争议双方在争议发生前或争议发生后达成协议,自愿将争议交给第三者作出裁决,双方有义务执行的一种解决争议的方法。仲裁因为民间性和自愿性,在行政主导的国情下,实施效果并不理想,而且大量的受教育权法律纠纷并非单纯的民事法律纠纷。

行政复议是指公民、法人或者其他组织不服行政主体作出的具体行政行为,认为行政主体的具体行政行为侵犯了其合法权益,依法向法定的行政复议机关提出复议申请,行政复议机关依法对该具体行政行为进行合法性、适当性审查,并作出行政复议决定的行政行为。《行政复议法》第6条第九款规定:"公民申请行政机关履行保护受教育权利的法定

---

[1] 阮李全,陈久奎. 比较视野下的受教育权法律救济制度优化路径 [J]. 重庆师范大学学报(哲学社会科学版),2013,(1).

职责，行政机关没有依法履行的，可以申请行政复议。"行政复议主要针对教育行政机关侵犯作为相对人受教育权的情形，在实践中更多的是学校、教师或国家机关工作人员侵犯学生受教育权的情形。虽然《行政复议法》将教育行政行为纳入行政复议的受案范围并将保护公民的受教育权与人身权、财产权并列规定为行政机关的法定职责，但在实践中教育行政复议存在很大的局限性，尤其是在非义务教育阶段，学校有更大的办学自主权，所以一般适用于入学阶段和毕业阶段，而在学阶段则不适用行政复议。因此，在法律层面上明确教育行政复议的受案范围是解决教育行政复议困境的关键所在。

3. 诉讼

司法救济是公民权利获得救济的最后一道防线。目前公民受教育权的司法救济途径主要有民事诉讼和行政诉讼。《教育法》第 81 条规定："违反本法规定，侵犯教师、受教育者、学校或者其他教育机构的合法权益，造成损失、损害的，应当依法承担民事责任。"受教育者在自身受教育权被侵犯时往往被迫"曲线救国"，以人格权、隐私权、姓名权等人身权或财产权为由提起民事诉讼。

《教育法》第 42 条第四款规定："受教育者有权"对学校、教师侵犯其人身权、财产权等合法权益，提出申诉或者依法提起诉讼。"田永诉北京科技大学拒绝颁发毕业证、学位证案，刘燕文诉北京大学（学位评定委员会）案都是将受教育权视为教育法规定的权利，并通过提起行政诉讼对受教育权予以救济的典型案例。

现有的民事诉讼和行政诉讼对公民受教育权的保护范围不够全面。在民事诉讼中法院无权审查学校作出的公权力性质的处分行为，即使学生胜诉，其受教育权也难以得到有效救济，无法追究侵犯受教育权者的行政责任。民事诉讼、行政诉讼规定的不全面性带来了司法介入教育纠纷的不确定性，致使很多受教育权被侵害者只能以财产受到损失为由转化为民事赔偿，公民受教育权得不到应有的司法救济。

【小结】

受教育权有广义和狭义的理解。狭义的教育权，就是"接受教育的权利"。

受教育权利的内涵有一个发展变化的过程，主要形成了四种学说，即公民权说、生存权说、学习权说和发展权说。其中，"学习权说"是受教育权利的重大发展和突破，是学习型社会中公民受教育权利的应有之义。

"学习权"包含几层含义。一是学习自由；二是接受教育；三是终身教育。

受教育权兼有社会权、自由权等多重属性；受教育权利的实现与社会的经济发展状况、民主化程度、法制化完备、义务教育的普及程度等密切相关。

受教育权的法律救济制度是指公民的受教育权受到侵害而形成利益冲突之后，依据有关法律法规进行纠纷解决与受损权益恢复、补偿、赔偿的途径，该制度旨在确保受教育权的良好实现。

在我国的现行法制框架中，受教育权法律救济制度包括行政救济制度与司法救济制度两部分。

《教育法》规定受教育权的法律救济途径包括申诉、调解、仲裁、复议和诉讼。

【思考题】
1. 什么是受教育权，受教育权有哪些形式？
2. 什么是学习权？如何理解受教育权与学习权的区别与联系？
3. 受教育权具有哪些特性？
4. 受教育权法律救济制度有哪几种？
5. 受教育权的法律救济有哪些途径？

第七章　家庭、社会与教育

【内容提要】

本章首先从父母与家长的区别、父母教育权的确立、父母教育权存在的合理性与合法性、父母教育权的内容以及我国父母教育权的现状等五个方面介绍了家庭与教育的关系。父母与家长的区别主要体现在他们适用于不同的法律关系中，但是他们的概念逐渐趋同；美国皮尔斯判例首次确立了父母教育权的法律地位；血亲关系、儿童依赖成人照顾的程度、学生受教育权需得到父母的保护是父母教育权存在的合理性的体现，各种法律的出台是父母教育权存在的合法性的体现；父母教育权主要包括父母教育的选择权和父母教育参与权。选择权主要包括选择学校类型的自由，确保教育符合父母的宗教信仰自由；参与权主要包括个人参与权和集体参与权。其次介绍了学校与社会的联系，以及学校与社会协作中的法律问题，并运用我国的《教育法》《中华人民共和国民法通则》《保险法》等法律进行分析。

【课程目标】

1. 了解父母教育权如何确立、父母教育权存在的合理性与合法性、对家庭与教育的知识有初步的认识。
2. 掌握父母教育权的内容，并了解父母教育权的现状。
3. 了解学校在参与社会活动中的法律问题，对学校与社会的民事法律关系有一定的认知。
4. 理解社会对学校建设和参与学校管理的支持。
5. 在理解父母教育权的内容及学校与社会的法律关系时，运用具体的案例来分析，便于学生更深刻地理解知识，把学到的知识运用到实际生活中去。

第一节　家庭与教育

家庭是人类最早的教育和学习场所，是人类生活中最基本和最重要的一种社会组织，同时也是传承行为规范与培养社会文化的场所，是重要的校外教育力量之一，家庭、学校、社会三者共同构成了个人成长过程中最基本的要素。而父母在家庭教育中起着重要的

作用，因此谈论父母对孩子教育应负有的权利、义务与责任具有重要意义。

一、父母教育权的确立

（一）父母的法律地位

1. 父母与家长的概念

父母指的是法律上的父亲和母亲，不仅仅包括亲生父母，也包括继父母和养父母，它适用于"父母与子女"的对应关系中，注重父母与子女的权利与义务关系，且不论其子女是成年人还是未成年人。① 例如我国《宪法》规定父母有义务抚养和教育未成年子女；《婚姻法》规定父母有权保护和教育未成年子女。

家长旧时指的是一家之主，现在也指父母或其他监护人。家长适用于"学校，教师-家长"的对应中，家长这个词特指学生的家长，不是其他人的家长，只在"学校，教师-学生家长"之间的关系中有意义。② 例如《国家中长期教育改革和发展规划纲要》中提出要改进中小学校管理制度，并建立中小学的家长委员会，促进社区和相关专业人士参与学校管理和监督。《小学管理规程》中指出"应积极与学生家庭建立联系，并利用家长学校指导家长创造良好的家庭教育环境；小学可以设立家长委员会，让他们了解学校的工作"。从《国家中长期教育改革和发展规划纲要》以及《小学管理规程》中我们可以看到教育规章以及有关教育的政府文件中使用了家长的概念。

从父母与家长的内涵中我们可以看出这两个概念有所不同，家长是一家之主，指的是一个人，但是父母是父亲与母亲，指的是两个人，父母与子女的关系以血缘关系为基础，它还包括与血缘无关的继父母或养父母，甚至包括其他监护人，而家长与家庭成员的关系是主从关系。通过观察我国的《宪法》《民法通则》《婚姻法》《未成年人保护法》《教育法》《义务教育法》以及《国际公约》，我们可以发现这些法律中大多运用的是父母、养父母或其他监护人的概念，而家长的概念大多出现在我国的教育规章以及其他有关教育的政府文件和学校规章之中，国际公约以及狭义的法律之中很少出现"家长"一词。这两个词虽然在不同的法律范围中使用，但是通常情况下家长与父母的概念是可以互换使用的，学者对于这两个概念没有刻意的区分。

随着社会的发展，所谓的家长与家庭成员的主从关系已经不复存在，其内涵也逐渐与父母趋同。二者实际上没有本质的区别，所以我们采用"父母"，以及"父母教育权"，不使用"家长"或"家长教育权"的概念。为了方便本书，本章中使用的"父母"概念不仅包括亲生父母，还包括养父母，继父母和其他监护人。相对于未成年人来说，"父母"也包含了"其他监护人"。在引用文献和法律原文时遵从原文，除此之外，均使用"父母"一词。

2. 父母教育权的确立

在社会的早期，父母对孩子的教育享有充分的权利，他们可以依靠自己的意愿来教育孩

---

① 尹力. 教育法学 [M]. 北京：人民教育出版社，2012：150.
② 尹力. 教育法学 [M]. 北京：人民教育出版社，2012：150.

子，选择教育的内容等等。但是随着社会的发展，民族国家的产生，教育开始国家化，国家对父母教育权开始进行干预，父母教育儿童的权利逐渐缩小，开始受到来自国家、社会的挑战。儿童的教育不再是由父母垄断，国家基于为人民谋福利的原则开始干预父母的教育权利。随着义务教育制度的建立，父母的教育权利日益受到威胁，因此必须确立父母教育权。

1925年，美国皮尔斯判例首次确立了父母教育权的法律地位，给予父母选择私立学校的自由。该案件是由俄勒冈州议会于1922年通过的《义务教育法》引起的。该法规定了所有8至16岁的儿童，除了离学校太远、残疾儿童或已经完成八年级的课业学习的学生外，都必须在公立学校接受教育。该法案的通过导致修女会运营的学校无法继续进行下去，学生纷纷退学，导致他们的收入持续下降。为此，修女会提起诉讼，他们认为俄勒冈州通过的法案与父母为其子女选择学校的自由形成冲突，并且该法案还将对公司的运营和财产造成不可挽回的损害，并要求废止该法案。联邦最高法院的三名法官审理了该案并指出"宪法第十四修正案保障公民的自由和财产在未经正当法律程序之前不得被非法剥夺或干预，修女会运营学校的权利是一项财产权，父母通过选择声誉好的老师和学校来决定其子女的教育方向是一项自由，其权利受到法律的保障。不得强制约束儿童只接受公立学校教师的教育"，法律规定儿童不仅仅是国家的创造物，养育儿童并引导其命运的人有权利有义务为儿童教育做准备并负责任。[①] 法官裁定俄勒冈州《义务教育法》违宪，并确立了父母教育权的法律地位。

在此之后，各个国家和地区的法律普遍承认父母的教育权利。例如英国《1944年的教育法》指出"学生应该按照父母的意愿接受教育，国家和地方教育部门应该尊重他们"，家长教育子女或者为子女择校便有了法律保障，美国在20世纪60年代中期，各州将学校教育和管理作为教育的主要目标，《2000年教育目标法》将"家长的协助"列为十大教育目标之一。[②]

3. 父母教育权存在的依据

《世界人权宣言》第十六条规定："家庭是天然的和基本的社会单元，并应受社会和国家的保护"。而且家庭中的每个人都有获得良好发展的权利。作为家庭成员一份子的儿童，他们由于年龄尚小，没有基本的生存知识，经验和能力，他们应该由谁负责，被谁引导，这便成了一个现实的问题。作为他们的父母，这个责任自然落到了父母的肩上，因此父母教育权就有了其存在的意义。

首先，父母教育权利存在的合理性。

（1）血亲关系。在研究父母和子女之间友好关系时，亚里士多德认为，孩子是父母的"他我"，并将孩子的养育和教育视为代际行为的延伸。约翰·斯图尔特·米尔（John Stuart Mill）也认为父母在"召唤一个人来到世界后"，有为他提供足够的教育的道德义务。[③] 可见父母不仅给予孩子生命，而且在孩子成长的过程中他们也有权利有义务对其孩子进行教

---

① 申素平. 教育法学：原理、规范与应用 [M]. 北京：教育科学出版社，2009：121.
② 薄建国，梁明伟，杜爱玲. 教育法学 [M]. 北京：科学出版社，2016.
③ 布赖恩. 克里滕登著，秦惠民，张东辉，张卫国译. 父母、国家与教育权 [M]. 北京：教育科学出版社，2009：42.

育。父母作为儿童的生育者比其他人更可能给儿童提供更好的关心，父母更可能更加关心后代的福祉，并为抚育后代提供必要的条件。

（2）儿童对成人的依赖性。孩子除了因为生存所需要的照顾外，他们也缺乏知识、经验和充分的心理能力，皮亚杰的理论指出，低于十三四岁的孩子缺乏作出合理人类行为的关键能力，因此，成年人完全有理由代表儿童做出决定——他们也有义务这样做——不仅是为了后者，而且是为了社会的福祉。① 照顾儿童并引导他们的生活是成人的任务和责任，那么父母作为孩子最亲近的人，这个任务自然要落到父母的身上。

（3）学生受教育权需得到父母的保护。学生在受教育的过程中，往往会出现在学习机会、学习条件和学习成功机会等方面被国家行政机关、教育机构或其他个人组织侵害的现象。② 如齐玉苓案是侵犯学生受教育权的典型案例。具体到学校，指学校对学生进行不正当的纪律处分，不给学生颁发学位证和毕业证书，侵犯学生的人身和财产安全，还存在教育主体对学生进行刑事侵权的现象。如9岁的学生上课讲话被老师用胶带封住嘴巴，河南信阳潢川教师鞭打学生，红黄蓝幼儿园出现教师虐待儿童现象等。父母作为子女的监护人，有权利、有义务在孩子人身遇到危险或者受到某种侵害时给予子女帮助，有权对学校的教育进行监督与管理。

其次，父母教育权的合法性问题。纵观法律我们可以发现，对父母教育权的确立主要有两种方式：一种是通过具体的法律法规来规定父母的教育权。另一种是通过判例法确定父母的教育权。

（1）通过成文法确定父母教育权。《世界人权宣言》第二十六条第三项规定："父母对其子女所应受的教育的种类，有优先选择的权利。"我国的《婚姻法》第二十三条规定："父母有保护和教育未成年子女的权利与义务"。这些法律明确指出了父母对子女有教育的权利。

（2）通过判例法确定父母的教育权。美国是典型的英美法系的代表，判例法是其法律的主要渊源。前面提到的1925年的"皮尔斯案"，修女会认为俄勒冈州议会通过的《义务教育法》中规定的8至16岁的儿童，除残疾、路途遥远、或者读完8年级儿童外，都必须接受公立学校的教育。修女会认为此法与父母按其意愿为子女选择学校的自由相冲突，请求废止此法律。最高法院认为俄勒冈州实施的法律危害了修女会运营的学校，并且父母有权利为子女选择优质的学校与教师，有权决定自己子女的教育方向，此法确实不合理地干涉了父母养育并教育子女的自由。

二、父母教育权的含义以及性质

（一）父母教育权的含义

关于父母教育权的界定，学术界存在几种不同的观点，黄林认为家长教育权是教育权

---

① 尹力. 教育法学 [M]. 北京：人民教育出版社，2012：155.
② 李晓燕，夏霖. 父母教育权存在的法理分析 [J]. 兰州大学学报（社会科学版），2014：42（2）.

的重要组成部分，不仅包括家长在家庭中对子女的教育权利，还包括家长在学校教育方面所享有的权利。① 李晓燕、夏霖等认为父母教育权主要指父母对子女的教育权利，而不是权力，它是父母基于其身份关系而享有的在国家教育、社会教育、家庭教育、学校教育中与其子女健康成长有关的权利。② 尹力指出，父母教育权是指基于一定的信念和价值观，在有关子女教育方面所具有的权利与义务的总称，简言之，父母教育权就是父母教育子女的权利。③ 从以上关于父母教育权的解释中，我们可以看出父母教育权不仅存在于家庭教育中，还存在于学校教育以及国家教育与社会教育中，体现出一种权利与义务关系。因此我们认为父母教育权是指父母在家庭教育、学校教育、国家教育、社会教育中发挥的作用，以促进孩子健康成长的权利与义务的总称。

（二）父母教育权的性质

1. 父母教育权是一种自然权利

父母对未成年子女有保护及教养的权利义务，这种权利义务即为亲权，而亲权又是一种自然权利，是父母对其子女与生俱来的权利。法律中明确规定父母教育权是自然权利的应首推德国《魏玛宪法》《魏玛宪法》第120条规定："抚养子女，使其身心健全，并能适应社会，为父母之最高义务，亦为其自然权利，国家及社会应督其实行。"德国基本法规定"抚养和教育孩子作为父母的自然权利也是他们的最高义务，国家应该监督他们的行为"。④ 法律虽然给予父母在家庭教育中的自由以及可以参与学校的教育事务的自由，但是并不代表父母的这种自然权利不受法律的约束，父母的这种自然权利是在不超过法律限制内父母进行的自由选择以及对学校的不合理之处提出相应的意见。

2. 父母教育权是一种基本权利

父母教育权受到国际人权法的保护，也是一项宪法不可侵犯的基本权利。这种基本权利是父母个人作为教育主体、且只对自己的子女实施的教育上的自由权，具有身份专属性，且优先于其他主体，父母可根据自己的意志自由地实施教育。⑤ 父母教育权利与一般权利不同，它以实现儿童利益为原则，不是为了自己的利益。同时它也是当父母危及孩子的利益时，剥夺父母权利的依据。

3. 父母教育的义务性

父母教育权不仅是一项权利，也是一项义务。父母不能抛弃自己的权利，也不能放弃自己的义务。我国《宪法》第四十九条规定"父母有抚养和教育未成年子女的义务"。从法律条文的规定中我们可以看出宪法把父母教育未成年子女做为一种义务；同时《婚姻法》中也规定："父母有权利和义务保护和教育未成年子女"。《婚姻法》及《宪法》中

---

① 黄林. 教育权视野下的家长参与校本课程开发 [D]. 重庆师范大学硕士学位论文，2007.
② 李晓燕，夏霖. 父母教育权存在的法理分析 [J]. 兰州大学学报（社会科学版），2014，42（2）：100-104.
③ 尹力主编. 教育法学 [M]. 北京：人民教育出版社，2012：156.
④ 尹力主编. 教育法学 [M]. 北京：人民教育出版社，2012：168.
⑤ 尹力主编. 教育法学 [M]. 北京：人民教育出版社，2012：168.

都确认了父母教育权的义务性。同时2020年新修订的《未成年人保护法》以及2012年的《预防未成年人犯罪法》中都有所规定。

三、父母教育权的内容

作为一种亲权,父母教育权是贯穿儿童成长和发展整个过程的自然权利,涉及子女成长发展的所有事项。由于每个家庭的生活观念、家庭背景、教育方式不同,就决定了父母追求的教育内容、教育方法存在差异。但理论界普遍认为,父母教育权包括两个方面,一方面指父母委托给学校以及教师的教育权利,另一方面,是指父母享有的教育子女的权利,它主要包括在学校教育享有的选择权、参与权和拒绝权等。① 就选择权而言,父母可以选择将子女送入公立学校或私立学校及特殊学校;就参与权而言,父母可以与老师沟通协商对子女教育课程的安排,校规的制定等②;就拒绝权而言,父母可拒绝将子女送入学校就读而进行家庭教育,父母可以根据自己的宗教信仰拒绝某种特定的课程。

(一) 父母教育选择权

《世界人权宣言》第六条规定:"父母有权选择子女接受教育的方式"。《经济、社会、文化权利国际公约》规定:"缔约国要尊重父母及其监护人选择公立学校或者私立学校的自由,并确保与他们的宗教信仰一致"。

父母的教育选择权主要包括以下几个方面。

(1) 父母具有选择学校类型的自由

众所周知,学校分为公立学校与私立学校,让适龄儿童入学接受教育是父母的权利,也是父母的义务,入学是否相当于必须进入国家创办的学校?美国1925年的"皮尔斯案"确立了父母有权为其子女选择私立学校,从而确立了父母教育选择权的自由。从"皮尔斯案"中我们可以发现,父母可以为其子女选择私立学校,可以在私立学校和公立学校之间做出选择,并且美国一些州允许父母在所居住的学区内或全州范围内为其子女选择学校。在一些地区,教育券政策已经实施,以便选择私立学校的家长也可以获得政府资助。③ 这些都是父母选择自由权的保障。

(2) 确保教育符合父母的宗教自由(即拒绝权)

拒绝权是指父母可以基于自己的哲学和宗教信仰拒绝某种特定课程的权利,一般都与宗教或性教育课程有关,美国约德案就是典型的案例。

【案例】

威斯康星诉约德案④

被告乔纳斯·约德(Jonas Yoder)和华莱士·米勒(Wallace Millder)是阿门宗

---

① 申素平. 教育法学:原理、规范与应用 [M]. 北京:教育科学出版社,2009:114.
② 薄建国,梁明伟,杜爱玲. 教育法学 [M]. 北京:科学出版社,2016:75.
③ 申素平. 教育法学:原理、规范与应用 [M]. 北京:教育科学出版社,2009:121.
④ 申素平. 教育法学:原理、规范与应用 [M]. 北京:教育科学出版社,2009:122.

派成员，他们居住在威斯康星州，但威斯康星州的义务教育法要求父母应把16岁之前的孩子送到学校。但是他们在孩子上完8年级后（年龄分别是14岁、15岁）就拒绝将孩子送到公立学校继续上学，从而违反了国家的义务教育法。被告主张，阿门宗派理念是回归到早起的简单的基督生活中，不强调物质的成功，拒绝竞争精神并寻求使自己与现代社会绝缘。他们不反对8年教育对其子女进行综合教育，他们认为其子女必须掌握基本的读写算技能来阅读《圣经》，将来成为好的农民或者居民，并且能够与非阿门宗派人进行交谈。但是他们反对8年级以上的教育，认为其不必要且与他们的教育目标、生活方式和宗教理念不符，因此不再将他们完成8年教育的子女送往公立或私立学校。相反地，他们认为它是一种为未来农业做准备的职业教育。被告认为，威斯康星州的法律侵犯了他们延续几个世纪的宗教信仰自由。而州政府认为想要保持自由与独立，一定程度的教育是必须的，教育能使公民参与到国家的政治体制中，使他们成为社会参与者，并且教育使儿童受到州的保护避免受到无知父母的影响。

◎**案例分析**：联邦最高法院对其案件进行了审理，确认强制执行8年以后的正式义务教育会使阿门宗派教徒面临严重的危机，破坏了他们的宗教习惯，使他们抛弃信仰，这与他们的宗教信仰不一致。针对州认为的8年级之外没有为其子女提供教育而允许他们成为"无知"这种说法，最高法院认为是法律所不能支持的，阿门宗派教徒从"做中学"的体制是在阿门宗派群落中把儿童按照成人的模式进行培养的一种理想化的教育体制。针对州认为的由于缺乏8年级以上的教育，他们将不适应未来的生活教育的观点，最高法院认为是投机的观点，最高法院认为没有证据表明阿门宗派的儿童由于缺乏一年或者两年正式教育，他们的实际农业训练和行业习惯以及自给自足的生活方式将成为社会的负担，也没有证据表明这会导致削弱阿门宗派儿童的身心健康，或导致其不能自立。州主张8年以外的教育是必须强制实行的，它可以让阿门宗派更有效更智慧地参与民主进行，最高法院认为即使没有8年以上的教育，阿门宗派也能更好地促进自身的发展，更好地履行自己的社会和政治责任。于是就否定了州的主张，由此父母教育自由权就得到了确立。

◎**在家教育的教育选择权延伸阅读**：在家教育指的是适龄儿童不去公立学校或者私立学校就学，而是在家接受父母认为最合适的教育的一种形式。1993年美国50个州均将在家教育合法化，之所以出现在家教育是源于父母对学校环境的担忧、学校教育质量的不满以及父母自身的宗教信仰等原因。我国《义务教育法》第一章第五条第二款规定："适龄儿童、少年的父母或者其他法定监护人应当依法保证其按时入学接受并完成义务教育"。第二章的第一条规定："凡年满六周岁的儿童，其父母或者其他法定监护人应当送其入学接受并完成义务教育；条件不具备的地区的儿童，可以推迟到七周岁"，"适龄儿童、少年因身体状况需要延缓入学或者休学的，其父母或者其他法定监护人应当提出申请，由当地乡镇人民政府或者县级人民政府教育行政部门批准"。从以上我国的法律条文来看，法律中一直在强调少年、儿童入学接受教育，而我国法律中的入学一般是指进入具有办学资格的公立学校或者民办学校，而从来未在法律中规定可以进入除公立学校与民办学校之外的第三类学校。可见我国的在家上学并未取得合法地位，因此随着社会的发展和人们对教育多样化需求不断的增加，国家应对在家上学予以合法化，给予法律的保障。

（二）父母教育参与权

申素平指出父母的教育参与权可分为两类：一类是父母的个人参与权，另一类是父母的集体参与权。个人参与权主要指对学校教育内容的影响、知情、隐私权的保障等；集体参与权主要指家长参与学校的行政事务为主要内容。前者为实体权，而后者为程序权。在法律效果上前者约束国家或者学校行为，但后者的建议或请求是否被采纳则无法预知。①

日本学者结城忠认为，父母教育参与权主要有三种类型。第一是知情权，即了解学校有关信息的权利，例如教学计划、教学内容、教学方法、成绩评估标准和方法等；父母直接参与访问参观学校，有权在课堂上听老师讲课的权利等；有权了解学生个人档案记录。对于父母的知情权在我国已经得到了法律的认可。《教育法》第三十条明确规定学校应当"以适当的方式为受教育者及其监护人了解受教育者的学业成绩及其他有关情况提供便利"。第二是提案、发言权，指父母有权对学校做出的决定、制定的措施提出自己的意见和建议。第三是共同决定权，即教育行政部门或学校必须征得父母的同意才能采取相关的教育措施和决定。以上三种权利，知情权是基础和前提，共同决定权利是最有力和最重要的权利。共同决定权保证了知情权和在一定程度上由发言权提出的案件，所发之言是否被采纳。②

四、我国父母教育权的现状

对于父母教育选择权，首先，我国的法律中允许父母自由地选择民办学校，但是不承认父母在义务教育阶段选择公办学校的自由。根据我国《义务教育法》第二章第二条中规定："地方各级人民政府应当保障适龄儿童、少年在户籍所在地学校就近入学"，我国实行的"就近入学"在一定程度上限制了父母在公立学校间的自由选择。我国的父母虽然不享有法定的公立学校选择的自由，但是一些地方的家长可以通过缴纳一定的择校费选择公立学校。对于这种以金钱为条件的择校，只能实现部分父母的选择权。我国的《义务教育法》第十二条又规定："父母或者其他法定监护人在非户籍所在地工作或者居住的适龄儿童、少年，在其父母或者其他法定监护人工作或者居住地接受义务教育的，当地人民政府应当为其提供平等接受义务教育的条件。具体办法由省、自治区、直辖市规定"。这条规定在一定程度上允许非户籍所在地工作或居住的父母选择非户籍所在地的公立学校，这是我国法律的进一步完善，给父母提供了更多选择的权利。其次，关于父母的拒绝权，只有在学校对父母或者其子女在思想，宗教信仰等方面造成巨大的影响甚至造成损害时父母才能够行使自己的拒绝权。

对于父母教育参与权而言，首先，父母在学校的参与权只是形式上的，并无实质性参

---

① 申素平. 教育法学：原理、规范与应用 [M]. 北京：教育科学出版社，2009：132.
② 薄建国，梁明伟，杜爱玲. 教育法学 [M]. 北京：科学出版社，2016：76.

与。学校让父母参加家长会,只是为了让家长知道孩子的学习情况,在家多关注孩子的学习与生活,督促孩子学习养成良好的习惯,而不是让父母参与学校大政方针的制定;定期让父母进入教室听课,也不是为了监督教师的教学质量,只是对教师师德的一种要求。父母对于学校事务的参与大多数只是学校为了让父母配合自己的工作而进行的参与;对于学校的运营,管理规则的制定,父母无权过问。其次,自己的孩子在老师手里,父母担心如果追求自己权利,对教师学校不合理的行为发表言论、进行批评,孩子会被老师故意为难、忽视,使孩子处于不利的地位。一些家长的文化程度有限,不能给自己孩子更好的教育,甚至很难转班,即使有意见想对教师提也不敢提。

如何使父母教育权真正地落到实处,不是一纸空文,不仅需要国家、教育行政部门的共同努力来完善我国的法律制度,还需要行政机关来保障父母的教育权,消除父母的后顾之忧,更需要父母提高权利意识,懂得维护自己的权利。最后还需要借鉴外国的成功经验,为我国父母教育权更好地落实指明前进的方向。

第二节 社会与教育

学校与社会是相互联系、相互作用的有机体,学校的发展离不开社会,社会的发展也离不开学校。随着社会的发展,学校与社会的关系日益密切,逐渐形成密不可分的一体化环境。学校作为独立的法人,参与社会活动其民事行为特征如何?学校如何进行捐赠、保险与融资等相关活动?什么是学校的一体化等问题都值得我们思考。

一、学校参与社会活动中的法律问题

(一) 学校的民事主体资格

1. 教育与社会的概念及其关系

要明确社会与教育的关系,我们首先需要明确教育与社会的概念,这里所涉及的教育的概念是与社会的概念相比较而言的。这里的教育是狭义的教育,狭义的教育是指专门组织的教育,即学校教育,它不仅包括全日制的学校教育还包括半日制和业余学校教育、函授教育、广播学校教育、电视学校教育等。社会包括各种国家机关,武装力量,政党,社会组织、企事业单位、城乡基层群众自治组织、未成年人监护人和其他成年公民。在教育与社会的关系中,教育是在社会中进行的,社会的发展离不开教育,教育与社会生产力以及政治和经济制度密切相关。教育的运作离不开社会,教育作为一种人类独有的社会活动,是社会的有机组成部分,是社会的一个子系统。

2. 学校的民事主体资格

作为一个特定的社会组织,学校与社会、学校和企业、集体经济组织、社会团体和个人之间有广泛的联系,存在相互支持以及复杂的民事所有权和转让关系。在这些关系中,学校以独立的民事主体资格参与其中。

民事主体也被称为民事法律关系的主体,指参与民事法律关系以享有民事权利和承担民事义务的人。根据《民法典》的规定,公民(自然人)和法人均可成为民事主体,因

此，这里所说的民事主体既可以指公民（自然人）也可以指法人。民事主体资格则是指成为民事权利义务主体的资格，由国家规定；不具有民事主体资格的人，是不能作为民事主体而享有民事权利和承担民事义务的。①《教育法》第三十一条第一款、第二款规定："学校及其他教育机构具备法人条件的，自批准设立或者登记注册之日起取得法人资格"。"学校及其他教育机构在民事活动中依法享有民事权利，承担民事责任"。尽管《教育法》将我国的公办中小学尊称为"法人"但是他们没有可用担保债务的可抵押的财产，学校的财产和校舍只是政府委托给其使用，没有真正的财产权与产权。因此，公办中小学学校仅具有"准法人资格"；所有民办学校都具有法人资格，都能够承担一定的民事责任。

（二）学校与社会的民事法律关系

民事法律关系是指民事法律规范所调整的社会关系，主要是以民事权利与民事义务为主要内容的社会关系，在民法所调整的社会关系中主要是财产关系和人身关系。

在学校与社会的互动中，涉及的民事法律关系相当广泛，包括财产、土地、学校环境、人才培养合同、智力成果转移、毕业生有偿分配，甚至学校创收所涉及的权利。在现阶段，我国学校与社会各种组织和个人之间的法律调整，最突出地反映在所有权关系、邻里权关系和合同关系上②。具体如下：

1. 所有权关系

所有权是指财产所有人依法对自己的财产所享有的占有、使用、收益和处分的权利，所有权据其主体不同，根据《民法典》第五章的规定，所有权可分为国家财产所有权、集体财产所有权和个人财产所有权。

《教育法》第三十一条第三款规定"学校及其他教育机构中的国有资产属于国家所有。"其中学校中的国有资产主要包括国家所拥有的土地，利用国家投资兴建的校舍（教室），学生、教职工住房以及其他利用国家投资购置的固定资产。国有资产的所有权属于国家，任何部门、组织和个人都不得侵占、挪用、截留，更不得破坏、私分。学校要根据国家的有关规定使用、管理国有资产，并且要用好、管理好国有资产。与此同时，国家还制定了各种规章制度来保护国有资产，规定对于侵犯国有资产中学校财产的，必须追究其法律责任。目前在学校与社会关系中出现大量的校园土地，校舍被占用和产权归属纠纷的问题，情况比较复杂。

2. 相邻关系

相邻关系指的是相邻的不动产的所有人或占有人对各自所有的或占有的不动产行使所有权或者占有权时，因相邻各方应当给予便利和接受限制而发生的权利义务关系。③相邻关系本质上是对相邻不动产所有人或者占有、使用人的一种限制性关系。比较常见的相邻关系如：相邻土地的使用、相邻用水排水、相邻光照、相邻安全等。关于如何处理相邻关系，《民法典》第288条、第294条及第296条规定："不动产的相邻权利人应当按照有

---

① 杨颖秀. 教育法学［M］. 北京：中央广播电视大学出版社，2004：176.
② 国家教委师范教育司编. 教育法导读［M］. 北京：北京师范大学出版社，1996：168.
③ 褚宏启主编. 教育法制基础［M］. 北京：北京师范大学出版社，2002：152.

利生产、方便生活、团结互助、公平合理的原则,正确处理相邻关系。""不动产权利人不得违反国家规定弃置固体废物,排放大气污染物、水污染物、土壤污染物、噪声、光辐射、电磁辐射等有害物质。""因用水、排水、通行铺设管线以及安装设备时,应当尽量避免对相邻的不动产权利人造成伤害。"它要求相邻各方在行使其占有和使用财产的权利时,必须履行不影响他人行使权利的义务,同时也享有要求他人给自己行使权利提供便利的权利。

学校与其邻近企业事业组织,集体经济组织和个人之间的争议是近年来的另一个突出问题,如排放超过国家标准的"三废",污染学校环境;高音和振动来阻碍学校教学;跨境住房建设,种植作物,侵犯学校权益;在学校周围建立坟墓,建立市场,破坏学生的身心健康等等。

3. 合同关系

合同可分为广义和狭义两种类型:广义的合同是指当事人之间产生权利义务关系的一切协议,不仅包括民法调整的协议,还包括民法调整以外的一切协议,如师徒合同、合作办学合同等。狭义的合同仅指在财产流转中,当事人之间为实现一定的经济目的、明确相互之间权利义务关系而达成的协议。例如买卖合同、借贷合同、租赁合同、委托合同等。① 合同关系是学校与社会之间非常重要的法律关系。学校同社会组织之间进行技术合作、技术转让、专利转让、联合办学、委托培养等协作活动以及进行住房租赁、仪器采购、校服生产、工程承包、融资、租赁、保险以及捐赠等活动时为了确定参与这些活动各方的权利和义务得到法律的保护,通常需要签订合同,形成受法律约束和保护的合同关系。学校在与当事人签订合同时要采用书面形式,合同内容要清楚明确。

(三) 学校捐赠

捐赠是指为了社会公益事业或其他目的,无偿地将财产给予他人的法律行为。《中华人民共和国公益事业捐赠法》第八条第二款规定:"国家鼓励自然人、法人或其他组织向公益事业捐款。"因此,学校可以在不影响正常的教学以及师生生活的情况下,倡导并组织师生自愿为抢险救灾、希望工程、扶贫以及教育基金等捐资捐物,贡献自己的力量。在学校捐赠时要注意以下几点:第一、学校在组织捐赠活动中要积极做好宣传和奖励工作,对积极捐赠的个人和组织要进行表扬或者奖励;第二、捐赠是本着自愿量力的原则,按照自己的实际情况在不影响生活的情况下捐赠。如《捐赠法》第四条规定:"捐赠应当是自愿和无偿的,禁止强行摊派或者变相摊派,不得以捐赠为名从事营利活动。"第三、保证捐赠的合法性。《捐赠法》规定:"捐赠财产的使用应当尊重捐赠人的意愿,符合公益目的,不得将捐赠财产挪作他用。"

(四) 学校保险

《中华人民共和国保险法》第二条规定:"保险是指投保人根据合同约定,向保险人支付保险费,保险人对于合同约定的可能发生的事故因其发生所造成的财产损失承担赔偿

---

① 杨颖秀. 教育法学 [M]. 北京:中央广播电视大学出版社,2004:180.

保险金责任，或者当被保险人死亡、伤残、疾病或者达到合同约定的年龄、期限时承担给付保险金责任的商业保险行为。"我国的《保险法》规定，保险行为是一种商业保险行为，在《保险法》中又将商业保险分为财产保险和人身保险。而我国的学校保险是学校参与社会活动的基本组成部分，学校不仅要为教学设备、教学资源、学校荣誉等购买保险，还要做好学校的学生、教师的保险工作。因此，学校保险不仅涉及商业保险还涉及商业保险以外的其他社会保险。

在学校的人身保险中，学生保险是一个很重要的问题，由于人身保险属于商业保险的性质，有一些保险公司相互竞争为了获取利益，就把触角伸向了学校，不断推出各种类型的学生保险，一些公司还委托学校代办保险，学校统一收取保险费；还有一些学校私自侵吞截留学生的保险费等。我国《保险法》秉持自愿诚信的原则签订合同，并且不允许收取中介费，因而学校不能强行推销保险，也不能私自代理保险，更不能侵吞保险费。

在社会保险方面对学校来说，应当按照国家的有关法律、法规，为学校的教职员工做好社会保险工作。特别是要按照《国务院关于建立城镇职工基本医疗保险制度的决定》《国务院关于建立统一的企业职工养老保险制度的决定》《失业保险条例》等相关精神，加大学校医疗保险、养老保险和失业保险改革力度，不断完善学校的社会保险工作制度，并按照《教师法》第30条的有关规定，适当提高教师的养老金比例和养老保险待遇。[①]

（五）学校融资

融资就是融通资金，广义的融资指的是资金在持有者之间流动以余补缺的一种经济行为，这是资金双向互动的过程，包括资金的融入（资金的来源）和融出（资金的运用）。狭义的融资只指资金的融入。融资的常见形式有银行的借贷、股票筹资、借券融资、融资租赁、海外融资、典当融资等。

学校融资就是学校筹集资金维持学校的运转。学校的融资主要体现在形成了多元化的融资渠道，由以传统的财政教育经费拨款为主转变为财政拨款、社会力量资助、学生缴纳学费、兴办校企产业、校区合作等形式；运用信贷、租赁、证券市场进行融资；广泛吸收社会资金，拓宽融资渠道。

二、社会与学校协作中的法律问题

随着社会的发展和进步，社会与学校的关系越来越紧密，社会的发展离不开学校，学校的发展也离不开社会，由此引发的法律问题日渐增多。

（一）学校与社会的合作

1. 合作办学

《关于深化高等教育体制改革若干意见》第九条中指出："距离相近的不同类型、不

---

① 杨颖秀. 教育法学 [M]. 北京：中央广播电视大学出版社，2004：185.

同科类的学校,开展学校之间的合作办学"。《中华人民共和国中外合作办学条例》指出,合作办学指的是外国教育机构同中国教育机构在中国境内合作举办以招收中国公民为主要对象的教育机构的活动。由此可知,合作办学不仅包括不同院校之间、学校与社会组织及个人之间所共同实施的办学行为,还包括中外之间跨国进行的合作。

由于合作办学整合的是不同类型、不同种类的院校以及个人与组织的资源,因而合作办学可以充分挖掘合作各方的优势,实现优势互补,有利于资源的优化配置与利用。还可以加强彼此之间的交流与合作,改变封闭式的办学状态,共同促进教育的发展。因此,国家应鼓励和促进学校、社会组织、个人、中外教育机构和社会团体之间进行合作,以提高教育教学水平和办学效率,加快教育社会化和国有化进程。目前,合作办学仍然涉及不少问题。例如,合作机构的资质问题、办学目的问题、税收问题、学历学位证书颁发问题、办学主体法律地位问题、教育主权泛化问题、中外法律渊源和法系差异冲突等法律问题。在具体的合作过程中,还需要防范合作办学的法律风险。对合作方的主体资格要进行严格的审查,确认其是否具有签约的资格,是否可以作为合法的合作办学者。从资信、资质等方面审查合作方是否有履约能力。确定办学项目不能与现行的法律、法规、政策相抵制。合同条款的拟定要翔实、明确、完备、清晰体现各方的权利、义务、违约责任。当政策及合同背景、环境、本方及合作方发生变化时,需要对合同作适时变更等等。

2. 委托培养

委托培养是用人部门出培养经费,委托高等学校培养自己所需要的学生,学生毕业后回委托单位工作的人才培养计划。委托培养将使学校教育更适合社会需求,直接为用人单位提供具有"适销对路"的合格人员。委托培养与国家计划招生的主要区别在于培训费用的来源和毕业分配的方法不同。委托培养的经费由用人单位提供,学生毕业回用人单位就业。而国家计划招生的由国家提供,非定向生在国家计划的指导下可以自由选择就业单位,用人单位择优录取,定向生按照合同回到定向单位或者定向地区就业。我国的《职业教育法》第二十条明确规定:"企业可以单独举办或者联合举办职业学校、职业培训机构,也可以委托学校、职业培训机构对本单位的职工和准备录用的人员实施职业教育。"委托培养由用人单位提供培养经费,学生毕业后回用人单位工作。用人单位和员工双方面临的法律问题,通常与是否严格履约有关。例如,当员工参加培养毕业后,未能按照合同的约定回归原单位继续工作,那么将损害用人单位的利益。同样,在委托培养的过程中,若用人单位的支持政策或现实情况发生改变,未能按约提供培养经费,也会损害员工的利益。因此,在支持员工进入委培单位学习之前,应当有明确的合同协议,约定合同双方应当履行的权利和义务。特别是要合理明确双方的违约责任,降低用人单位中断支持及员工学成后离职的法律风险。

3. 协作办学

协作办学是指企业或企业集团和科研单位参与高校办学,实行产学研结合,与学校协作培养人才的办学活动。协作办学有利于学校面向社会,加强与企业科研单位的联系,增强学校的活力,提高教育教学质量,促进企业和科研单位的进一步发展。《教育法》第四十六条第一款规定:"国家鼓励企业事业组织、社会团体及其他社会组织同高等学校、中等职业学校在教学、科研、技术开发和推广等方面进行多种形式的合作。"协作办学涉及企业、学校、学生三方面的利益,面临的法律问题也较为复杂。企业的经营状态、人事变化、用人需求等具有不确定性,学生的学习质量、个人行为、诚信问题等,也会对企业带来影响。一些职业院校由于法律意识淡薄,急于求成,委曲求全,将一些原本应该按照法律程序、应该签订法律文书的事情口头协商,未签订合作协议,留下了合作中的隐患。另一方面,企业为了实现自身利益最大化,可能会不顾及学生的身心健康,要求学生加班加点地赶进度以完成订单任务,或者把实习生安排在有损健康的环境下工作,甚至还可能出现企业拖欠学生在顶岗期间的劳动报酬问题。这种情况下,就会出现违背《劳动法》《劳动合同法》等法律法规的行为。因此,应妥善处理好企业、学校和学生三方的关系,提前做好法律风险的防范。

(二)社会对学校的支持

1. 为学校营造良好的社会环境

《教育法》第四十五条规定:"国家机关、军队、企业事业组织、社会团体及其他社会组织和个人,应当依法为儿童、少年、青年学生的身心健康成长创造良好的社会环境"。因此各部门从事新闻出版、广播电视台、文化教育、科技等精神产品的开发,要大力弘扬民主精神,传播先进文化,为学生提供健康的精神食粮。严禁出版、撰写和传播对年轻人有害的书籍和图片,腐蚀年轻人的身心健康。针对学校出现的暴力冲击事件,伤害师生,以及女大学生失踪被害的现象,国家应大力整顿文化市场,加强社会的综合治理。严禁不良的社会活动靠近学校,影响学生的身心健康。

2. 支持学校建设,参与学校管理

《教育法》第四十六条第二项规定:"企业事业组织、社会团体及其他社会组织和个人,可以通过适当形式,支持学校的建设,参与学校管理。"因此,各行各业都应该从实际出发,在自己的能力范围内,为学校提供物质、经济的支持和帮助。目前,社会参与学校管理的主要方式是:(1)成立学校董事会。如在私立学校,由投资者组成的校董会通常是最高权力机构,实行校董会领导下的校长负责制。(2)成立社会中介机构。如建立各种校外教育研究、咨询、评估机构、教育学术委员会等,通过指导学校发展计划、指导方针和政策、法律法规、学校管理规则、管理方案等参与学校管理。(3)建立社区委员会。在社区中形成"社会参与学校,学校面向社会"的新格局。(4)建立由家长代表组成的家长委员会,反映家长对学校的建议和意见,协助和参与学校管理。[①]

3. 社会各界为学生实习和参与社会实践活动提供帮助和便利

组织开展学生实习和社会实践活动,是全面贯彻国家教育方针,促进学校教育与社会紧密结合,提高学生综合素质和实践能力的重要途径和内容,需要社会各界的广泛支持。《教育法》第四十八条规定:"国家机关、军队、企业事业组织及其他社会组织应当为学校组织的学生实习、社会实践活动提供帮助和便利。"有关组织或单位应当为学生实习和社会实践活动提供便利,设法为学生提供实习和实践场所以及相应的设施、交通、人力、

---

① 杨颖秀.教育法学[M].北京:中央广播电视大学出版社,2004:211.

财力与物力的支持。

【典型案例】

<h3 style="text-align:center">某中学与某协会发生的土地使用权纠纷[①]</h3>

1992年，某协会在某区征地建楼，并同意为该区教育局代征土地筹建一所中学。在划完地界后各自建楼，协会为解决院内煤气管道问题，在该中学师生未迁入校舍前，将围墙向学校地界内移动三米，占用了学校操场的跑道，当时既没有与教育局协商，也没有任何文字协议。学校接收校舍后多次提出收回被占用的土地，重新规划操场的要求，均被该协会拒绝。

校方多次研究并请示教育局后提出如下意见：（1）根据政府部门审定的地界平面图，协会占用学校的地产，应予归还，煤气管道铺设、迁移问题责任在协会一方，应由协会设法解决。（2）如经城管部门和煤气公司确认该管道无法迁移，协会方面应给予学校合理的经济补偿。（3）根据原征地协议，搬迁户由协会负责安置，此项负担不能成为拒付占用学校土地的经济补偿理由。

双方几经协商，协会方面承认占地事实，但强调自己的困难，拖延两年不予解决。校方决定向区人民法院提起民事诉讼。起诉的理由和要求是：（1）协会未经学校和上级教育行政部门同意，擅自侵占学校校舍用地属违法行为，应予归还。（2）协会在学校迁入前占用其校舍土地铺设煤气管道，造成既成事实，在确认所在土地暂时无法归还的条件下，应自学校迁入时起（1993年9月）向学校支付占地补偿金（每年10万元）。（3）协会法人代表和其主管房地产的行政领导应就其占学校土地三年，多次协商后拖延不予解决的做法，向学校方面做出解释和道歉。（4）在法律部门、区教育主管部门的监督下，由学校与协会订立暂时租用学校土地的合同。

◎**案例分析**：我国《教育法》第八十一条规定："侵犯学校或者其他教育机构的合法权益、造成损失、损害的，应当依法承担民事责任。"同时《教育法》第七十二条又规定："侵占学校及其他教育机构的校舍、场地及其他财产的，依法承担民事责任"。在此案例中，法律关系的主体一为学校，一为协会，皆为法人，两个主体之间的纠纷属于民事法律纠纷。某协会侵占学校校舍用地，根据《教育法》的规定属于违法行为，应承担相应的责任。

【小结】

父母教育权是指父母在家庭教育、学校教育、国家教育、社会教育中发挥的作用，以促进孩子健康成长的权利与义务的总称。它是基于自然血缘关系产生的，具有自然权的特征，其权利行使的边界就是看是否符合儿童的最大利益。父母教育权除具有宪法上基本权利特征外，在我国更多地表现为义务性。相对于国家来说，父母具有教育选择自由；对学校来说，学校教育权是父母委托的，因此学校必须保障父母在学校教育中享有知情权、提

[①] 褚宏启主编. 教育法制基础 [M]. 北京：北京师范大学出版社，2002：151.

案发言权和共同参与权。

　　学校与社会是相互关联，相互依存的综合有机体。我们从学校参与社会活动以及学校与社会的一体化进程两个方面，探讨了相关法律问题。在学校参与社会活动方面，首先讨论了学校的民事主体资格，在此基础上探讨了学校捐赠、保险、融资等问题，进而探讨了学校与社会的一体化方面主要涉及的是学校与社会的合作，社会对学校的支持方式，以及期间存在的法律问题。

【思考题】
1. 父母教育选择权的边界是什么？
2. 如何看待我国父母的学校教育参与权？
3. 结合实际你觉得应该如何保障父母教育权的行使？
4. 学校保险中的学生保险你觉得应该如何开展？
5. 协作办学、产学研相结合的意义何在？

第八章　学校的法律地位

【内容提要】

　　法律地位是指学校在与政府和其他社会组织，以及在自身的内部管理中所发生的权利、义务和责任关系，也就是学校在法律关系中所产生的权利、义务和责任的具体体现。大陆法系国家与英美法系国家的法人制度存在很大差异，这两类国家的公立中小学的法律地位也存在很大不同。我国公办中小学只是部分具备民法意义的法人的条件，是一种"准法人"。英美法系和大陆法系国家的公办高等学校多数具有公法人资格，"将高等学校定位为公法中的特别法人，是法德英美等西方法治国家的共同特点。"近些年，我国的台湾地区和日本也经历了大学的公法人改革。

【课程目标】

1. 识记法人、自然人等有关概念。
2. 理解大陆法系和英美法系国家的中小学的法律地位。
3. 理解英、美、日以及中国高等学校的法人性质。

第一节　英美法系和大陆法系国家的中小学法律地位

　　法律地位是指学校在与政府和其他社会组织中，以及在自身的内部管理中所发生的权利、义务和责任关系，也就是学校在法律关系中所产生的权利、义务和责任的具体体现。大陆法系国家与英美法系国家的法人制度存在诸多不同，因此，这两类国家的公立中小学的法律地位也存在一定的差异。

一、大陆法系国家公立中小学的法律地位

　　法律地位涉及一个重要概念——法人，是否具有法人地位，对其法律地位具有重要影响。

　　法人，就是团体人格的意思。法人的本质特征有两个：一是它的团体性，团体就是一个组织，一个人的集合体，而不是一个个人，这是它有别于自然人的特征。二是它的独立

人个性，也就是它具有独立的民事权利能力和行为能力，能够独立享受民事权利，并承担民事义务①。也就是说，在民法意义上，法人民事责任的核心问题就是法人对自己的债务能否独立承担责任。法人对外能独立承担民事责任，在法律上的完整表述应该是：法人对以自己的名义从事的活动所产生的债务，要以自己既存的或将来可能取得的全部财产承担责任。因此，独立责任的前提是独立财产，一种组织（机构）只要具有以自己独立的名义支配的财产，就具备了对外独立承担民事责任的基本条件。从这个意义上说，如果没有独立的财产，自然就谈不上独立承担责任的问题。

在大陆法系国家和地区，所有具有权利义务主体地位的组织体都被称为法人，并且，基于公法和私法的区分，根据法人设立的准据法以及组织的目的、所从事的活动的性质，将法人区分为公法人和私法人。凡调整公共权力之间以及公共权力与私权利之间的关系、进而凡涉及公共权力的运行、以公共权力为恒定的调整对象之一的法为公法，其调整对象包括公共权力与公共权力之间的关系、公共权力与私权利之间的关系；调整权利与权利之间的关系、以权利作为调整对象与内容的法为私法。②凡由国家或公共团体设立的法人为公法人，以行使或分担国家权力为标准；反之，则为私法人。从诉讼管辖上来说，私法纠纷由普通法院管辖，适用民事诉讼法；公法上的纠纷通常由行政法院管辖，适用行政诉讼法。从实体法上说，私法上的决定以私法自治和所有人自由为两大支柱，私法上行为的动机问题不受法律的约束，私权主体无须说明其理由为正当，只有在权利滥用情形下才属例外。相反，在公法上，虽然也存在一定程度的裁量权，但是该裁量权也要受到宪法的约束，对于权利的行使必须陈述理由，法院可以对其是否遵守法律规定进行审查。③ 大陆法系的私法人一般区分为社团法人和财团法人两类。社团法人是以社员为其组织基础，以社员大会为权力机关的法人，如公司、合作社、工会等；财团法人是以捐助财产为组织基础，以捐助人订立的捐助章程规定目的和财产管理方法的法人，比如基金会、学校、寺庙等。④

（一）德国

在德国，公立中小学是公营造物机构，政府按计划对其加以领导和监督。德国法上的公法人概念乃是"继受"民法而来，最先是将国家解释为公法人。到了19世纪中叶以后，随着其他公法人的发展，公法人被区分为三种具体类型：公法社团、公法财团和公营造物。（1）公法社团。在德国，公法社团是基于公法而设立，由社员组成并自治，在国家的法律监督下以公权力行为执行国家任务的、具有权利能力的组织体。社员或者社员选出的代表组成的内部机构决定社团事务。国家以外的其他公法社团并不属于国家机关的一部分，国家仅可以监督其是否在法律范围内依法执行其任务，而原则上无权进行指示或者

---

① 江平. 法人制度论 [M]. 北京：中国政法大学出版社，1994：1.
② 汪习根. 公法法治论——公、私法定位的反思 [J]. 中国法学，2002，(5)：49-58.
③ 参见 [德] 迪特尔·梅迪库斯，邵建东译. 德国民法总论 [M]. 北京：法律出版社，2000：11-14；[德] 卡尔·拉伦茨，王晓晔等译. 德国民法通论 [M]. 北京：法律出版社，2002：3-9；李震山. 行政法导论 [M]. 台湾：三民书局，1998：27.
④ 马俊驹. 法人制度的基本理论和立法问题之探讨（上）[J]. 法学评论，2004，(4)：3-12.

专业监督。国家作为以国民为其成员的组织体，性质上也属于公法社团，只不过国家具有特殊性，所以常常将国家作单独考察。(2) 公法财团。它是国家或者其他公法社团为了履行公共目的，捐助财产依公法而设立的组织体。(3) 公营造物。在德国法律中，为了实现特定的公共目的，法律中可以规定设立一定的公营造物，或者由行政主体依法设立一定的公营造物。这些公营造物由一定的设施和行政工作人员所共同构成，其目的主要是以使用关系的形式，为人民提供特定的服务。公营造物通常具有使用人，即通过反复或者持续进行的使用关系而接受公营造物所提供的服务的人。公营造物在独立性上有差异，有的有权利能力，是公法人，是独立的行政主体；有的则没有权利能力，不是公法人，虽然在组织上相对独立，但是在法律上属于其他行政主体的组成部分；有的则具有部分权利能力。公营造物的范围很广，包括邮政、铁路、公路、银行、图书馆、监狱等。

社团法人与财团法人因设立的基础不同，前者以自然人为基础，后者以特定财产为基础，因此形成了二者在制度上的重大差别。归纳起来有如下几点①：

(1) 设立方式之差异。社团设立须由数名设立人共同完成订立社团章程的法律行为；财团设立须由设立人完成财产的捐助和订立捐助章程的行为。(2) 治理关系之差异。社团成立后，设立人和依据社团章程的参加者，即成为社团成员，享有社团成员的各项权利，直接决定或影响着社团的发展或变动；财团成立后，因设立人的意思已经体现在财团章程中，设立人在法律上已与财团相分离，而具体事务由其聘任的执行者或管理者实施，只有在财团遇有重大变动或解散时，才须由法定机关进行处理。(3) 组织结构之差异。社团因由成员组成，其成员大会（社员大会）为权力机关，并设执行机关，有的社团还须设监察机关；财团的重大决策由设立人决定，所以只设执行机关。

德国的公办中小学作为公营造物，是基于特别需求，在组织上独立于行政机关之外成为一个特别的单位，它在法律上具有独立性，是设立它的行政主体的一部分。尽管公办中小学是公营造物，但这只是意味着其组织形式是公法性质，其内部机构以及与营造物主体之间的关系根据公法判断。公立中小学隶属于教育行政部门，受教育行政主管部门的管理与监督，无权处分登记在它名义下的不动产，不能向银行借款或者发行债券，甚至不能以自己的名义签订雇佣契约。德国的公办中小学是不具备公法人资格的公营造物，不能以自己的名义作为权利义务的主体，只是具有部分的权利能力。

(二) 法国

法国学理上把公法人分为两类。第一类是国家以及地方自治团体（法国宪法上称为"地域团体"），学说上称为"一般公法人"，这里的"一般"是指其职权并不局限于特定范围，可以涉及所有的统治和行政事务。国家是一个不可分的整体，各国家机关不具有法人地位。地方自治团体受国家的法律监督。第二类是"公共服务机构"（l'etablessement public）（或者简译为"公务机构"）。② 公务机构可以定义为由国家及其辖下的地域统治团体所创设的、以特定公共服务业务为目的的公法人。公务机构主要是为了便于管理特定

---

① 龙卫球. 民法总论 [M]. 北京：中国法制出版社, 2001: 376-377.
② 王名扬. 法国行政法 [M]. 北京：中国政法大学出版社, 1989: 38-39.

的行政事项或者业务而创设的"人格化"的组织体,一旦取得公法人地位,公务机构就脱离了庞大的行政整体,有独立的财源、人事和管理等权限。公务机构的基本原则主要是专业原则和自治原则。所谓专业原则,是指公务机构应当有明确和特定的设立目的与业务内容。所谓自治原则,是指公务机构设立的目的是为了独立于设立者,以便于更加有效地经营管理,必须享有一定的自治权和自主性。

根据公务机构的组织特征,可以分为财团性公务机构(l'etablissement public fondatif)和社团性公务机构(l'etablissement public corporatif)两类。前者乃是为了特定的行政事项而设立,使其成为独立公法人就是希望该业务能够在独立自主的架构下更为有效地被执行。典型的例子是公立医院、公立大学和公立高中。后者主要源于过去的职业行会,通常是一定职业的从业人员所组成的团体,它们对外代表成员,向国家争取自治权和共同利益,对内则管制成员的职业活动。从组织特征看,国家和地域团体都属于社团法人。①

在法国,学校是法国教育管理体制中的最基本单位,小学从属于市镇,初中从属于省,高中从属于大区,但国家仍负责决定教育组织和教学内容、发放教职工工资等。在中小学,均成立了家长委员会,参与学校的管理。小学和初中在行政与财务上没有自主权,中小学教师均属于公务员,教师职业有一定的保障。但是公立高中属于"行政性公立事业单位",是财团型公务机构,有一定的财政自主权。

由此可知,法国的中小学唯有公立高中具有公法人的地位,公立小学和初中是依附于市政的附属机构,不具备公法人资格。

表 8-1　　　　　　　　　　　德国和法国的公法人类型

国家	公法人类型	含义与特征	举例
德国	公法社团	公法社团是执行国家的任务,并接受国家法律的监督的组织机构。"具有法人性格及间接的国家行政的性格,所以其与行政机关不同。"② 也有人认为公法社团是"在国家的监督之下,国家赋予其存立之目的,承认他是公的行政主体,给予相当的公权力,使之具有相当独立自主的法人性格的公法上的团体。"③	有以下几种:(1)地域性的公法社团,如地方自治团体,有县和乡镇;(2)属物性公法社团,有水利与土地协会;(3)身份社团,有各种学会和各种协会,如教育学会、医师协会、建筑师协会、移民协会等;(4)联合性公法社团,有乡镇联合、公立大学等。

---

① 葛云松. 法人与行政主体理论的再探讨——以公法人概念为重点 [J]. 中国法学, 2007, (3): 77-99.

② 李建良. 论公法人在行政组织建制上的地位与功能——以德国公法人概念与法制为借镜 [J]. 月旦法学杂志, 2002, (84): 50-51.

③ 城仲模. 工业团体之法律地位 [A]. 七十二年度工业团体理事长座谈会、总干事工作研讨会实录 [C]. 中华民国全国工业编印, 1983: 14.

续表

国家	公法人类型	含义与特征	举例
德国	公营造物	由一定的设施和行政工作人员所组成,通过反复而且持续发生的使用关系,为民众提供特定的服务。有的公营造物有权利能力,可称作独立的行政主体;有的则只有部分权利能力;有的在法律上附属于其他的行政主体,是其组成部分,尽管在组织上相对独立,但是没有权利能力。①	铁路、公路、银行、图书馆、邮政,甚至监狱等机构。
	公法财团	公法财团是根据公法设立的,靠捐资的资金而运作的,履行一定的行政管理职责的财团。公法财团均是由联邦或者各邦捐资的财产来履行有关的行政任务。②	各种慈善组织、基金会是典型的财团法人,在德国有德意志联邦共和国历史馆基金会、普鲁士文物基金会。德国的私立学校等都是典型的财团法人。
法国	一般公法人	是指国家以及地方自治团体。国家是公法人,且国家是一个不可分割的整体,其下属的各个机关不具有公法人的地位。地方自治团体具有法人地位,须受国家的法律监督。	国家、地方自治团体。
	公共服务机构	是指"为国家及其辖下的地域统治团体所创设的、以特定公共服务业务为目的的公法人。"③ 公务机构有自己的人事权、独立的财源且管理自主。它们在形式上脱离了庞大的公共行政主体,有明确的设立目的和业务内容,在管理上,相对独立于设立者,有一定自治权。	也翻译为公务法人④,典型的例子有公立大学、公立医院、公立高中。

---

① 陈爱娥. 公营造物的概念与公营造物利用的法律关系 [A]. 台湾行政法学会编. 行政争议问题研究（下）[C]. 五南图书出版有限责任公司, 2000: 1305, 1323.
② 黄异. 行政法总论 [M]. 台北: 台湾三民书局, 1996: 21-22.
③ 葛云松. 法人与行政主体理论的再探讨 [J]. 中国法学, 2007, (3): 77-99.
④ 王明扬. 法国行政法 [M]. 北京: 中国政法大学出版社, 1988: 41.

（三）日本

日本的法制建设深受大陆法系国家，尤其是德国的影响，但其在自身的发展过程中也形成了自身的特色。在日本，法人是指与自然人相对、在法律上承担各种相应权利义务的主体。当今的日本法人仍可按照大陆法系的公法与私法进行分类，不过日本法人是存在于公法与私法之间的中间法人：

```
         ┌ 国家和地方团体
         │ 营造物法人
公法人 ─┤ 公共组合
         │ 独立行政法人：国立博物馆、大学入试中心、国立大学等
         └ 特殊法人：特殊会社、公团及公社、事业团及营团、公库及金库等

中间法人：根据特别法设立劳动组合、信用金库、协同组合、共济组合

         ┌ 社团与财团法人：民法第 34 条
         │ 营利法人：株式会社（商法）、合名会社（商法）、合资会社（商法）、
         │          有限会社（有限会社法）、相互会社（保险业法）
私法人 ─┤ 其他：学校法人（私立学校法）、社会福利法人（社会福利事业法）、
         │      医疗法人（医疗法）、宗教法人（宗教法人法）、更生保护法人
         │      （更生保护事业法）、特定非营利活动法人（特定非营利活动促
         └      进法）等等
```

图 8-1　日本的公法人和私法人

日本的公立中小学校属于不具法人地位的公营造物，在这一点上，日本法与德国法具有很大的相似性。只有私立学校是私法人。国立、公立学校属于无法律人格的非独立营造物。① 公办中小学校由政府举办，教师为地方公务员，作为公务员，教师与公立学校的关系属于行政关系，国家或地方公共团体对教师有总括性的命令支配权。

由此可知，在大陆法系国家，德国和日本的公立中小学是营造物，但不是"公法人"，也不具备严格意义上的公法人的权利，只是具有部分的权利能力，在法律上不能以自己的名义作为权利义务的主体。法国的小学和初中不是公法人，只有高中才是公法人。而引进德国法典的日本的公办中小学均不具备公法人资格。所以，即使在大陆法系国家，具备公法人资格的公办中小学微乎其微，更不谈上具有私法人的地位。

二、英美法系国家公立中小学的法律地位

（一）英国

英美法系无严格意义上的公私法之分。作为英美法系代表国之一的英国，与前述各国

---

① 周志宏. 学术自由与大学法 [M]. 台北：蔚理法律出版社，1989：213.

最主要之不同是它没有制定统一民法典或商法典，因而也无关于一般法人之统一规定，更无法人形态在法律上的明确划分，但这并不等于说英国没有法人之立法。在普通法中，英国法人理论和规则很丰富，法人主要是指与自然人相对应的实体或组织，一方面存在行政法意义上的公法人制度，另一方面，它也包含类似于大陆法系国家私法意义上的社团、财团或其他法人种类。英国行政法著作中所讨论的公法人主要是指在具有一般职权范围的中央行政机关和地方行政机关以外，享有一定的独立性和单独存在的法律人格并从事某种特定的公共事务的行政机构。也就是说，它们在一定范围和意义上代替行政机关行使国家行政权。英国的公法人没有固定的格式，它是当代行政组织上一种广泛应用的技术。英国的公法人大致可分为四类：工商企业公法人、行政事务公法人、实施管制的公法人、咨询及和解性质公法人。① 英国行政学著作有时又称这类机构为半自治的国家行政组织或半自治的非政府组织。② 由此观之，英国的公办中小学并不具备英国行政法著作中所讨论的公法人资格。

1988年教育改革法案把国立学校划分为两类：（1）直接拨款学校，完全脱离地方教育管理局。（2）其他学校，仍然依附地方教育管理局但享有更大的财政管理权力。家长可自由为子女选读哪一所学校，而政府的资助以学生的人数来计算。为了鼓励学校真正独立于官僚架构之外，每间国立学校只要由校董会提出或有百分之二十的家长提出异议，全校家长就可以投票决定是否脱离地方教育局，直接由中央政府教育部以学生人数计算的拨款资助。因为拨款包括地方教育局的行政费用，所以直接拨款学校得到的拨款比其他学校多出15%～17%。直接拨款学校有法人身份，拥有校舍和物业的产权，可以买卖，可以和员工及外界签订合约，可以出租学校设施赚取收入。直接拨款学校以类似商业模式运作，特别关注现金周转。政府在直接拨款学校成立初期，大力支持，在实际支出之前已经拨出款项，以便让学校向投标者争取最划算的合约条款。③ 其他公办中小学校依附于地方教育当局，在普通法意义上不具备法人资格，由地方教育行政机关直接主办，经费由地方教育当局直接拨付，属于政府下属的办学机构。

（二）美国

作为英美法系的另一代表国家，美国同样没有像大陆法系国家那样，制定民法典并就一般法人作出统一的规定，原则上也不存在法人形态之划分。但美国除《示范商业公司法》之外，还制定了《统一商法典》，这又是英国所不具有的。美国各州统一法律委员会于1952年公布《统一商法典》的第一个文本，并推荐给各州议会，此后又于1957年、1958年、1962年、1972年陆续进行过多次修订。从美国《统一商法典》以及《示范商业公司法》中有关"人"的定义来看，美国法律上所谓的法人主要是指与自然人相对应的

---

① 楚风华，魏建国. 公法人制度及其对经济体制改革的意义——兼析经济体制改革的法制模式[J]. 兰州大学学报（社会科学版），2001，(4)：118-121.
② 王名扬. 英国行政法[M]. 北京：中国政法大学出版社，1987：86-94.
③ 马景文. 英国公共行政改革（1979年至今）[EB/OL]. http：//www.self-learning-college.org/uk，2018-02-02.

实体或组织，无论是 individual（自然人），还是 entity（实体）或者是 organization（组织），都是受宪法所保护之"person（人）"。很显然，实体与组织之中，实际上已完全包含了大陆法系所区分的公法人、社团、财团以及其他法人之种类。① 此可谓美国有关一般法人立法模式之主要特点所在。

美国的公立中小学属于政府机构的一部分，享受地方学区的全额拨款。公立中小学教师由地方教育当局聘请，多数教师均是终身聘用，教师与学校之间的关系类同于其他公共雇员与政府的关系，属公共雇佣契约关系。② 美国的公办中小学不具备法人地位。地方学区在有关案例中作为学校的"法律代表"接受申诉或成为被告，是否将学区作为法人，法院根据实际情况进行具体判定。

由此可知，在英美法系国家，尽管英国存在行政法意义上的公法人制度，但它与大陆法系国家的公法人还是有很大差别。英美两国的公办中小学除英国的直接拨款学校具备法人资格外，其他所有学校在普通法层面均不是法人，而是政府的下属机构，但又区别于政府组织。校长执行政府委托的教育任务，政府与学校是一种委托代理关系。

通过与大陆法系国家的比较，我们可以发现，大陆法系国家和英美法系国家的公立中小学很相似，绝大多数学校不具有法人资格。德国和法国有着明显的公私法之分，唯有法国的高中属"公法人"，但这种公务法人，是仅具有部分权利能力的准"公法人"。而在英美两国，以普通法为代表，尽管英国也有公法人制度，但它与大陆法系国家存在很大不同，英国仅有直接拨款学校享有法人资格，其他学校均依附地方教育当局，无法人资格。美国的公办中小学属于政府机构的一部分，不具备法人资格。因而，在英美法系国家仅有英国的直接拨款学校享有法人地位。

第二节 我国中小学的法律地位

一、我国中小学的准"法人"定位

（一）公办中小学的"准"法人性质

根据我国 2020 年 5 月 28 日通过的《民法典》五十七和五十八条规定："法人是具有民事权利能力和民事行为能力，依法独立享有民事权利和承担民事义务的组织。""法人应当依法成立。""法人应当有自己的名称、组织机构、住所、财产或者经费。法人成立的具体条件和程序，依照法律、行政法规的规定。"并将法人分为营利法人和非营利法人。第八十七条规定："为公益目的或者其他非营利目的成立，不向出资人、设立人或者会员分配所取得利润的法人，为非营利法人。非营利法人包括事业单位、社会团体、基金会、社会服务机构等。"

---

① 虞政平. 法人独立责任质疑[J]. 中国法学, 2001, (1): 126-139.
② 周光礼. 教育与法律[M]. 北京: 中国社会科学文献出版社, 2005: 108.

第八十八条规定"具备法人条件,为适应经济社会发展需要,提供公益服务设立的事业单位,经依法登记成立,取得事业单位法人资格;依法不需要办理法人登记的,从成立之日起,具有事业单位法人资格。"

同时,我国《中华人民共和国教育法》(2015年修订)第32条规定:"学校及其他教育机构具备法人条件的,自批准设立或者登记注册之日起取得法人资格。学校及其他教育机构在民事活动中依法享有民事权利,承担民事责任。学校及其他教育机构中的国有资产属于国家所有。"按照这条规定,具备条件的中小学都可以被赋予法人地位。在现实中,我国的公办中小学都进行了法人登记,在形式上成为民法意义上的"法人"。在民法意义上,法人民事责任的核心问题就是法人对自己的债务能否独立承担责任。我国公立中小学没有自己的独立财产或者经费,这对我国的公立中小学民法上的"法人"地位提出了质疑。在涉及学生伤害事故等民事案件时,学校无力承担一定的赔偿费。

《中华人民共和国教育法》第五十四条规定"国家建立以财政拨款为主、其他多种渠道筹措教育经费为辅的体制,逐步增加对教育的投入,保证国家举办的学校教育经费的稳定来源。"中小学校必须严格按照预算规定使用上级行政部门的拨款。教育行政部门是公立中小学的主管部门,为中小学提供办学经费、教师工资。学校的运营资金来自于各级政府的拨款,主管部门控制学校的工资总额,核定经费的用途,学校原则上不经过批准不得举债,因为学校没有可用于担保债务的可抵押的财产,学校的财产与校舍只是政府委托给其使用,公办中小学不具备完全的物权,也只具备有限的债权,总之,其不具备完全的财产权;学校的课程与教学由教育行政部门归口管理,学生的中考、高考由教育行政部门负责,等等。

正是因为公立中小学是政府监管的"公益性机构"。公共教育投资制度的经济学理论基础是公共产品理论。公共产品理论认为,教育属于公共产品,应由国家承担,教育作为公共产品,由国家向社会各成员无偿或低成本提供。以公共产品为基础的理论确立了国家的教育拨款机制。义务教育作为一种纯粹的、完全的公益事业,义务教育阶段的公立学校完全由国家举办。政府对其办学宗旨、办学过程和办学效果均实行专业监督,所以,公立中小学行使教育权时并不具备行政法意义上的法人资格,也就是说,它并不具备独立的行政主体资格,而是应服从政府的内部管理。"公立学校,充其量只是一种民事权利能力、行为能力和责任能力都受到限制的不完全的'准法人'。而在本质上,它们则不具备法人的基本条件,也不能成为真正意义上的法人。"①

由于我国公办中小学在很大程度上服从政府的内部管理,尤其是校长由政府部门任命,与政府之间的关系比较类似于内部行政关系。实际上,法人资格对于学校与政府的关系来说,只是一个"形式"。公办中小学只是部分具备民法意义的法人的条件,是一种"准法人"。

(二) 公办中小学法人的象征性意义

我国义务教育阶段公立中小学在民法意义上的"法人"仅仅具有象征意义。2020年

---

① 胡劲松,葛新斌. 关于我国学校"法人地位"的法理分析[J]. 教育理论与实践,2001,(6):19-24.

的《民法典》第五十八条规定，"法人应当依法成立。""法人应当有自己的名称、组织机构、住所、财产或者经费。法人成立的具体条件和程序，依照法律、行政法规的规定。"名义上中小学具有事业单位法人资格。由于我国公立中小学在实践上不具有独立的财政预算，其经费完全依赖于国家财政拨款，且对所使用的校产只具有使用权，不具备支配权。所以，尽管在《中华人民共和国教育法》第32条中规定，"学校及其他教育机构具备法人条件的，自批准设立或者登记注册之日起取得法人资格。学校及其他教育机构在民事活动中依法享有民事权利，承担民事责任。"以及《中华人民共和国教育法》释义中也指出"学校及其他机构取得法人资格后，可以依法享有民事权利，独立承担民事责任。"① 在民法意义上，尽管它们不是真正民法意义上的法人，但是仍然被尊称为"法人"，仅仅具有一定的象征意义。

这里有一个问题需要澄清，义务教育阶段的公立中小学是不是公法人？一些学者从公法的角度，认为公立中小学归属公法管理。马怀德认为，"就法人的一般理论及分类而言，应当将学校等事业法人定性为公法人组成部分之一，即公务法人"②，而且还要从行政法律关系性质来规范事业法人与其利用者之间的关系。姚金菊认为，"公立中小学不是民法意义上的法人，是公法主体，应该确立其公法法人地位③。"持有此观点的还有董圣足，他认为，"确立学校的独立法人地位，落实学校办学自主权……逐步将公办学校纳入'公法'调整范畴，明确定性为公务法人。"④

公法人的设立是出于行政的分权化与组织自治的需要。德国、法国以及台湾地区推行公法人制度是为了平衡并修正国家权力集中所带来的问题，国家赋予特定的组织公法人资格，使公法人享有相对独立的决策权和运营、管理上的自主权，以更好地履行公共职能。德国和法国的公法人分类具有一定的代表性。

大陆法系的国家公法人可以归为两种类型：一是以专业为基础，为政府完成某项特定的任务，提供某项功能的团体。如德国的属物性公法社团、属人性的身份社团、联合性公法社团，以及公营造物（其典型代表是银行，联邦政府赋予银行以公法人的地位，是为了保障银行调节利率和信贷，为社会和企业更好地提供融资服务）。二是以地域和地方自治为基础的地方团体公法人，如日本的都、道、府、县、市、町和村。还有法国的大区、省。国家本身就是一个公法人，各级各类国家机关，都是国家的下属机关，下属的机关本身是不具有法人资格的，但是地方自治团体相对独立于政府，它们具有公法人资格。也就是说，地方自治团体有别于国家直接管辖的下属机关，前者是公法人，后者不是公法人。

以德国为例，德国法律中的公法人概念继民法而延伸出来，最初是将国家阐释为公法人。到了19世纪50年代以后，随着社会的发展，公法人被分为三种类型："公法社团、公营造物和公法财团"。其中公法社团不是行政机关，而是执行国家的任务并接受

---

① 中华人民共和国教育法释义 [M]. 科学普及出版社，1995：1-255.
② 马怀德. 公务法人问题研究 [J]. 中国法学，2000，(4)：40-47.
③ 姚金菊. 宜确立学校的"公法法人"法律地位 [J]. 首都师范大学学报（社会科学版），2010，(6)：43-46.
④ 董圣足. 中外学校法人分类比较研究 [J]. 国家教育行政学院学报，2010，(1)：84-91.

国家法律监督的组织机构。德国的公法人法律特征表现在：第一，公法人的设立须有法律依据；第二，系行政组织的一种，享有固定之任务、职掌、管辖与权限；第三，公法人必须受到母体机关之监督；第四，公法人做行政决定时必须遵循行政程序法，其个案处置而且发生外部效果之行为构成行政处分的，相关人可对其提起行政救济。可见，公法人更接近或相当于国家权力行使者之角色，其享有公共权力，具有履行公共任务之职责。

设立公法人有如下功能①：去政治化，避免政治干扰；与国家相互合作，调和国家与社会的矛盾；提供高度专业化的知识；与国家保持一定的距离，建立一个不受国家操纵的领域。从这个意义上讲，德国的中小学既不是公法社团，更不是公法财团，只是具有部分权利能力的公营造物。如果按照法国的分类，法国的公法人分为公共服务机构和一般公法人两种类型。法国的公立中小学没有脱离教育行政部门，在人事、财政上不能完全独立，教师也是按照国家公务员建制（尽管他们不是严格意义上的公务员），教师的工资、退休金及主要补贴均由政府直接拨发。所以，它不是"公务机构"。在法国，公立中小学不是公共服务机构，因为它们不具备独立的财源和人事权；也不是地方自治团体。因而，它们不是一般公法人。

从德国和法国两个国家的分类来看，公立中小学都不是公法人。大陆法系国家的公立中小学的财政由政府完全负担，一部分人事权在地方教育行政部门，课程与教学权部分下放到学校，但由地方教育行政部门监管或督导。正是因为公立中小学并不具备完全的自治条件——在财政方面依赖于政府，人事权并非完全独立，所以，在大陆法系国家（含我国），义务教育阶段的公立中小学没有被纳入具备公法人资格的系列。

二、公立中小学的法律地位

在我国，公办中小学与政府的关系与其他大陆法系国家一样，属于受政府委托，完成国家教育任务的公益性机构，并非公法人。公立中小学在机构设置上隶属于政府，承担了公共教育的职能，其法律地位与公法的关系非常密切，在涉及行政法的一系列问题上，应该归属行政法管理。

（一）义务教育阶段下的公立中小学都是接受政府全额拨款的"公益性"机构

综观全世界义务教育阶段的公立中小学（高中除外），它们都是教育行政部门的准下属机构。在经费上靠政府的拨款；在人事方面受到政府的制约甚至是直接的控制；只是在课程与教学管理上有一些自主权。尤其是像美国这样的高度分权的国家，学校可以在州或学区允许的范围内自主开设一些课程。在中央集权制国家，教育行政部门对义务教育阶段的公立中小学的财政、人事和课程体系的管制更多，监控也更为严密。在地方分权制的美国，中小学教育经费都是由政府负担，来自联邦、州和地方（学区）三级政府拨款，并

---

① 李建良.论公法人在行政上组织建制上的地位与功能——以德国公法人概念与法制为借鉴[J].月旦法学，2000，(84)：43.

以州和地方学区下拨的经费为主。在人事方面，美国的公立中小学教师具有公务雇员的身份，由学区董事会或地方政府聘任和解聘，解聘程序比较复杂，学校方提出的解聘要求必须接受法院的司法审查。

表 8-2　　英、美、法、德、中国义务教育阶段公立学校与政府的关系

国家	与政府的隶属关系	政府与教职员的关系	经费来源	课程设置	监督
美国	州决定基本方针，由地方学区设立。	公务雇员的身份，由学区董事会或地方政府聘任和解聘。	来自联邦、州和地方（学区）三级政府拨款，以后两者为主。	联邦政府颁布指导性的全国课程标准，州政府和地方学区制定课程标准的意见，各学校自行制定课程标准。	州教育委员会对全州公立学校系统地进行监督。
英国	地方教育当局举办。	由学校董事会聘任。	由地方教育当局从地方预算中开支。	1988年开始设立全国统一课程。	受中央教育主管大臣的监督和指导以及教育标准局评估。
德国	实行三级管理：最高级是州教育部；中间是区政府教育局；基层是县或县级市教育局。	由政府聘任，享受公务员待遇，受宪法保护。	州政府负责教师工资；地方政府负责校舍建筑和维修，以及行政费用。	各州制定课程改革理念与教学大纲。	小学的督导是由县市教育局负责的；在有的州，县市教育局也负责普通中学、特殊学校及综合中学的督导，但就全国而言，中等教育的督导一般是由州教育部直接负责的。
法国	学区负责中等教育，省负责小学教育。	以国家公务员身份工作①，由政府聘任。	由各级政府承担。	执行教育部的课程标准。	大学区督学处负责督导中学教育工作，省督学处负责督导小学教育工作。

---

① 王晓辉.法国教师地位的变迁［J］.比较教育研究，2012，（8）：47-51.

续表

国家	与政府的隶属关系	政府与教职员的关系	经费来源	课程设置	监督
日本	市町村教育委员主管初中、小学，地方行政长官参与监管。	教师是公务员，由政府聘任。	国家承担义务教育阶段诸学校教师工资等教育经费的一半，都、道、府、县政府承担除国家外的经费。	以文部省制定的《学习指导纲要》为基本标准，都、道、府、县教育委员会订定各地方课程。	文部省、都、道、府、县、市镇村的督导机构各自独立工作。
中国	地方教育局主管。	教师受聘后，一般不能解聘，待遇与当地公务员相当。	由县（市、区）教育行政部门承担，省级政府财政转移支付。	执行国家的课程标准，地方和校本课程操作空间小。	由县（市、区）级以上督导机构监督与指导。

"公立中小学是受政府的监管的公益性机构"，这种表述在学术界没有太多的争议，已经基本形成共识。

（二）公立中小学是政府管制和监督的对象

我国《义务教育法》（2018年修订版）第二条规定，"义务教育是国家统一实施的所有适龄儿童、少年必须接受的教育，是国家必须予以保障的公益性事业。实施义务教育，不收学费、杂费。国家建立义务教育经费保障机制，保证义务教育制度实施。"从这个意义上看，义务教育阶段的公立中小学，完全由国家举办。《义务教育法》第四十二条规定，"国家将义务教育全面纳入财政保障范围，义务教育经费由国务院和地方各级人民政府依照本法规定予以保障。国务院和地方各级人民政府将义务教育经费纳入财政预算，按照教职工编制标准、工资标准和学校建设标准、学生人均公用经费标准等，及时足额拨付义务教育经费，确保学校的正常运转和校舍安全，确保教职工工资按照规定发放。国务院和地方各级人民政府用于实施义务教育财政拨款的增长比例应当高于财政经常性收入的增长比例，保证按照在校学生人数平均的义务教育费用逐步增长，保证教职工工资和学生人均公用经费逐步增长。"

我国的义务教育阶段的公立学校是被定义为由国家举办、由公共财政维持、为社会所有适龄儿童服务的公共机构。由于我国义务教育阶段的公立中小学是一种公益性机构，其办学权力的产生以及教育职能的行使都必须在行政法和教育法的范围内,其办学行为必然成为政府管制和法律监督的对象。

其他国家的义务教育阶段的公立学校也与我国类似。如德国,公立中小学在法律上附属于教育行政主体,是其下属机构,"在法律上不具有独立性,是设立的行政主体的一部分"①。尽管公立中小学不是行政机构,但是它们履行行政机构委托的任务。公立中小学在组织上相对独立,但是没有完全的权利能力,在财政上依赖于国家的拨款。德国还把公立中小学教师定为公务员或者教育公务员,在人事管理上也不能完全独立于教育行政部门,教师的聘任和解聘须经过教育行政部门的同意。

(三) 公立中小学的法律地位具有双重性

义务教育阶段的公立学校在日常的运转中,既受民法的规范,也受公法的制约。在实践中,则更多地受行政法、教育法等公法的调整。

就公法和私法的差别而言,公法主要针对政府权力的规范与运行,调整公权力之间以及公权力与私权力之间的关系;私法主要针对公民权利的调整和保障,也就是调整平等主体之间的人身关系和财产关系。民法属于私法,就天然地有强调自愿、自治的意思,同时民法强调平等,既包括权利能力的平等也包括法律地位的平等,这与公法的天然地位上的不平等是不同的;从调整对象来看,私法是调整市民社会权利的法律,这是与调整公共权力之间以及公共权力与私权利之间关系不同的一点。

义务教育阶段的公立中小学不是行政权力主体,而是受政府委托的执行国家教育权力的教育机构。从政府和学校之间的纵向关系来看,义务教育服务的特点和性质决定了学校是其下辖的教育组织,学校是受政府的委托、完成法定的教育任务、履行政府责任的纯粹的公益机构,不可能拥有太多的自主权。如果学校办学偏离了国家的办学方向,政府有责任对学校进行全方面的干涉,甚至接管学校;如果学校的办学质量没有达到政府的要求,政府可将其视为薄弱学校,对其进行改造,直至其办学质量达到国家或地方的标准。

公立中小学不是公法人,因为它们不是高度自治的地方团体或者履行公共事务的机构。但是公立中小学在涉及民事纠纷时,归属民法管理,可以以民事主体的身份参与诉讼;在涉及行政方面的纠纷时,归属行政法判定。是不是某种类型的法人并不妨碍它们的日常工作以及在处理民法或公法上的纠纷。

总之,义务教育阶段的公立中小学的法律属性具有双重性。首先,它们在涉及民事纠纷时,既可以由教育主管部门代为诉讼,也可以以学校的名义作为民事主体的身份参与诉讼。即便学校作为民事主体,学校也不具备严格意义的私法人地位,它和其他民事主体处于平等的地位。在民事赔偿方面,根据诉讼判决的结果,如果学校无力承担赔偿经费,政府应该分担赔偿责任。其次,在义务教育阶段,公立中小学与政府的关系表现为内部行政关系,理应由公法来推定。公立中小学不具备严格意义上的公法人的自治权利,但必须在行政法、教育法等公法范围内开展工作。学校不可能脱离政府的指导和监督,在办学方向

---

① 葛云松. 法人与行政主体理论的再探讨 [J]. 中国法学, 2007, (3): 77-99.

上需要与国家保持一致；在财政上依赖于政府；在人事方面也不能完全自主；在课程与教学方面有一定的自主权，但须服从国家或地方制定的课程目标。

第三节 高等学校的法律地位

英美法系和大陆法系国家的公办高等学校多数具有公法人资格，"将高等学校定位为公法中的特别法人，是法德英美等西方法治国家的共同特点。"① 近些年，我国台湾地区和日本也经历了大学的公法人改革。

一、英美法系国家高等学校的法律地位

（一）英国高等学校的法律地位

英国既有古老的中世纪大学，如牛津大学和剑桥大学，又于19世纪20年代开始了新大学运动，政府创办了很多学院和大学，如1828年伦敦大学正式成立。此后，英国成立了很多地方性大学，如欧文学院、伯明翰学院等。1965年英国确立了高等教育的双重制，高等教育被分为"自治"的大学和"公立"的多科技术学院，大学的经费由政府通过大学拨款委员会拨给，多科技术学院和教育学院等由地方教育当局支付。20世纪80年代以后，政府为了更好地发挥这些学校的作用，配合经济发展的需要，将其从地方政府手中转移至中央政府。1988年的《教育改革法》颁布，地方教育当局不再负有为本地区提供高等教育设施的责任，原有的由地方教育当局管辖和资助的主要高等教育机构将成为独立的法人团体，赋予其法人资格。

英国目前的高等学校的法人资格有多种类型：（1）早期从皇室获得特许状取得法人身份的大学，如牛津大学和剑桥大学；（2）通过议会法或其他法案获得法人地位的大学；（3）经登记注册按照公司法设立并存在的学院，属于普通法人，服从公司法。②

（二）美国公立高校的法律地位

美国的公立大学主要是州立大学（属州政府举办），其法人地位是比较复杂的，不同的州立大学具有不同的法律类型，但他们都是公共机构，美国的州立大学的法人地位分为三类：

第一，州立大学本身不是法人，但州立大学的管理委员会是一个相当于州政府"职能机构"（instrumentality）的法人。这类高等学校依照州法律设立，作为州政府的延伸机构，在法律上是属于政府的一部分。例如：按照新泽西州的法律，管理州立大学的受托人是最初依据特许状组成、此后依据法令改组的公司法人，而州立大学则是公司法人控管之下的教育实体（educational entity）——受托人是以州立大学名义而行为的公司法人。虽然州立大学的受托人是一个公司法人，但它同时又是州政府营运州立大学的"职能机

---

① 申素平. 高等学校的公法人地位研究 [M]. 北京：北京师范大学出版社，2010：62.
② D. J. Farrington. The Law of Higher Education [M]. London：Butterworths，1994：31-32.

构"，重大事务的最终决策者是统管新泽西州高等院校的高教管理委员会（governing boards of institutions of higher education）。在侵权诉讼时，州立大学可以由州首席法务官代表诉讼，也可以自行诉讼。如果州立大学选择自行诉讼，它和它的有关雇员就在《新泽西州侵权诉愿法》的目的范围内被认为是一个诉讼主体。多数州的法律都是按照这种方式界定州立大学的法律地位。

第二，州立大学根据法律授权而履行高等教育的职能，但不是法人，州政府直接控管州立大学。例如：按照设立 Colorado 州立大学的法律，州立大学由管理委员会控管，管理委员会的成员由该州的各个选区直接选举产生。州立大学或者它的管理委员会并不是法人。在一切诉讼中，州政府的首席法务官（the attorney general）是州立大学的校长和管理委员会的法律顾问，并且以州当局的名义代表州立大学诉讼。

第三，州立大学是一个与州或者州政府相分离的"公法人（public corporation）"，不是政府机构或者政府部门。受托人委员会或者管理委员会行使公法人的全部权力，受托人只能为了营运和管理大学而行使这些权力。州立大学仅仅在目的事业范围内拥有权力，州立大学没有自己的雇员，大学的雇员都是州政府雇员，但是聘任和解聘的全部权力属于大学当局，因为创设州立大学的法律赋予了它这样的权力。州立大学既不能有自己的财产也不能有其他财产利益，它占有的全部财产都是以州政府为受益所有人的信托财产，必须按照法律规定的用途使用这些财产。州政府的首席法务官也并不是唯一可以代表大学起诉和应诉的法律顾问，在某些情形下，大学可以自行选择自己的法律顾问。

当第三人对州立大学提起诉讼的时候，州立大学的法律地位常常成为一个争议点：如果州立大学是一个"法人"，它就不能得到宪法第十一修正案有关政府豁免诉讼的保护，州政府就有可能为州立大学的败诉"买单"；如果州立大学不是一个"法人"，它就有可能被认为是州政府机关，从而得到宪法第十一修正案的保护。但是，法院是结合个案具体情形来判断州立大学是不是法人，并不是只看设置州立大学的法律如何规定。法院的态度是实事求是和就事论事：法律虽然把州立大学界定为"法人"，法院在个案上也可能把州立大学界定为州政府机构；法律虽然没有把州立大学界定为"法人"，法院在个案上也可能把州立大学界定为"法人"。当然，在州政府放弃诉讼豁免的领域（如：合同、侵权、雇佣、宪法权利等等），一般也就不会发生州立大学是不是法人的争议。

总之，美国的州立大学也不完全按照"法人"对待，法院在个案上也可能把州立大学界定为州政府机构；也可能把州立大学界定为"法人"。① 国内的申素平教授还是把这些州立大学归为公法人。②

二、大陆法系国家高等学校的法律地位

1. 德国的大学

在德国，公立大学最初的法定身份是国家机构（Einrichtung des Staates），在 1794 年

---

① 方流芳．从法律视角看中国事业单位改革——事业单位"法人化"批判 [J]．比较法研究，2007，(3)：1-28．
② 申素平．高等学校的公法人地位研究 [M]．北京：北京师范大学出版社，2010：75．

的普鲁士一般邦法（ALR）中，大学为特许设立的"国家营造物"（Veranstaltungen des Staates）；在现行法（1998年修正公布《大学基准法》第58条）中，公立大学具有"公法社团"（korperschaft des offentlichen Rechts）和"国家机构"（staatliche Einrichtungen）的双重属性。德国法律用"公法社团"一词表达公立大学的属性，大致传递了以下信息：(1) 公立大学依照公法组建和营运，从而与那些依照民法组建的"社团法人"区别开来；(2) 公立大学是否具有公法人资格？联邦法律对此不作统一规定，留给各州法律定夺，因为德国所有的大学都隶属州政府，没有一所大学是隶属联邦政府的；(3) 公立大学是具有社团性质的国家机构，在管理方面既区别于一般社团，也区别于国家机构。公立大学的"国家机构"的属性意味着：公立大学由国家创设，依照国家的意志承担教育职能，无论它是否被虚拟成一个公法人，它都是国家权力的产物和实现国家意志的工具。因此，公立大学的能力或者自主权受到相当限制，例如：它无权处分登记在它名下的不动产，不能向银行借款或者发行债券，甚至不能以自己的名义签定雇佣契约。

2. 法国的大学

法国于1968年和1984年分别通过的《高等教育方向指导法》和《高等教育法》创设了新的"科学文化和职业公务法人"，包括大学、高级工科学校、高级师范学校及上述机构的附属机构在内的高等学校。1968年的《高等教育方向法》第三条规定："大学是具有法人资格和财政自主权的公立科学文化性机构"，1984年的《高等教育法》的第三部分"科学、文化和职业高等学校"规定："科学、文化和职业公立高等学校是享有法人资格，在教学、科学、行政及财务方面享有自主权的国立高等教育和科研机构。"

公立大学属于"公立公益机构（Etabfissement pubfic）"，是法国现代社会承担公共服务最主要的专门性公法人，也是法国行政法上国家和地域性行政单位（包括行政大区、省和市镇）之外最重要的行政主体。公立公益机构具有四个特征，即是公法人、从事公共服务、具有专门性和享有一定自治权。

公立大学是具有公立公益机构性质的公法人，具有法人的所有基本特性，包括有一定的内部组织结构、有自己的财产、可以以自己的名义参加诉讼等。作为公法人，享有公共权力特权。公共权力特权是一种行政权，是公共行政机构实施公共行政活动的法律手段。在法国行政法上，公法人享有公共权力特权由来已久。在发展的初期阶段，公立公益机构就被认为和国家、地域性行政单位一样同属公法人，同样享有公共权力特权，都是公共行政组织体的组成部分，因而它们在行为原则上构成行政行为，它们可以成为行政诉讼的被告。因而，法国的公立大学可以作为行政诉讼的被告。

3. 日本的大学

20世纪末，日本政府为了精简行政职能，根据政策规划职能和实施职能相分离原则，参照英国的"执行机构"（executive agency），推行了一场声势浩大的"独立行政法人化改革"。法人化改革的对象主要是科技、教育、卫生、文化等公共事业机构，日本于1999年通过了《独立行政法人通则法》，其中第二条明确规定，"独立行政法人所从事的业务和事业应具备的基本条件是：对国民生活及社会经济的安定有重大影响，但没有必要由政府来充当其实施主体，同时又很难交予民间实施，然而又必须交给某个主体去独自实施，从事这种业务和事业的主体就是独立行政法人。"按照独立行政法人的规定，政府把原来作为行政机构的公用事业、公益事业单位变革为独立的、具有民事权利能力和民事行为能力的行政法人。2003年10月日本国会正式实施《国立大学法人法》，目的是"提高大学办学自主权，建立富有弹性、灵活的大学管理体制，提升大学的学术地位与国家的竞争力，建设世界一流大学"。

2004年4月，日本正式赋予87所国立大学法人资格，也就是将国立大学从文部省的直属机构转变为具有独立法人资格的办学实体，其实质是将日本的国立大学从原国家行政组织中剥离，削减对大学的经费投入，赋予大学更多的管理自主权，建立富有弹性、灵活的大学管理体制。在此基础上，日本还制定了《独立行政法人国立高等专门学校机构法》《独立行政法人大学评价·学位授予机构法》和《独立行政法人国立大学财务·经营中心法》等六部法律共同推进国立大学改革。根据上述规定：国立大学脱离国家行政机关，成为独立法人资格的办学实体，可以依法自主运营；各大学的董事会、运营协议会及"校长遴选考评会议"等的构成人员中必须有校外人士。学校的最高意志决定机关是董事会，由校长和校长任命的董事组成，就大学的中期业务计划和预算的编制进行讨论。政府根据相关法律对大学进行监督，同时，大学认为政府侵犯其法律赋予的权利时，可提起诉讼救济。国立大学法人所涉及的诉讼行为，将全部由国立大学法人来承担责任。在财产权方面，国立大学法人的资金由国家支付，同时，国立大学法人的废止由文部科学省负责。国立大学法人享有财产的使用权、收益权、有限的所有权。即国立大学法人没有财产的终极所有权，也没有破产权。这一方面说明了国立大学在本质上是由国家举办的公益事业，另一方面也说明国立大学的法人制度是有限的法人制度，国家作为国立大学的投资者，拥有财产的终极所有权，也享有大学财产的最终处置权力。

4. 中国大学的法律地位

我国的《高等教育法》第30条规定："高等学校自批准设立之日起取得法人资格。高等学校的校长为高等学校的法定代表人。"

在法律性质上，我国公立高校属于"事业单位法人"。应该说，"事业单位法人"的概念不过是中国特有的"单位制"与世界普遍的"法人制度"的一次嫁接。

"高等学校在民事活动中依法享有民事权利，承担民事责任。"实际上这条规定既从公法又从私法的角度对高等学校的法人性质作出了规定。作为法人的高等学校，既要服从国家的行政法、教育法等公法，又要在与社会、家长的交流与接触以及参与市场的竞争中，承担相关的民事责任。

《高等教育法》的31至37条对高等学校的自主办学，包括教学、科学研究和社会服务，招生、专业设置、课程与教学、教师聘任与企业合作，以及"对举办者提供的财产、国家财政性资助、受捐赠财产"等作出了相关的规定。

2017年的《中华人民共和国民法总则》也已经落地，"营利法人""非营利法人"以及"特别法人"的划分方式也必将为明晰公立大学法人分类以及完善公立大学法人制度提供相应的法律依据。《民办教育促进法》要求民办院校进行营利与非营利分类登记、分类管理，确立两类不同性质的法人，非营利民办学校属于"非营利法人"，营利性民办院校与公司类似，属于"营利性法人"。

第四节 学校的设立

不同类型的学校的设立有不同的法律规定，也应遵守不同的程序，公办学校的设立与民办学校又不一样。

一、设立的基本条件

学校是实施教育活动的场所，必须具备相应的教师、管理人员、教学设施和设备等人力、物力、财力资源，否则就无法开展教育教学工作。不同的国家在不同的历史时期，受经济条件的制约，对学校的开办条件规定尽管不完全一样，但是自义务教育普及以后，所有国家都对学校的开设作出了相应的法律规定。

我国的《教育法》第 26 条规定："国家鼓励企业事业组织、社会团体、其他社会组织及公民个人依法举办学校及其他教育机构。"这就明确了公办学校和民办学校在各个教育阶段都可以存在，为公办和民办教育的健康发展作出了法律规定。

我国设立学校及其他教育机构，必须具备下列基本条件：

（一）有组织机构和章程

组织是人类社会的特有现象，是特定的群体为了公共的目标，按照特定的原则，通过组织设计，使得相关资源有机结合，并以特定结构运行的结合体。章程则是为保证学校顺利运行的基本依据和准则，主要内容有学校的名称、内部管理体制、财产管理与处置、学校成立与活动的目的、教育活动的范围、原则和章程的变更等有关事项。学校的名称应确切表示学校的层次、类别，一般不能冠以"中国""中华"等字样。学校的组织机构是对内管理学校事务，对外代表学校进行教学活动的机构，学校的组织机构包括决策、执行和监督三个部分。

（二）有合格的教师

我国的《义务教育法》《高等教育法》《教师法》对各级教育机构的教师的资质有特定的要求，如 2009 年修订的《教师法》规定："取得教师资格应当具备的相应学历是：幼儿园教师应当具备幼儿师范学校毕业及其以上学历；小学教师应当具备中等师范学校毕业及其以上学历；初级中学教师、初级职业学校文化、专业课教师资格，应当具备高等师范专科学校或者其他大学专科毕业及其以上学历；高级中学教师资格和中等专业学校、技工学校、职业高中文化课、专业课教师资格，应当具备高等师范院校本科或者其他大学本科毕业及其以上学历；高等学校教师应当具备研究生或者大学本科毕业及其以上学历；取得成人教育教师资格，应当按照成人教育的层次、类别，分别具备高等、中等学校毕业及其以上学历。不具备本法规定的教师资格学历的公民，申请获取教师资格，必须通过国家教师资格考试。国家教师资格考试制度由国务院规定。"

（三）有符合规定标准的教学场所及设施、设备等

开办学校及其他教育机构必须有一定的场所和相关的设施、设备，必须满足2014年教育部颁布的《义务教育学校管理标准（试行）》中如建立图书馆（室）、实验室、功能教室等的使用管理制度，面向学生充分开放，提高使用效益等要求。在安全卫生方面还必须"建立健全学校安全卫生管理制度和工作机制，采取切实措施，确保学校师生人身安全、食品饮水安全、设施安全和活动安全。有校车的学校严格执行国家校车安全管理制度。"此外，各省颁布义务教育办学的标准，如湖北省2011年颁发了《湖北省义务教育学校办学基本标准（试行）》（鄂教规〔2011〕3）、广东省在2013年颁发了《广东省义务教育标准化学校标准》（粤教基〔2013〕17号）、湖南省在2016年颁发了《湖南省义务教育学校办学标准》（湘教发〔2016〕4号）。创办幼儿园时，应将幼儿园设立在安全的区域内，不得在污染区和危险区内设立幼儿园。中等专业学校必须按专业和学生人数配置仪器、标本、模型和图书资料，适用图书每个学生不应少于60册。高等学校应该按专业和在校生规模配备与学科门类和学生规模相适应的土地和校舍，配置必要的教学仪器、设备和适用的图书资料。

（四）有必备的办学资金和稳定的经费来源

办学经费是正常办学的必要条件，义务教育阶段的公办学校的经费由政府拨款，《义务教育法》的第42条、44条规定："国家将义务教育全面纳入财政保障范围，义务教育经费由国务院和地方各级人民政府依照本法规定予以保障。国务院和地方各级人民政府将义务教育经费纳入财政预算，按照教职工编制标准、工资标准和学校建设标准、学生人均公用经费标准等，及时足额拨付义务教育经费，确保学校的正常运转和校舍安全，确保教职工工资按照规定发放。""义务教育经费投入实行国务院和地方各级人民政府根据职责共同负担，省、自治区、直辖市人民政府负责统筹落实的体制。"民办学校自筹资金，并由有关部门审核、验资。

上述两条规定只是对各类学校设立的最基本规定，中小学的设立不同于高等学校的设立，公办学校与民办学校的设立也不太相同。因而，要具体对待不同学校的设立，尤其是当今民办学校日益发达，设立民办学校有特别的规定和程序。

二、设立学校的基本程序

学校的设立要符合一定的程序和规范，我国的《教育法》第28条规定："学校及其他教育机构的设立、变更和终止，应当按照国家有关规定办理审核、批准、注册或者备案手续。"我国对学校的设立实行的是审批和登记注册两种程序性管理制度。

1. 审批

在我国，除了幼儿园以外，其他各级各类正规学校、独立设置的职业培训机构等一般适用于审批制度，由国家规定的各级教育行政部门按照规定进行审查，对符合条件的申请

者，予以批准。我国的《民办教育促进法》（2016）的第 12 条、13 条、14 条分别规定："举办实施学历教育、学前教育、自学考试助学及其他文化教育的民办学校，由县级以上人民政府教育行政部门按照国家规定的权限审批；举办实施以职业技能为主的职业资格培训、职业技能培训的民办学校，由县级以上人民政府人力资源社会保障行政部门按照国家规定的权限审批，并抄送同级教育行政部门备案。""申请筹设民办学校，举办者应当向审批机关提交下列材料：（1）申办报告，内容应当主要包括：举办者、培养目标、办学规模、办学层次、办学形式、办学条件、内部管理体制、经费筹措与管理使用等；（2）举办者的姓名、住址或者名称、地址；（3）资产来源、资金数额及有效证明文件，并载明产权；（4）属捐赠性质的校产须提交捐赠协议，载明捐赠人的姓名、所捐资产的数额、用途和管理方法及相关有效证明文件。""审批机关应当自受理筹设民办学校的申请之日起三十日内以书面形式作出是否同意的决定。同意筹设的，发给筹设批准书；不同意筹设的，应当说明理由。筹设期不得超过三年。超过三年的，举办者应当重新申报。"《民促法》第 17 条规定："申请正式设立民办学校的，审批机关应当自受理之日起三个月内以书面形式作出是否批准的决定，并送达申请人；其中申请正式设立民办高等学校的，审批机关也可以自受理之日起六个月内以书面形式作出是否批准的决定，并送达申请人。"审批机关对批准正式设立的民办学校发给办学许可证。审批机关对不批准正式设立的，应当说明理由。

审批制分为批准筹建和批准招生两个阶段，主管行政部门批准后，就进入筹建阶段。筹建基本就绪的学校，举办者可以向主管部门提出招生申请。

2. 注册

目前我国施行注册制度的学校或教育机构主要是幼儿园，我国的《幼儿园管理条例》（中华人民共和国国家教育委员会令第 4 号）的第 11、12 条规定："国家实行幼儿园登记注册制度，未经登记注册，任何单位和个人不得举办幼儿园。""城市幼儿园的举办、停办、由所在区、不设区的市的人民政府教育行政部门登记注册。农村幼儿园的举办、停办，由所在乡、镇人民政府登记注册，并报县人民政府教育行政部门备案。"这些规定为幼儿园的登记注册作出了明确的规定。

第五节　义务教育阶段学校的权利、义务

政府与公立中小学的法律关系是一种内部行政关系，归属公法或行政法管理。地方教育行政部门代表政府和国家行使管理公立中小学的行政权力，公立中小学则接受政府和教育行政部门的领导与管理，政府或者教育行政部门是行政主体，公立中小学则是行政相对人。

（一）学校具有的权利

1. 自主管理。公立中小学在国家的法律和政策允许的范围内，在执行国家（或地方）制定的课程标准的前提下，可以自主管理学校，其正当的利益和权利受到相关政策和法律的保护；不正当或者违规的办学行为则要受到法律的制裁。我国《教育法》第 29 条规

定：" 学校及其他教育机构行使下列权利：（1）按照章程自主管理；（2）招收学生或者其他受教育者；（3）对受教育者进行学籍管理，实施奖励或者处分；（4）对受教育者颁发相应的学业证书；（5）管理、使用本单位的设施和经费；（6）拒绝任何组织和个人对教育教学活动的非法干涉；等等。国家保护学校及其他教育机构的合法权益不受侵犯。"这些权利是学校自主管理的有力保证。

2. 课程与教学权利。根据国家（或地方）教育部门颁布的课程标准，完成国家（或地方）委托的课程与教学任务，这是学校最核心的工作，也是公立中小学最主要的权利。《教育法》第29条规定：学校有权利"组织实施教育教学活动"。我国目前实行三级课程体系，学校在遵守国家（或地方）的课程标准的前提下，完成国家和地方课程以外，可以开发校本课程、可以自行选择教材、教师可以灵活的组织教学，等等。

3. 引领教师成长，进行师德教育。学校一方面要关注教师的专业成长，促进他们的专业发展，另一方面要对教师进行师德教育，让他们遵守师德，关爱学生，不侵犯学生的权利，保护学生。

4. 对师生实施奖惩。《教育法》第29条规定，学校有权"聘任教师及其他职工，实施奖励或者处分。"公立中小学有权对所在学校的师生按照国家的政策和学校的校规（制度）实施奖励和惩罚，不过奖惩有一定的限度，尤其是对学生不能实施体罚，否则就违反了教育法的有关规定。

5. 行政复议。当学校受到行政的不公平待遇时，可以向有关行政部门提出利益诉求，以维护自己的合法利益，我国1999年的《中华人民共和国行政复议法》第二条规定："公民、法人或者其他组织认为具体行政行为侵犯其合法权益的，向行政机关提出行政复议申请，行政机关受理行政复议申请、作出行政复议决定，适用本法。"

（二）公立中小学义务

《教育法》第30条规定："学校及其他教育机构应当履行下列义务：（一）遵守法律、法规；（二）贯彻国家的教育方针，执行国家教育教学标准，保证教育教学质量；（三）维护受教育者、教师及其他职工的合法权益；（四）以适当方式为受教育者及其监护人了解受教育者的学业成绩及其他有关情况提供便利；（五）遵照国家有关规定收取费用并公开收费项目；（六）依法接受监督。"

1. 在国家的法律范围内依法办学。完成国家委托的教育任务是公立中小学的应尽职责。我国的《教育法》第30条规定，学校要"贯彻国家的教育方针，执行国家教育教学标准，保证教育教学质量。"这一规定明确了我国公办中小学的办学方向，他们要执行国家的课程标准，不能擅自偏离或改变课程标准。

2. 保护师生的权利。学校必须维护受教育者、教师、其他职工以及学生的合法权益，保证他们的正当权利不受到侵犯。学校领导要尊重每一位老师和学生。教师要充分调动每一位学生的积极性，尽量做到因材施教。《教育法》第30条规定：学校及其他教育机构"维护受教育者、教师及其他职工的合法权益""以适当方式为受教育者及其监护人了解受教育者的学业成绩及其他有关情况提供便利"。

3. 依法接受监督。接受政府的监督与指导是所有中小学必须明确的义务。政府对中小学实施的监督属于业务监督,也是行政监督,同时还要对中小学的各个方面进行指导。我国的《义务教育法》第8条规定:"人民政府教育督导机构对义务教育工作执行法律法规情况、教育教学质量以及义务教育均衡发展状况等进行督导,督导报告向社会公布。"公立中小学除了接受各级教育督导机构的综合督导和专项督导外,还要接受所辖区域教育研究室(教育指导中心或教育发展中心)的业务指导。

4. 接受国家或政府的奖惩。公立中小学在完成国家的委托任务时,如果完成得好,可以接受教育行政部门或者政府有关部门的奖励;如果完成得不好,或者违反了国家的法律政策,理应接受国家的惩罚。

【小结】

法律地位是指学校在与政府和其他社会组织中,以及在自身的内部管理中所发生的权利、义务和责任关系,也就是学校在法律关系中所产生的权利、义务和责任的具体体现。

在大陆法系国家,德国和日本的公立中小学是营造物,但不是"公法人",也不具备严格意义上的公法人的权利,只是具有部分的权利能力,在法律上不能以自己的名义作为权利义务的主体。法国的公立高中具备公法人资格而小学及初中不具备。日本的公办中小学均不具备公法人资格。

英国仅有直接拨款学校享有法人资格,其他学校均依附地方教育当局,无法人资格。美国的公办中小学属于政府机构的一部分,不具备法人资格。

英美法系和大陆法系国家的公办高等学校多数具有公法人资格,将高等学校定位为公法中的特别法人是法德英美等西方法治国家的共同特点。

【思考题】

1. 简述我国公办中小学的法人性质。
2. 比较分析大陆法系和英美法系中小学的法律地位。
3. 简述英、美、日等国高等学校的法人地位。
4. 如何理解中国高等学校的法人性质?

第九章 教师

【内容提要】

教师是人类灵魂的工程师，教师是提高教育质量的关键。如何从法律的角度保障教师待遇、保障教师基本权利、促进教师专业发展，是依法治教的重要任务。本章首先讨论了有关教师的法律问题以及教师的法律地位问题，有关教师的法律有很多，但最主要的还是《教师法》。其次，对教师的权利进行了分析和梳理，包括作为普通公民和作为教师职业所享有的权利，对教师到底拥有哪些权利，这些权利有哪些具体表现，以及怎么样来保障教师权利的实现进行了比较全面的论述。再次，对教师的义务进行了分析，包括教师义务的双重性，作为教师职业应该履行哪些义务，如果教师未履行义务应该承担哪些责任等进行了详细论述。总而言之，这一章是对有关教师法律的分析，这对于教师能够把握好自己权利的边界、切实履行教师义务具有十分重要的意义。

【课程目标】

1. 了解我国教师主要涉及的法律，明确教师法律地位的性质，明确我国教师管理的归属。
2. 掌握我国教师权利的主要来源和主要的教师权利内容与表现，以及教师权利的保障机制。
3. 掌握我国教师义务的具体规定与教师义务的具体要求，明确违反教师义务应承担的主要责任。

第一节 教师法律概述

教师是人类灵魂的工程师，也是太阳底下最光辉的职业。我国自古以来都重视教师，古代有天地君亲师一说，也有一日为师，终生为父之说。教师在一个人发展中的地位不言而喻，特别是中小学教师，对一个人一生的发展都起着奠基性作用。① 那么，如何通过法律来保障教师权利、规范教师义务、促进教师发展呢？我们国家到底哪些法律会对教师的权利和义务进行规定呢？在这里，我们将要分析和梳理有关教师的法律问题。有关教师方

---

① 王策三. 论教师的主导作用和学生的主体地位 [J]. 北京师范大学学报，1983，(6)：70-76.

面的法律首先是《教师法》，这也是教育法律中非常重要的一部法律。①《中华人民共和国教师法》在1993年颁布，1994年实施。在《教师法》里，对教师的法律地位、教师的权利和义务、教师的责任，教师的管理制度等进行了比较全面的规定。《教师法》也是我们国家专门为一个职业制定的法律之一，我们国家专门为职业制定的法律还有《公务员法》《警察法》以及《护士条例》等。为教师职业专门制定法律，说明了教师职业的特殊性与重要性，同时也说明了国家对这个职业的高度重视。② 除了《中华人民共和国教师法》以外，还涉及教育方面的法律，包括《教育法》《义务教育法》《高等教育法》《民办教育促进法》《职业教育法》等，因为在不同的教育法律条款当中，也对教师的权益和义务都做了一些特殊的规定。除了这些教育法律以外，国务院所颁布的教育行政法规，以及教育部所颁布的教育规章，地方人大所制定的地方教育法规和地方人民政府所制定的教育规章等，都对教师的权利和义务做了一些决定。③

除了这些以外，还有很多涉及教师各个方面的法律，比如《劳动法》《妇女权益保护法》《民法通则》《工伤保险条例》《知识产权法》《事业单位人事管理条例》等等。如果是女教师，那么还涉及《妇女权益保护法》，《妇女权益保护法》里就对女教师应该享有的产假以及其他合法权益进行了规定。如果涉及教师的著作，以及他平时发表的一些文章，就涉及知识产权的问题，也就由《知识产权法》来予以保护。如果老师在工作时间和工作的地点，因工作的原因受伤了，那么还会受到《工伤保险条例》所保护。由于我们的公办中小学教师是事业单位人员，那么还受到《事业单位人事管理条例》的保护和管理。④ 所以从这个角度来讲，教师所涉及的法律，就不仅仅是《教师法》，或者说《教师法》仅仅是教师方面的法律之一。因为教师是社会的公民，同时又是一个特殊的职业，他就会跟社会发生种种的法律关系和社会关系，这些法律关系和社会关系，就使得教师涉及各种各样的法律问题。所以我们在分析教师的相关法律问题和法律关系时，一定要有广阔的视野和不同的分析角度，不能仅限于从《教师法》的角度去进行分析。

那么教师到底有怎么样的法律地位呢？分析教师的法律地位，我们主要是依据《中华人民共和国教师法》第三条规定，"教师是履行教育教学职责的专业人员，承担着教书育人、培养社会主义事业建设者和接班人，提高民族素质的使命，教师应当忠诚于人民的教育事业。"这一规定对教师的法律身份进行了明确的界定。教师不是公务员，也不是一般的劳动人员，教师属于专业人员。⑤ 专业人员有着特殊地位，因为专业人员有专业的一

---

① 姜国平.《教师法》修订的权利本位理念及其制度设计 [J]. 教师发展研究，2019，3 (3): 16-21.
② 姜国平.《教师法》修订的权利本位理念及其制度设计 [J]. 教师发展研究，2019，3 (3): 16-21.
③ 劳凯声，蔡金花. 教师法律地位的历史沿革及改革走向 [J]. 中国教育学刊，2009，(9): 21-27.
④ 劳凯声，蔡金花. 教师法律地位的历史沿革及改革走向 [J]. 中国教育学刊，2009，(9): 21-27.
⑤ 劳凯声，蔡金花. 教师法律地位的历史沿革及改革走向 [J]. 中国教育学刊，2009，(9): 21-27.

些基本特征，首先专业人员应该有专业的知识和专业的技能，以及专业的品德要求，然后应该有一套专业的评价标准和专业的资格要求。我们在分析教师法律地位的时候，首先必须要充分地认识到教师是一个专业人员；其次，教师的职责和一般的劳动者不同，教师的职责是教书育人，是教育教学工作，这也是教师的基本义务。

第二节 教师的权利

一、教师的权利的内涵

所谓权利，就是一个人拥有的自由，教师的权利就是教师所拥有的自由。我们每一个人生来就有自由的权利，但这种自由是相对的自由，不是绝对的自由。正如卢梭所说的，人人生而自由，却无往不在枷锁之中。所谓的枷锁，就是边界。我们的自由都在法律和道德所规定的边界内，世界上不存在毫无边界的自由。

教师的自由，或者说教师的权利，是比较特殊的权利，具有双重性。① 教师首先是一个人，是一个普通的公民，那么作为公民，他享有公民所享有的基本权利。实际上教师也是一个普通的人，如果教师在社会中发生交往关系，在交往过程中，他还享有一些基本的政治、经济、文化、社会、人身权利等。作为教师，同时还享有教师这一职业所特有的权利，教师的权利是源于教师身份的职业规定性。

（一）作为普通公民应该享有的基本权利

教师作为普通公民，应该享有哪些权利呢？《宪法》中对公民应该享有的权利进行了规定。② 对于教师应该享有的基本权利，我们进行了归纳。第一个权利是平等权，宪法规定法律面前人人平等，不管民族、种族、年龄和性别等，我们平等地享有法律所赋予的各种权利。第二个权利是政治权利，每个人都有选举权和被选举权，有知情权和表达权。第三个权利是信仰宗教的权利，每个公民都有信仰宗教的自由，有信仰宗教和不信仰宗教的自由，也有信仰特定宗教的自由，也有现在信仰宗教，将来不信仰宗教的自由。第四是人身自由的权利，未经正当程序不得剥夺他人的人身自由，我们的生命健康都不受他人非法干涉和侵害。第五是社会经济的权利，包括社会保障、就业、社会救济等。第六是文化教育的权利，每个人都有接受教育的权利。第七是监督权，监督权包括批评、建议、申诉、控告和检举的权利，监督权是一项程序性的权利。平等权、政治权利、宗教权、人身自由权、社会经济权利和文化教育权等都是实体性的权利，这些实体性权利需要通过程序性权利得到保障。也有学者把公民所拥有的基本权利概括为三大权利，即生存权、发展权和自由权。生存权是最基本的权利；发展权是人在社会发展中，通过发展自我来实现阶层流动的权利，也是实现社会公平的重要路径；自由权是人最高的权利，包括人身自由、

---

① 刘冬梅. 高校教师的教学权利研究 [D]. 西南大学博士学位论文，2010：1-161.
② 李晓燕. 我国教师的权利和义务论纲 [J]. 华中师范大学学报（人文社会科学版），1998，(1)：32-37.

言论自由、出版自由、集会自由等等，这是普通公民所拥有的权利。当然，我们也一再强调，世界上没有绝对的权利，权利都有边界，没有边界的权利是不存在的。权利若没有边界，那么，任何人都可以肆意践踏他人的权利，权利也就不复存在了。①

（二）作为教师职业所享有的教师权利

《教师法》中规定了教师享有教师方面的七大职业权利，这些权利是保障教师履行教师职务，实现教师人生价值的重要权利，因为教师的使命就是教书育人，如果没有一定的权利保障，教师的权利和自由就很难实现。② 我们国家规定了这方面的权利，美国和其他发达国家的教师法也规定了这些权利。作为教师，主要享有以下七个方面的权利。③

1. 教育教学的权利

每位教师都有权进行教育教学活动，开展教育改革实验，这是作为教师最基本的权利。关于教学的权利，指的是教师有根据自己的教材来组织教育教学活动、根据自己的经验和知识基础来设计课堂教学的权利，这是教师最基本的权利，也是教师职业性的体现。当然，这些教育教学的权利，并不是绝对的自由，而是受到一些约束，比如教育教学必须要坚持社会主义的办学方向，必须坚持我们国家四项基本原则，必须不违背政治原则，不违背意识形态。④ 在法律法规范围内，教师有充分的权利来设计和实施教育教学活动，不允许别人进行非法干涉。只要教师言行合法，我们应该给予教师充分地发挥聪明才智的空间。

2. 学术自由的权利

学术自由源于中世纪大学时期，它强调学术不受宗教和其他方面的影响。早期的学术自由和现在的学术自由是有差异的，早期的学术自由就是摆脱神学的束缚，而现代的学术自由主要是为了摆脱行政干预。学术自由，实际上有三个层面的内涵⑤：首先，是有学术研究的人可以根据自己的兴趣和学术功底，关注自己感兴趣的研究问题，选择有价值的研究主题，自由发表自己的意见和建议，自由地表达自己的学术观点，得出自己的心得体会，发表自己学术成果。其次，学术自由就是可以参加学术交流活动，就是教师可以结合自己的教学和研究兴趣，去参加各种学术交流活动。再次，就是教师可以自由地参加学术团体，每个专业都有自己领域的专业学术团体，教师可以根据自己的研究加入某个学术团队，可以在里面担任一定的职务，也可以参加学术团体举办的各种活动。这种学术团体给教师的是一种归属感，例如：如果你是教语文学科的，那么你就可以参加语文学科学会；如果你是教数学的，就可以加入数学学科研究会。

---

① 瞿杰. 论权利的有限性 [D]. 沈阳工业大学硕士学位论文，2019：1-42.
② 牟善英. 论高校教师权利与义务的特性 [J]. 科教文汇（中旬刊），2019，(3)：43-44.
③ 牟善英. 论高校教师权利与义务的特性 [J]. 科教文汇（中旬刊），2019，(3)：43-44.
④ 汪黎. 从高校教师失德现象看教师权利义务的认知与执行 [J]. 纳税，2017，(16)：160.
⑤ 胡甲刚，陶军. 大学教师学术权利的内涵解析 [J]. 国家教育行政学院学报，2019，(4)：71-78.

3. 指导评价的权利

所谓指导评价权是指教师有权指导学生的发展，有权评定学生的品德和学业成绩，这是老师必须要有的权利。如果老师没有这方面的权利，那老师的教育教学就会流于形式，学生的行为就没有约束，学生的发展就会处于无序状态。① 特别是教师指导权，是指教师有权利给予学生一定的指导，包括思想上的指导，行为上的指导。关于教师惩戒权问题，是近年来备受争议的。② 赞成惩戒权的人认为现在的孩子越来越不好管理，如果不予以有效的管理，学生的纪律很难管好。教师有指导评价权，要合理使用这个权利，才能真正教育好学生。因为现在有些老师不敢管学生，不敢惩戒学生，导致现在有些学生在校期间违反学校规定，严重影响教育教学秩序。反对惩戒权的人担心教师会滥用教师惩戒权，同时强调学生的人权和人身自由的重要性，而且学生现在的心理素质相对比较脆弱，教师若不能把握好惩戒的力度，稍不注意可能引发不该发生的悲剧。教师指导权实际上是含有一定的惩戒权的。2019年11月12日教育部发布的《中小学教师实施教育惩戒规则》就讨论了这些问题，该条例允许教师在合理的范围内对学生进行惩戒。当然，指导评价要讲究科学，同时也要讲究艺术，特别是要遵循教育的一些基本规律，要适应孩子的身心发展特点，这是基本的要求。③

4. 获取报酬的权利

一个人的生存需要基本的物质条件，教师也是。教师的报酬包括工资、绩效、奖金、福利待遇等。教师的福利有其特殊性，比如寒暑假的带薪休假制度，这是令很多职业所羡慕的，是给予老师的特殊权利，也是体现教师职业吸引力的一个重要方面。但是这种权利恰恰反映了教师工作的特殊性，教师是台上三分钟，台下十年功。大多数老师在寒暑假实际上是在参加各类培训班和读书，并不是外界所说的闲着无事。教师的薪酬具体包括基础工资、职务工资、课时报酬、奖金机制、教龄津贴、班主任津贴以及其他津贴，还包括在医疗住房退休等方面依法享有的各项待遇和优惠。④ 这些工资报酬和福利待遇，对于教师来说是非常重要的一项权利，是一个物质性的保障，也是教师职业地位和职业吸引力的重要体现。我们国家也规定了教师的工资要不低于或者高于公务员的工资待遇，这充分体现了社会对教师的高度重视。其实，在西方发达国家，中小学教师的待遇都是得到保障的，而且教师是过着体面的生活的，特别是美国中小学教师的待遇，不亚于美国大学一般教授的待遇。当然，在现代社会，我们教师的工资待遇确实获得了很大的提高，特别在深圳等发达地区，教师的工资已经可以吸引清华和北大的博士到中学任教。而且，教师的这种报酬权，对女教师也有特殊规定，女教师在怀孕期间，照常享有合理的报酬，不能克扣她的

---

① 张释元. 教师价值取向：学校教育变革之"基"[D]. 西南大学博士学位论文，2013：1-263.
② 尹力. 教师身份泛化：法治视野下亟待消解的问题[J]. 教师教育研究，2007，(1)：45-48.
③ 尹力. 教师教育权与学生受教育权的冲突与协调[J]. 高等师范教育研究，2002，(3)：61-66.
④ 王声平，黄明东，朱秋月. 我国教师福利政策的问题与图景[J]. 教育评论，2019，(3)：105-110.

工资，此外还有产假制度，都体现了对女性的高度尊重。① 目前，我国中小学都在实行教师绩效工资制，实际上绩效工资也是为了保障教师的待遇，提倡多劳多得，提高教师的工作积极性。

5. 民主管理的权利

民主管理权是一个宪法性的权利，它实际上来自于宪法的规定，《宪法》规定，"人民依照法律的规定，享有通过各种途径和形式管理国家事务，管理经济和文化事业，管理社会事务，对任何国家机关工作人员提出批评和建议的权利。"教师有权利参与学校的管理，参与学校的事务，共同治理学校。《教师法》中明确规定，"教师对学校教育教学管理工作和教育行政部门工作，可以提出意见和建议。教师可以通过教职工代表大会或者其他形式，参与学校的民主管理。"这也是公共管理的一个基本的要求。现代管理都强调多元治理模式，学校的利益相关者都有权参与学校的公共事务和学校管理。在学校里面也应该提倡民主管理、科学管理，不能校长一人说了算，应该要让教师，家长，甚至包括学生，都来参与学校的管理，并且为学校的发展出谋划策。现在有个别学校的校长一手遮天，没有受到监督，出现了一些问题，这是很值得我们反省和反思的。我们的教育管理，应该要构建一套民主的管理机制。校长负责制并不是校长一人说了算，也并非等于校长专制。校长负责制，我们通常概括为三句话：校长全面负责，党支部民主监督，教职工民主管理。校长拥有指挥权、人事权、财产权和决策权，但这并不妨碍和否认教师的监督权和参与权。权力需要平衡，没有制衡的权力是不健康的权力。没有监督权和参与权来实现权力的平衡，就很容易导致权力的专制和专政。我们有必要构建一个制度环境，让教师的积极性、教师的智慧，在学校管理中得到充分体现。一个学校要想发展得好，就要善于听取教师的意见、尊重教师的民主、尊重教师的智慧，要把教师的智慧和积极性转化为学校治理效能。教师是知识分子，对知识分子的管理应该要尊重知识分子的心理特点和职业特点，不能用粗暴、简单的方法来对待。应多听取教师的意见和建议，把教师的智慧纳入到学校管理的智慧当中，构建多元治理的格局，构建一些协商和对话的平台，构建多元的教师参与管理的各种渠道和途径。②

6. 教师进修培训的权利

在社会快速发展过程中，当前知识呈现爆发式增长。教师也应该不断成长，跟上这个社会的发展步伐，不断吸纳这个社会和科技的一些最新成果。为了使教师的发展与社会的发展保持同步，使教师成为一个学习型的教师，我们的学校和教育行政部门，应该积极支持和鼓励教师参与各种培训和进修的活动。③ 通过这些培训学习活动，教师可以及时更新知识，调整知识结构，不断提高思想政治觉悟和业务水平。教师进修培训的权利，也是教师一项很重要的权利。教师这个职业与其他职业不同的地方在于教师必须要不断学习，只有不断学习，教师才能适应这个社会。我们的学校应该要支持教师学习，对参加进修培训

---

① 陈艺华. 二胎政策下女性主义福利思想对完善我国女性福利的启示 [J]. 劳动保障世界，2019，(32)：27-28.
② 周金山. 论学校教育民主及其实现 [D]. 华中师范大学博士学位论文，2018：1-112.
③ 沈胜林. 教师专业化发展模式的特征及构建 [J]. 教育科学论坛，2019，(35)：31-35.

的老师应该给予经费和工作上的支持。现实中也有个别学校怕影响教学,不让老师去参加进修和培训,甚至也有个别老师因为参加培训事宜跟校长出现了矛盾。不同意老师参加培训显然是不合理的,但是,教师去参加进修培训,也要事先安排好自己的教学任务,或者跟其他老师换好课,尽量不影响自己的正常教学。如果影响了教学任务,也应该通过各种方式来进行弥补。

7. 申诉的权利

申诉的权利是指当教师的合法权益受到侵害时,可以向有关机关进行申诉,然后请求处理的权利,这是程序性权利,也是救济性权利。我们前面谈到的六个权利都是实体性的权利,只有通过程序性的权利,前面的实体性权利才能得到真正的保障和实现。[1] 当教师的合法权益受到侵害时,教师可以通过各种正当的渠道来维护自己的合法权益。可以通过申诉,也可以通过行政复议来维护自己的权益,如果造成了很严重的伤害,教师甚至可以向法院起诉来维护自己的合法权益。那么,作为学校或者教育行政部门,要思考应如何保障教师的权利。

二、教师权利的保障

保障教师权利当然是一项系统工程,需要从理念到机制,从管理到监督,多层面地构建立体式的教师权利保障机制,要让教师的权利真正地落到实处,而不只是停留在表面。[2]

第一,从管理理念来看,应该要树立教师为本的教育管理思想。应该要高度重视教师的权利,学校和教育行政部门应该意识到教师是学校发展的核心力量。没有教师,学校就不称为学校。没有优秀的教师队伍,学校的发展就缺乏支撑力量。学校要成为维护教师合法权益的重要力量,要把教师的利益和教师权利放在重要的位置来考量。

第二,从体制和机制方面来看,应该要建立体系化的保障机制,在学校的内部管理方面,应该要有一套较为完善的监督和制约机制。让校长一权独大、为所欲为,是不合理的。学校应该要建立教师参与管理的健全的监督与管理机制,让教师的声音在学校管理中得到体现。

第三,从法治层面来看,应该要加强法制教育,特别是学校领导层,要有法治意识,学校领导要依法治校,在法治的框架内做事。[3] 有些学校的领导认为自己是领导,则进行粗暴管理、简单管理,完全不顾教师的合法权益,对教师不尊重,甚至对教师造成了伤害行为。所以要加强法制教育,特别是宪法、教育法律等法律方面的教育,提高学校领导的法治水平和依法治校的能力。

第四,从执法机制来看,教育行政部门应该有一个执法监督机制,特别是对教师的薪

---

[1] 王祥修,程文娜. 我国高校教师申诉制度研究 [J]. 教师教育论坛,2017,(11):16-21.

[2] 王鹏. 简析高校教师权利与义务存在的问题与改进方法 [J]. 法制与社会,2018,(14):189-190.

[3] 周娟. 我国高等教育治理法治化研究 [D]. 南昌大学博士学位论文,2017:1-173.

酬拖欠问题、教师权益保护问题，要有一个执法巡查制度。这些执法监督机制，可以让教师的合法权益得到正常的保护。

第五，要发挥教师工会和教代会的作用。要通过教师工会和教代会，让教师真正意识到维护权益的组织作用。要让教师通过正常的渠道来反映自己的声音，比如绩效工资制度在实施过程中出现的问题该向哪里反映，学校的教师发展激励条例该怎么制定，应该如何真正发挥教师工会的作用，应该如何真正发挥教代会的作用等。

总体来说，只有教师得到充分的尊重，教师的智慧得到充分的发挥，我们国家的教师事业才有未来，才有希望。如果教师这个职业受人忽视，也就没有希望。所以，我们经常讲，跪着的教师是教不出站着的学生的，只有老师扬眉吐气，教师有尊严，才能教出有尊严的学生。

【典型案例】

辩论词是否享有著作权

刘某是江苏省一所中学的历史老师，为了参加学校组织的一场"主体性教育"课堂实践研讨会，她决定改革教学形式，以"辛亥革命是否成功"为主题，组织学生以正反两方辩论的形式上一堂公开课。此后，刘某花了几天时间，收集了大量关于辛亥革命的文献资料进行研究，并撰写了辩论词。辩论词共分4部分：第一部分为阐述立场，分别由正反双方的一、二、三辩从各自立场陈述观点；第二部分为自由辩论；第三部分为总结陈述，分别由正反方四辩对前面的辩论进行总结；第四部分为自由提问。课后，刘某以公开课内容为背景，撰写了《历史活动课中的主体性教育与创新教育——以活动课"辛亥革命是否成功"为例》一文，并将辩论词作为该文附录，发表在华南师范大学历史系主办的《中学历史教学》杂志上。该文后来又被中国人民大学书报资料中心出版的《中学历史、地理教与学》转载。

一年后，刘某在翻看另外一本历史教学杂志时，看到上面有一篇题为《以"辛亥革命是成功还是失败"为例，看中学历史研究性学习》的论文，作者为新疆的杨某，但此文跟自己发表的论文有很多相似之处，该历史教学杂志社不仅为"杨文"加了编者按，还将文章上载至该历史教学杂志社网站。仔细阅读后刘某发现，"杨文"的第二部分的标题为"研究过程"，其内容为正反双方以四次辩论的形式就"辛亥革命是成功还是失败"这一辩论主题进行的阐述，其中正反方二、三、四辩的内容分别与自己论文所附辩论词中的第一部分阐述立场中正反方二、三辩以及第三部分总结陈述中正反方四辩的内容基本相同。刘某认为，"杨文"大量抄袭了自己的论文，侵犯了自己的著作权。她同时认为，历史教学杂志社作为出版单位、南通邮政局作为发行单位，未尽到合理的注意义务，应当承担相应的法律责任。

请问：刘某的要求是否合理？

◎ **案例分析：**

刘某的要求是合理的，因为刘某的辩论词已经发表在中学历史教学刊物上。《中华人民共和国知识产权法》第十一条和第十二条分别规定,"著作权属于作者,本法另有规定的除外。创作作品的公民是作者。由法人或者非法人单位主持,代表法人或者非法人单位意志创作,并由法人或者非法人单位承担责任的作品,法人或者非法人单位视为作者。如无相反证明,在作品上署名的公民、法人或者非法人单位为作者。""改编、翻译、注释、整理已有作品而产生的作品,其著作权由改编、翻译、注释、整理人享有,但行使著作权时,不得侵犯原作品的著作权。"杨某侵犯了他的知识产权,同时邮政局未尽到合理的注意义务,也应承担相应的法律责任。

第三节 教师义务

一、教师义务的内涵

权利和义务是法律当中最核心的一对词汇,甚至有人认为法律就是研究权利和义务的一门学科。因为法律实际上是维护人们的社会关系,是通过法律的手段来维护人们的社会关系的行为规范,而社会关系中最为重要的就是权利和义务的关系。一个人在自己的权利范围内行动,然后尽到自己应尽的义务,通常我们说他是个守法的人。权利和义务是一对辩证的关系,享有多少权利就意味着要履行多少义务。没有无义务的权利,也没有无权利的义务。教师的权利和教师的义务也是这样一种辩证的关系。[1] 义务有两种含义,一种是我们应该要做的事情,也就是我们职责范围之内的事情。义务是一种法律所规定的我们应该去完成的事情,[2] 比如教育教学的义务。第二种理解就是一种强迫的意思,也就是如果你不完成,就要强迫你完成,比如说义务教育中的义务在这里就是强迫的意思了。

义务有很多种分类,通常我们把它分为两种,一种是积极性的义务,一种是消极性的义务。所谓积极性的义务就是主动去履行的义务,比如教师有教育教学的义务,如果教师主动去上课,那么就是履行了这份义务。而消极性义务指的是禁止性规定,例如,禁止教师侮辱学生,就是教师必须要遵守这条禁令。谈到义务,就意味着要增加一定的负担,比如教师一旦发现学生打斗,就有制止的义务。如果作为教师看到这种行为而不制止,那么教师就要承担相应的责任。[3] 而权利就是赋予自由,例如学术研究的权利,实际上就是指学术的自由。所以,在实践当中,很多人不愿意讨论义务,而更愿意谈论权利问题。但是,我们不可以只强调权利而忽视义务,因为没有义务的话,那人就是放纵的自由。没有义务的话,那么我们的社会秩序就很难建立起来,社会也

---

[1] 牟善英. 论高校教师权利与义务的特性 [J]. 科教文汇(中旬刊), 2019, (3): 43-44.
[2] 陈大兴. 高等教育中责任与问责的界定——基于学理与法理的研究 [D]. 华东师范大学博士学位论文, 2014: 1-257.
[3] 陈大兴. 高等教育中责任与问责的界定——基于学理与法理的研究 [D]. 华东师范大学博士学位论文, 2014: 1-257.

很难正常运转。

二、教师义务的范畴

教师的义务，其实也有双重性，一是作为普通的公民，教师应该尽普通公民应尽的义务，比如劳动的义务、遵守社会公德的义务、赡养老人的义务等等，这些是一些基本的义务。二是作为教师，他有作为教师所必须履行的一些特殊的义务，这些义务与教师的职业相关，是教师在职业履行过程中必须要遵循的规则和义务。

（一）遵纪守法的义务

教师是一类特殊的人群，也是一个特殊的职业，这个职业对人的素质要求非常高。教师首先必须要遵守国家的宪法、法律法规、规章制度和职业道德，必须要为人师表。我们经常说师范，就是学高为师、身正为范。这不仅要求教师的学问和知识水平要有足够的积累，同时，还要求教师注意做人，为人一身正气。

从教师的职业要求来看，教师不仅仅要教书，还要育人，教师必须要为人师表，要诲人不倦，模范地遵守宪法和法律法规。同时，教师遵守法律本身就带有强烈的教育作用，这是由教师的职业所决定的。[1] 一位教师若能模范地遵守宪法以及法律法规和社会公德，那么他的学生也会受到感染，也会模仿教师的行为。如果教师走向反面，那么教师的违法犯罪行为将比他人违法犯罪行为所带来的负面影响更大。因为教师的职业具有滞后性和广泛性的特征，从时间上看，教师的影响具有滞后性，他对一个人的影响非常地深远。我们常说，小时候所受的教育对我们的一生都产生持久的影响。如果教师违法犯罪，不仅会对学生造成当下的伤害，还会对学生以后的人生发展产生持续的影响。同时，教师违法犯罪行为影响的广度也比一般犯罪行为更广，因为会一传十十传百地传播开，只要涉及某一位教师违法犯罪的事件，就会对很多的学生产生心灵的影响，这个是很难评估的。同时，我们应该意识到，一粒老鼠屎破坏一锅羹，教师所产生的群体影响危害更大，因为教师不仅仅代表他自己，同时也代表他的群体。在普通老百姓看来，一个教师的违法犯罪行为，将会破坏社会对整个教师群体的印象。

教师是否应该成为遵纪守法的模范，曾经也引起了大家广泛的争议，有些人认为教师只是普通公民，不必成为道德的模范，也不必成为守法的模范。但是更多的人认为教师是一类特殊的职业，是教书育人的职业，应该成为遵纪守法的模范。[2] 因为教师是人类灵魂的工程师，不仅代表一个国家综合素质水平的高低，同时，最为重要的是还肩负着培养下一代的使命，其工作主要是立德树人，这是一个国家未来的希望所在，也关系到一个国家未来发展的竞争力。所以，我们认为教师应该要成为遵纪守法的模范。

（二）教育教学的义务

教师应该要贯彻国家的教育方针，遵守规章制度，执行学校的教学计划，应该要完成

---

[1] 孟鹏涛. 中国高校法治教育问题研究 [D]. 吉林大学博士学位论文，2017：1-136.
[2] 杨婷. 榜样教育研究 [D]. 武汉大学博士学位论文，2010：1-180.

教育教学的各项工作任务。教师的主要工作就是进行教育教学，这是一项基本权利，也是一项主要义务。从权利的角度来理解，教师有教育教学的自由，可以根据自己对教材的理解，对教育教学的形式、内容、方法等进行一些改进完善，这是教师的自由。从义务的角度来理解，教师的教育教学又是必须要去执行的工作，如果不去履行，那教师就要承担一定的后果和责任，教育教学是教师应尽的义务，教师不能轻易地换课，调课和缺课，教师应该遵守教学管理规定和教学纪律。在现实中，有些老师随意地停课，随意地换课，甚至耽误教学的时间，没有很好地完成教育教学的任务，这都是没有履行教师义务的体现。教育教学工作是学校的中心工作，其他的工作都服务于教育教学工作，教师应该把教育教学的任务作为自己的中心任务来对待。① 所以，现在在教师的聘任、职称评定等方面，非常看重教师的教学能力和教学素养，在中小学，教育教学当然是核心工作，就连现在高校也越来越把教学作为重要工作来对待了。同时，我们也非常重视教师的教学态度和教学热情，仅仅只有知识的传授还是不够的，教师还应该要有饱满的教学热情，积极的教学态度，这样才能感染到学生。

（三）思想教育的义务

关于思想教育的义务，我们曾经把它理解成为思想教育工作者的义务，实际上这是过分狭义的理解。思想教育不仅仅是思想教育工作者的义务和工作，同时也是我们每一位教师的工作和义务。我们每一位教师在自己教育教学的过程中，都应该利用自己所教的学科内容渗透思想道德教育。② 我们主要渗透的思想道德教育应该包括法律的教育，爱国主义教育，民族团结的教育，文化技术的教育，中华民族优良传统的教育。我们更多地是通过自己所教授学科的内容来对学生进行思想道德教育的引导，让学生能够树立科学的人生观、世界观和价值观；让学生在知识学习的过程中，受到思想品德的熏陶；让学生不仅懂得做事，更学会做人。其实每一门学科里都蕴含丰富的思想教育精神营养，我们作为老师应该深入挖掘。例如，语文学科里面就蕴含大量的思想教育的营养，包括爱国主义教育、人生观教育、价值观教育等教育元素，同时也有很多优秀的传统文化，还有大量的为人处世的道理以及熏陶自身内在修养的一些内容等，这些都可以用来挖掘成为优秀的思想教育素材。中小学教师应该对国家课程进行二次开发，进行国家课程的校本化，在国家课程内容中融入思想教育元素，融入更生动活泼的教育内容和教育形式。思想教育义务是我们现在非常注重的，因为我们培养人就是要立德树人，这是一个人成才的前提。一个人品德不好的话，即使知识水平再高，都对社会没有什么意义和价值，甚至还可能会产生负面作用。在现实生活中存在不少高分低能的人，虽然他们的技术水平和专业能力都不错，但是人品不太好，也缺乏合作能力，这样的人不仅不受大家欢迎，而且反倒可能对组织产生危

---

① 林霄红.论我国教师法定权利义务的特定性［J］.云南师范大学学报，2002，（6）：48-51.
② 王福贵.浅谈教师职业道德在大学生思想政治教育中的功能［J］.辽宁师专学报（社会科学版），2008，（4）：128，140.

害作用。① 对学生进行思想教育，是每一位老师都应该高度重视的，教师要结合自己的课程研发过程，把思想教育渗透进去。在传授课本知识的过程中，同时谈谈思想教育的问题。一个人只有思想发生改变，其人生的方方面面才会随之改变，才会形成一个协同效应，这就是思想教育的价值。

（四）保护尊重学生的义务

我们的教师，应该关心、爱护每一位学生，应该尊重学生的人格，应该促进学生在德智体等方面的全面发展。学生是人，是人就有他的基本人格和为人的权利。教育只有在尊重人的情况下，才会发生教育的作用。没有爱就没有教育，没有尊重就难以产生教育。② 如果学生跟教师形成了对立的师生冲突关系，那么教师对学生的影响不仅产生不了教育作用和价值，甚至还会让学生形成逆反心理。如果教师和学生形成了非常良性的人际关系，也就是良好的师生关系，学生对教师充满着崇敬，而教师爱护着每一位学生，那么这种良性的、融洽的师生关系本身就具有教育的价值和功能，这样融洽的关系同时也有利于学生对知识的学习和掌握。

所以，爱护和尊重学生，是出于学生本身作为人所拥有的基本的人格和权利的要求。同时我们教育作用的发挥离不开这一前提和条件。但是在现实中，我们常常会发现，教育和尊重有时候是相互矛盾的，教师稍微处理不当就会引发问题，比如说有些老师教育学生，心是善良的，目的也是为了学生更好地发展，可是却采用不合理的手段来教育孩子，完全忽视了尊重这一重要的教育原则，甚至采用体罚和变相体罚的方式。这种教育方式，也许在表面上能产生一定的教育作用，但却没有尊重学生，不符合我们教育的本质和规律。我们既要尊重学生，又要起到教育的作用，这确实需要讲究一定的教育艺术和方法，需要循循善诱，需要有耐心，需要教育与引导相结合，需要利用班级的集体教育、③ 规章制度来约束学生的行为。只有这样才能保证教育和尊重的同步进行④，不然，我们就会发现，有些教师容易走向极端，要么过分地尊重、放纵学生，最后导致学生没有受到应有的管束和教育；要么过分地采取过度教育的手段，忽视了对学生的尊重，侵犯了学生的权利，这两者都是不可取的。总体来说，在教育和尊重之间，我们应该要把握一个良好的度，要在尊重的前提下对学生进行教育，要在教育的过程中尊重学生。只有这样，我们才可以建立良性的师生关系，从而产生良性的教育作用。所以，教育从某种程度上说是门复杂的艺术，它不仅仅是一个简单的动作，或者措施。

---

① 谌梅芳. 加强学生思想政治理论教育的必要性及存在的问题 [J]. 品位经典，2019，(3)：89-90，116.

② 杨丽娟. 教育路上与爱同行 [C]. 中国教育干部网络学院——"厚植弘扬师德风尚 做新时代党和人民满意的好老师"成果汇编（2019）. 北京国人通教育科技有限公司，2019：104-107.

③ 马万祺. 师生关系的构建与发展趋势研究 [C]. 中国智慧工程研究会智能学习与创新研究工作委员会. 2019教育信息化与教育技术创新学术研讨会（贵阳会场）论文集. 中国智慧工程研究会智能学习与创新研究工作委员会；重庆市鼎耘文化传播有限公司，2019：493-495.

④ 刘芳铭. 关照人性：学校教育管理推进的逻辑原点 [J]. 教育理论与实践，2019，39（29）：29-31.

（五）保护学生权益的义务

教师有义务制止有害于学生的行为，或者其他侵犯学生合法权益的行为，有义务批评和抵制有害于学生健康成长的现象。因为从未成年人保护这个角度来看，我们的学生都是限制民事行为能力人或者无民事行为能力人。有些学生不能完全意识到自己行为的后果，有些能意识到自己的行为后果，但是不能很好地控制自己。在学校里面经常会发生学生侵犯其他学生合法权益和身心健康的问题，那么在这种情况下，如果教师发现了，就有保护学生权益的义务，或者称之为合理注意的义务，即在学校里面，一旦教师发现学生的权益受到侵害，就要引起注意，并且采取相应的措施来进行制止，这也是教师不可推卸的责任。① 教师在教育教学的过程中，应该要高度重视学生的合法权益，在课间也好，或上课期间也好，如果一旦发现学生的权益被侵害，就要果断地制止，并且采取措施进一步地保护，不能让伤害学生权益的行为进一步扩大。曾经发生过教师在课堂上不管理纪律，导致一个学生殴打另一个学生致死的悲剧。②

那么教师主要是保护学生什么方面的权益呢？对于在校学生来说，他们没有多少财产，所以在财产权这一块的保护不是教师关注的重心。对于在校学生来说，更重要的是要保护其的受教育权和人身权。要让每一个学生在学校里都得到平等的教育。当学生在学校受到不良行为的影响、不好好学习的时候，教师要主动告知父母，要主动把学生在学校的一些不良行为报告给家长，要求家长配合学校来共同教育孩子，来保障孩子的受教育权。同时，也应该要保护学生的人身权益。特别是当校园欺凌现象出现的时候，应引起足够重视和教育管理，因为这个是教师的义务。有些老师觉得事不关己，高高挂起，当发现一个学生追打另一个学生的时候，有些老师觉得多一事不如少一事，便闭着眼睛快速离开，这样都是不负责任的表现，也是教师的不作为。每一位教师都应该意识到，保护学生的合法权益是我们的义务，如果我们对侵犯学生合法权益的行为不予以制止，是要承担责任的。③

（六）提高自身水平的义务

首先，教师应该要不断地提高政治觉悟和教育教学的业务水平，这是社会发展的需求，也是教师自身发展的内在需求，同时也是教师这个职业的特点所决定的。④ 我们所面临的社会，发展非常地迅速，比如说现在，我们进入了5G时代、人工智能时代、智能制造时代、物联网时代这样的新时代，未来的社会发展我们很难预测。社会变得越来越智能化。面对这样智能化的社会，作为教师，如果不加强学习的话，就会落后于这个时代。其次，这也是教师职业的内在需求，因为教师这个职业本来就是教书育人。你要给人家一杯

---

① 姚永琛．维护高校学生合法权益的思考 [J]．广东蚕业，2018，（10）：128-129．
② 劳凯声．中国教育法制评论 [M]．北京：教育科学出版社，2002：1-368．
③ 姚永琛．维护高校学生合法权益的思考 [J]．广东蚕业，2018，（10）：128-129．
④ 吴光明．浅谈教师的自我提高 [J]．黑河教育，2018，（11）：4-5．

水，你首先必须要有一桶水，也就是说教书育人的前提是教师必须比学生掌握更多更深的知识。教师作为教书育人的核心队伍，自身应该有不断地加强学习，提高自身水平的义务。同时，这也是一项权利，从权利的角度来理解，就是教师有权去参加进修和培训来提高自身的水平和自身的素质，这也是教师的自由，教师可以去参加他学科相关的教师培训和学术会议。教师自身必须加强学习，不论是在专业水平或是思想政治觉悟方面，而不仅仅只是完成教育行政部门安排的一些培训义务。特别是在现在信息化时代，学习的手段和方式越来越多样化、越来越方便，教师应该自己主动去寻求学习的资源，主动利用好现代多媒体的学习手段，提高自身的水平。① 我们常常说教师是影响教育质量最关键的因素，而且教师的影响具有滞后性和广泛性的特征。教师只有不断地提高自身水平，才能够适应现代社会的发展。所以，教师应该努力成为学习型教师。

如果教师不履行义务，是要承担法律责任的。这些在法律里面都有着严格的规定。② 比如说教师未履行义务，通常有以下三种情况：一是故意不完成教育教学工作或在教育教学工作中造成损失的。比如故意不去上课，或者在上课的过程中不认真上课，导致教育教学的任务没有完成，给学生的学习造成了很大损失的。二是体罚学生，经教育不改的，并对学生的身心造成很大伤害的。三是品行不良，影响恶劣的违法行为。比如有些教师猥亵学生，对学校的教育教学工作产生了恶劣的影响。教师如果不履行义务，就需要承担法律责任，法律上明确规定，有以上违法行为之一的给予行政处分，或者解聘，行政处分包括警告、严重警告、降级、撤职、开除等处分；行为情节严重，构成犯罪的，要追究刑事责任，也就是要按照刑法来对教师进行惩罚；对学校或其他教育机构和学生造成损失的，还应当依照民法相关规定赔偿损失、消除影响、恢复名誉。这就说明我们国家对教师的管理是相当严格的，做了严格的规定，每个教师都应该明白自己行为的后果，约束好自己的行为，在行使好自己的权利同时，千万不要忘记了自己的义务。同时，一定要管好自己的言行举止，做一名合格的人民教师。

【小结】

教师是教育发展之关键，是教育振兴和教育现代化实现的关键。教师的法律地位，是由教师职业的特殊性所决定的。教师的专业知识，专业技能和专业品德，以及专业态度是教师专业发展的重要方面。涉及教师相关的法律非常多，实际上也说明了教师地位的复杂性。同时，教师的权利具有双重性，首先作为公民，享有公民的基本权利，其次，作为教师，享有教师职业所赋予的特殊的权利，教师的权利应该有一套严格的保障机制。同时，教师还必须履行一定的义务，如果教师不履行义务，就应承担相应的责任。所以，教师应该学会平衡权利和义务，在行使权利的同时，应该要尽职尽责地履行好教师义务。

---

① 王振华. 高校新进教师如何提高自我教学能力 [J]. 教育教学论坛，2019，(18)：49-50.
② 杜伟. 依法治校：现代大学发展战略的支点选择 [J]. 现代教育管理，2015，(2)：42-46.

第三节 教师义务

【思考题】
1. 如何理解教师的法律地位？
2. 涉及教师方面的法律主要有哪些？
3. 教师主要有哪些权利？如何保障教师的权利？
4. 教师主要有哪些义务？教师不履行义务将要承担哪些责任？

151

第十章 学生

【内容提要】

学生是教育法学领域的重要主体之一，学生的法律地位有主动获得和自动获得两种方式，对学生法律地位类型进行划分，有公民、民事权利主体、受教育者等多重身份，学生的法律地位主要包括学生与学校，学生与教师之间的关系。学生法律地位具有权利义务相统一、阶段性等特点，且目前学生法律地位还存在难以落实等长期遗留下来的问题。学生违法犯罪是一个难以解决的现实问题，在未来一段时间内将长期存在，但并非无法得到缓解。通过对学生违法等相关概念进行辨析，分析学生违法犯罪现象产生的原因，进而提出"家庭-学校-社会"协同预防的缓解之策。此外，学生的权利问题越发受到关注，学生享有学籍权、教育权等实体性权利，还享有保障实体性权利得以实现的救济性权利，包括请求权与抗辩权、申诉权等。然而，学生维权困境仍然存在，急需健全学生的维权机制，提升全体公民的权利意识与维权意识。

【课程目标】

1. 了解学生法律地位的获取方式，识记学生法律地位的类型。
2. 理解学生的违法行为与权利救济方式，并运用所学知识分析现实问题。
3. 理解学生领域的法学知识，从而提高学生的法律责任感，增强学生的法律意识与责任意识。

第一节 学生的法律地位

一、学生的法律地位

从不同的学科角度出发，"学生"这一概念可以有不同的理解。在教育学的研究范畴中，学生的本质是接受教育的对象，是学习活动的主体。在教育法学的研究范畴中，学生是一定法律规定中法律关系的主体，而学生在不同法律关系中权利与义务的实际状态，我们称其为法律地位，具体指学生作为法律主体享受权利和承担义务的资格。学生的法律地位是指"学生凭借其权利能力和行为能力在具体法律关系中取得的一种主体资格"①。学

---

① 杨颖秀. 教育法学 [M]. 北京：中国人民大学出版社，2014：229.

生的法律地位要在具体的社会关系中加以界定。

学生法律地位是以法律形式规定的学生在各种社会关系中的位置，不同社会关系中学生具有不同的法律地位，学校中的学生至少承担着两重基本角色：人和学习者；中小学生一般还具有未成年人角色。总的来说，学生可能具备的法律地位有四种类型，包括公民、民事权利主体、未成年人及受教育者。

1. 公民

公民指具有某一国国籍，并根据该国法律规定享有权利和承担义务的人。在教育法学领域，学生可界定为："在依法成立或国家法律认可的学校及其他教育机构按规定条件具有或取得学籍，并在其中接受教育的公民"①。也就是说，学生首先是公民，是一群特殊的公民，其特殊性体现为：（1）在合法学校取得学籍。（2）在合法学校接受教育。因此，学生是正在受教育的公民，享有一般社会关系中全体公民所具备的权利，承担着公民所应履行的义务。

2. 民事权利主体

在人文主义的影响下，法律赋予所有自然人以民事主体地位，使其参与民事法律关系，享有相应的权利和义务。民事主体，又称"民事法律关系主体"，包括权利主体和义务主体，民事法律关系主要调节商品经济关系，在其中，作为自然人的学生，在参与民事法律关系中一般作为享受权利的当事人，即作为民事权利主体。学生作为民事权利主体这一法律地位具有阶段性，其中18周岁以上的学生完全具有民事行为能力，10至18周岁的学生处于限制民事行为能力阶段，10周岁以下的学生不具有民事行为能力。

3. 未成年人

遵循国际通行做法，我国将生理年龄未满18周岁的公民定义为未成年人。我国教育体系包括幼儿教育、中小学教育、高等教育等，在校学生群体以未成年学生为主。未成年学生作为特殊年龄阶段的社会群体，在生理和心理上尚未发育成熟，在得到《教育法》保护的同时，还受到《未成年人保护法》《预防未成年人犯罪法》《儿童权利公约》等法律法规的保护。

4. 受教育者

当适龄儿童在合法学校注册并接受教育时，或者当学校应该接受却拒绝接受适龄儿童入学时，以《教育法》为前提，入学或拒绝孩子入学的法律事实出现，该适龄儿童与学校间便产生法律关系，该适龄儿童因而具有受教育者的法律地位，享受着教育法典规定的权利，并承担随之而来的义务。

二、学生的法律地位分析

学生的法律地位主要包括学生与学校、学生与教师之间的关系。

（一）学生与学校的法律关系

法律关系是一个基本的法律概念，它属于社会关系的范畴，表现为"人与人之间的

---

① 劳凯声. 教育法学 [M]. 沈阳：辽宁教育出版社，2000：155.

关系，是法律规范在调整人们行为过程中形成的、以法律上的权利和义务为内容的社会关系"[1]。对于学生与学校的法律关系，国际上曾有特别权力关系理论、公法契约理论、私法契约理论、代替父母理论、特权理论、宪法理论、信托理论等多种立场[2]。本书着重介绍特别权利关系理论、契约关系理论等。

德国行政法学者毛雷尔（Hartmut Maurer）将特别权利关系定义为："国家和公民之间的一种紧密关系……行政机关要求通过行政规则（设施组织条例）自行调整这种关系（设施）中的内部事务。"[3] 它是指基于特别的法律原因，为达成公法上的特定目的，在必要的范围内，对一定的人有概括的支配性权力。在特别权利关系中，公民处于内部行政的管辖领域，其中的各种纠纷属于行政内部事务，无需任何外来法律干涉，作为特别权利关系主体的行政机关，也可以行使总括性的支配权，对处在特别权力关系中的相对人发布命令，采取强制措施，以加强其管理事务的有效性。

契约关系，是基于学校与学生间的契约的签订与履行来说明学生的就读关系，以这种理论为出发点，学生与学校之间存在明示或默示的教育合同，被认为是一种与一般民事契约相类似的教育契约。学生在学校接受教育的过程，被看作是一种教育契约的履行过程，教育活动也就是教育契约的签订、履行，伴随发生的纠纷以及解决纠纷的全过程。

公法契约关系理论在日本比较盛行，用于解释公立学校与学生的关系。这一理论认为学校与学生之间是一种公法契约（合同）关系。但对于这种契约关系的具体构成，有两种解释。一种解释认为学校与学生之间的契约是一种以实施教育和接受教育为目的的行政契约，因而将这一契约关系认定为公法上的契约关系。这种观点的理论基础是将教育法视为行政法的一部分，因而将教育法产生的契约关系定性为行政法上的契约关系，属于公法契约关系。另一种解释虽也认为学校与学生的契约关系建立在教育法规定的基础上，属于公法契约。但由于对教育法的性质持有不同看法，因而认为教育法上的契约关系不同于行政法上的契约关系，而是一种独立的公法契约关系。这一理论强调教育法具有独立的法理和独立的地位，所有受教育法调整的学校，无论是公立学校还是私立学校，与学生的关系并无不同，皆属教育法上的契约关系。

私法契约理论在日本和英、美等国都有一定的市场，该观点认为，教育本质上并非公权力的作用，而在于为学生提供教育服务，因而学校与学生的关系，不分公立还是私立，都是基于教育目的的契约关系，是不含公权力作用的在学契约关系，因而是私法契约关系。

代替父母理论曾是英美法国家早期用于解释学校与学生关系的主导理论。该理论认为，当父亲将儿童送到学校，父亲可以将部分的父母权委托给学校或教师，学校或教师因此就居于代替父母的地位，可以在父母行使权力的范围内管理学生的行为。

特权理论也曾经是美国解释高等学校与学生关系的重要理论。20 世纪 70 年代以前，司法认为上大学是政府所创造的一种特权（privilege）。所谓特权，是指个人没有事先存

---

[1] 赵肖筠. 法理学 [M]. 北京：法律出版社，2012，(2)：170.
[2] 申素平. 高等学校与学生法律关系的基本理论 [J]. 中国高教研究，2007，(2).
[3] [德] 毛雷尔. 高家伟译. 行政法学总论 [M]. 北京：法律出版社，2000：114.

在的权利而从政府方面所取得的利益。这种利益出于政府的馈赠，不构成个人既得权利（right），政府特权可以随时取消，不受宪法上正当法律程序的限制。当事人对于特权利益所享有的保护，只以创设特权的法律中的规定为限。如果法律中没有规定，或者没有足够的规定，当事人不能要求享受宪法上正当程序的保护。①

宪法理论认为，学校与学生之间的关系应受宪法的规制，学校并非具有不受限制的权利来管理或教导学生，学生仍有一定的人权或公民权，这些权利并未在进入学校时即被放弃。公立学校作为公共利益的代表，必须尊重学生的宪法权利，在行使权力时必须与学生个人的自由与权利相平衡，因而学生在宪法上的权利受到法院的切实保护。所以，大学对学生有充分的管理上的裁量权。

信托理论将高等学校与学生之间的关系视为一种信托。所谓信托，是委托人将财产权转移给受托人，受托人依信托文件所定，为受益人或特定目的而管理或处分信托财产的法律关系。传统的信托理论将政府或其他公共基金作为委托人，高等学校作为受托人，学生作为受益人，三者之间构成信托关系。高等学校可以将学生开除，改变受益人的地位，而在信托理论中，受托人是没有权力改变受益人法律地位的。

在我国，法律没有直接对学校与学生之间的关系作出确定性的规定，湛中乐先生认为，从实践中看，学校与学生之间的关系存在某种程度的契约性，至少可以理解为一种拟制的契约关系：学生支付学费（部分学生由国家代为支付全部或部分学费），学校负有正常开展教学活动和保护在校学生人身财产安全的义务，这既是法律直接赋予的义务，也是能够从契约性的合意中解释的义务。如果有可能，应当对合同法的文本及其适用作适当的扩张，或从教育法方面着手完善有关规定。在民办教育形式中，学校与学生之间的契约性更为突出，特别是学生入学时学校所作承诺在法律上如何定性的问题，或学校收费项目中有某项服务而实际未提供的问题，除合同法进路外几乎别无选择，但又不能简单地通过合同法的既有理论去解释相关的教育者义务及受教育者权利等问题。②

我国学者申素平认为"按照学生是否已经具备某一特定学校的学籍，可以将学生与学校的关系分为入学关系与在学关系"③。依照该观点，学生在接受学校教育的过程中，不同阶段的法律关系具有不同特点。

第一，学生与学校的法律关系客体在入学阶段主要围绕受教育权展开。从本质上来说，受教育权是一种学习权，是公民的基本权利，由受教育权而产生的学习机会平等权一直是学界争议的焦点。我国在义务教育阶段实行"就近入学"制度，在高中、大学及研究生阶段主要实行考试选拔入学制度。在义务教育阶段，就近入学制度所涉及的学区划分问题，一直受到社会舆论的广泛关注。学区划分不合理、就近入学定义不清等问题是诱发学生与学校间产生行政法律关系的主要因素。除义务教育以外的其他学段，在入学过程中，导致学生与学校产生行政法律关系的客体主要包括入学资格被顶替、入学资格丧

---

① 王名扬. 美国行政 [M]. 北京：中国法制出版社，1995：392.
② 湛中乐，苏宇. 教育法学的理论体系与学科建设初论 [J]. 北京师范大学学报（社科版），2016，（2）.
③ 申素平. 教育法学原理、规范与应用 [M]. 北京：教育科学出版社，2009：262.

失等。

第二，按照法律部门的不同，在校阶段学生与学校的关系主要有行政法律关系和民事法律关系两种类型。在学校与学生法律关系的框架下，民事法律关系主要是调整两者之间关于人身权与财产权的关系，如人身事故伤害关系、知识产权关系等；行政法律关系通常只是体现行政管理机关的意志，相对人在意志上处于必须服从的状态，学校与学生之间最典型的行政法律关系便是公立学校对学生单方面实行的教育管理与惩戒。

第三，毕业阶段的法律关系客体以学位授予为主。我国学位管理单位是由国务院设立、教育部直属的学术委员会，但授予单位是由国务院授权的高等院校，高校隶属于不同层级政府或不同部门，学位管理单位与授予单位不一致极易导致学位颁发时间差、学位鉴定混乱等问题。因此，高校应届毕业生与学校之间常常因学位授予产生法律关系。因学位授予而产生的学生与学校法律关系，可以将其分为三类，即因学术不端而产生的法律关系，因受教育者学业成绩不合格等非学术因素而产生的法律关系，以及因答辩委员会作假等授予过程不当而产生的法律关系。

（二）学生与教师的法律关系

1. 教育关系

在教育教学活动中，教师与学生作为教育法律关系的主体，双方地位不同，权利、义务也不同，在教育教学活动中，教师与学生首先是教育与被教育的关系。我国的《教育法》《教师法》都对教育关系作出了有关规定，如《教育法》第5条规定："教师作为履行教育教学职责的专业人员，按照国家的教育方针对学生进行教育是教师的法定职责"。《教师法》第三条规定："教师是履行教育教学职责的专业人员，承担教书育人，培养社会主义事业建设者和接班人、提高民族素质的使命。"该法第八条规定，教师必须"完成教育教学任务"，同时也规定教师对学生完成相关的教育教学任务。

即便是研究生期间，导师是教育者，研究生是受教育者。导师也必须在学术和学术道德方面教育学生，教会学生学术规范以及学术道德方面的常识，引领学生遵守学术道德。指导学生，教会学生本学科的基本知识，基本原理，基本的研究方法，引导学生了解并研究本学科的前沿，引导学生设计实验和做实验或社会调查等等，对学生的毕业论文，从选题到答辩进行全程指导。

2. 管理关系

教师进行教育教学活动的过程中，教师对学生必须通过常规的、人性化、科学合理的管理工作才能完成教育教学任务，因而，教师对学生的管理是教育学生的重要方式，也是达到教育教学目的，同时是完成国家或教育机构规定的质量标准的重要保障。我国的《教育法》明确规定："对受教育者进行学籍管理，实施奖励和处分"。《教师法》第八条规定："（四）关心、爱护全体学生，尊重学生人格，促进学生在品德、智力、体质等方面全面发展；（五）制止有害于学生的行为或者其他侵犯学生合法权益的行为，批评和抵制有害于学生健康成长的现象"。这些义务必须通过管理工作才能完成。

3. 保护关系

教师在对学生进行教育教学工作的同时，必须对学生进行保护，教育法第45条规定：

"教育、体育、卫生行政部门和学校及其他教育机构应当完善体育、卫生保健设施,保护学生的身心健康。"第四十六条规定:"国家机关、军队、企事业组织、社会团体及其他社会组织和个人,应当依法为儿童、少年、青年学生的身心健康成长创造良好的社会环境。"教师法的第八条规定:"教师要"关心、爱护全体学生,尊重学生人格,促进学生在品德、智力、体质等方面全面发展。"这些条款都体现了教师要保护学生身心健康,从各个方面对学生加以关心和爱护,促进学生全面发展。

三、学生的权利和义务

学生的权利来源于一个国家所认可的国际法,以及所在国家颁布的宪法、法律、行政法规和规章等,在英美法系国家,判例法也是学生权利的重要来源。学生的权利和义务与其身份相对应。

(一)学生的实体性权利与义务

我国在2015年修订的,2016年实施的《教育法》第四十三条对学生的权利和义务作出了规定,学生作为受教育者,享有下列权利:

1. 参加教育教学计划安排的各种活动,使用教育教学设施、设备、图书资料。学生必须通过参加学校按照教学计划安排的各种课堂教学、课外活动,使用课程与教学资源,才能完成学业。这一规定是保障学生受教育的前提和基础。因而,学生参加教育教学计划所安排的各种活动,自然就享有使用教育教学活动所必需的教育设施、教学设备、图书资料的权利。

2. 按照国家有关规定获得奖学金、贷学金、助学金。这里的"国家有关规定"主要是指《普通高等学校本、专科学生实行奖学金制度的办法》《普通高等学校研究生奖学金办法》《普通高等学校本、专科学生实行贷款制度的办法》《关于在普通高等学校设立勤工助学基金的通知》和《义务教育法》及《义务教育法实施细则》等,根据上述有关规定,我国建立了奖学金、贷学金和助学金制度。奖学金、贷学金主要适用于普通高等学校和中等专业学校学生,体现了国家对特殊群体学生的鼓励和扶助。贷学金制度是国家为帮助确实有经济困难、无力解决在校期间生活费用的部分大中专学生试行的无息贷款的办法。助学金制度主要适用于义务教育阶段,但家庭经济困难的高校学生可以获取助学金性质的资助。

3. 在学业成绩和品行上获得公正评价,完成规定的学业后获得相应的学业证书、学位证书。

在学业成绩和思想品德方面获得公正评价是学生的一项基本权利,学业成绩的评价是教育机构对学生在受教育的某一阶段的学习情况和知识结构、能力水平进行概括性鉴定,包括课程考试成绩记录,平时学习情况和总评等。思想品德评价是学校根据有关思想品德要求,对学生的政治表现、思想表现和道德表现所作出的评价。对学生学业成绩和思想品德进行公正的评价,有助于维护社会正义,促进社会公正的发展,也有利于学生对学校、社会和国家等产生信任感。

学生完成某一阶段的学业并达到了规定的标准,可以获得相应的资格证书。学业证书和学位证书是对学生某一阶段受教育时期的学业成绩、学术水平和思想品德的终结性评定，对学生的升学、就业和今后的发展具有重要的作用。学业证书包括毕业证书、结业证书和肄业证书，它相对应于学生所受教育的区别，学生学业达到标准的差异程度。毕业证书意味着学满学制规定的年限，完成教学计划规定的全部课程并达到了合格水平；结业证书只是说明学生学习了相关课程，学生在学校学习成绩未及格，不能达到毕业资格，或者是所在学习机构没有颁发国家或者地区教育机构认可的证书的能力，又或者是该项学习按照国家规定不应或者不能颁发毕业证书的，才会办理结业证书；肄业证书是指具有学籍的学生未完成教育计划规定的课程而中途退学者（被开除学籍者除外，被开除不给予肄业，无肄业证），亦可指完成课程学习及必修环节，成绩合格，但未完成毕业论文者（包括未进行毕业论文答辩者），个别地区也指具有学籍，但是未修够毕业规定学分，或成绩不合格者。肄业生由培养单位颁发自制的肄业证明，即为肄业证书。肄业证书、结业证书、毕业证书都是国家承认的学历，同有法律效应。如本科肄业，取得肄业证书，其学历也为本科。

学位证书分为学士、硕士和博士，根据《学位条例》，由具有相应资质的高等学校和科研机构授予。符合条件的学生有权申请获得相应的学位。

4. 对学校给予的处分不服向有关部门提出申诉，对学校、教师侵犯其人身权、财产权等合法权益，提出申诉或者依法提起诉讼。这项权利是公民申诉权和诉讼权在学生身上的具体体现。诉讼是公民的一项基本权利，包括民事诉讼权、刑事诉讼权和行政诉讼权。本项规定的学生具有对学校、教师侵犯其人身权、财产权等合法权益提起诉讼的权利，主要属于民事诉讼的范畴。

除诉讼权外，学生还享有申诉权。本章的后面将详细论述。

5. 法律、法规规定的其他权利。此处"法律、法规"主要是指有关教育的法律、法规以及依据其他法律、法规制定的有关教育的规章。例如，《普通高等学校管理规定》《未成年人保护法》《预防未成年人犯罪法》等，都有若干有关学生的权利规定。

《教育法》第四十四条对学生的义务也作出了规定。

1. 遵守法律、法规。学生作为未来的公民或者准公民，必须遵守法律、法规。首先，学生必须遵守全国人民代表大会及其常务委员会制定的宪法、各项法律，国务院制定的行政法规，地方人民代表大会及其常务委员会制定的地方性法规以及根据法律法规制定的行政规章；作为学生，还要遵守各类教育法律法规，诸如《教育法》《学位条例》《义务教育法》等教育法律法规中涉及学生的权利和义务的条款，做到"知法、守法"。

2. 遵守学生行为规范，尊敬师长，养成良好的思想品德和行为习惯。学生在校必须遵守学生行为规范，这是学生必须履行的义务，学生行为规范特指国家教育行政管理机关制定、颁发的有关学生行为方面的统一规定。主要包括：《小学生日常行为规范》《中学生日常行为规范》《高等学校学生行为守则》（试行）以及《小学生守则》《中学生守则》《高等学校学生守则》。这些规章集中体现了国家对不同阶段的学生政治、思想道德、学业等方面的要求。

尊敬师长也是良好思想品德和行为修养的体现。相关法律规范都对尊师重教提出了客观要求。尊敬师长是我国优秀传统文化的美德范畴，也是具有普世价值的道德规范，更是社会文明进步的重要参考指标。

3. 努力学习，完成规定的学习任务。学生的首要任务就是学习，这也是学生区别于其他职业的一个重要指标。对于义务教育阶段的学生来说，学习具有一定的强制性，所有处于义务教育阶段的学生均不能逃避这个义务。对于非义务教育阶段的学生，选择某个阶段的教育是自己的权利，一旦作出选择，就应该认真完成学业，因为只有学满学制规定的年限，完成教学计划规定的全部课程并达到了合格水平，才能获得毕业证书。因而，即便是义务后阶段的教育，学生一旦作出选择，就应该履行相关的学习义务。

4. 遵守所在学校或者其他教育机构的管理制度。

国有国法，家有家规。每个学校或教育机构也都有自己的管理制度。为确保学校及其他教育机构有序正常地运转，国家赋权于学校及其他教育机构制定必要的管理制度与纪律规定。这些制度是确保学校及其他教育机构有效运转的规范制度，也是国家法律法规在学校制度上的具体体现。遵守学校的规章制度与遵守国家的法律法规在本质上是一致的。

（二）学生的程序性权利

1. 参与权。参与权是程序权利中的基础性权利，也就是说，它是程序性权利的基石。[1] 学生的参与权主要体现为学生参与学校事务的管理，如学生对学校规章制度制定过程的参与，对课程与教学计划制定和教师教学评价的参与，对违纪处分过程的参与和对宿舍管理过程的参与。学生的参与权得到保障是学校法制化管理的重要条件，也是学校与学生契约关系中契约性的重要体现。

参与权具有两个重要的功能，一是学生在参与学校事务的管理过程中，能知晓各种权利义务的基本规则；二是对学生个体来说，通过参与，能把握利用好学校制度的准则和尺度，这为他们的知情权、抗辩权和申诉权提供了重要的逻辑起点。

《普通高等学校学生管理规定》（2017）第四十条规定："学校应当建立和完善学生参与管理的组织形式，支持和保障学生依法、依章程参与学校管理。"第六条规定："校内组织、参加学生团体，以适当方式参与学校管理，对学校与学生权益相关事务享有知情权、参与权、表达权和监督权"。上述规定表明，我国教育行政部门已经开始将学生的参与权纳入法律法规之中，并把学生参与作为学校事务管理的一个重要组成部分。

2. 知情权。"知情权"（right to know）作为一种权利主张的法学概念，是由美国AP通讯社专务理事肯特·库伯（Kent Copper）于1945年提出来的，是指"自然人、法人及其他社会组织依法享有的知悉、获取与法律赋予该主体的权利相关的各种信息的自由和权利"。[2] 知情权指的是学生对与自己权益相关的事务或信息有知晓的权利。学校在管理过程中，应该将除法律规定的需要保密的事项之外的与学生权益相关的资料和信息予以公示，以保障学生和家长的知情权。通常情况下，知情权是学生和家长享有的一种重要的教

---

[1] 尹力. 教育法学 [M]. 北京：人民教育出版社，2012：136.
[2] 徐显明. 人权研究 [M]. 济南：山东人民出版社，2002：253-254.

育知情权。在未成年人的教育中，学习知情权由学生和家长共同享有，在已满18岁的成年人中，由成年学生享有，具体包括家长和学生有权知晓学校管理的依据、范围、管理者的身份、权限、隶属关系以及管理的最终结果；有权知悉学校的学籍管理以及与自己合法权益有关的资料和信息；有权获知学校的课程、教学计划与目标、学习过程以及学习结果；有权了解各项规章制度、教师资历、公共教育经费的使用以及其他与学生学习、生活有关的情况，涉及学生当事人的违纪处分，学校应以书面形式告知当事人受处分的事实、理由与依据，并告知当事人有合理申诉与上诉的权利。

3. 表达权。表达权是指学生在法律规定的限度内，使用各种合法的方式表明、显示或公开传播思想、情感、意见、观点、主张，表达自己的利益诉求，而不受他人干涉、约束的权利。学生的表达权可以分为两部分，一是在法律规定的限度内，采用合法的方式，表达自己的思想、情感、意见、观点、主张；二是用合理的方式表达自己的利益诉求，这与后面要讲的申诉权有一定的关联。但表达权不一定是申诉权，表达权只是对某些与学生权益相关事务采用合法的表达的方式提出，不一定采用申诉的方式，也可能不适合采用申诉的方式，表达权只是对某些权益的表述与争取。例如，某高校的学生认为宿舍里面没有空调，请求学校的后勤部门安装空调，这就是表达权，学校的后勤部门可以根据学校的经费情况，适当考虑这项要求。

正当的合理合法的表达权应当受到法律的保护，不正当、不合法或者不合理的表达权不应得到支持。

4. 监督权。根据《普通高等学校学生管理规定》的第六条规定："监督权仅限于"学校与学生权益相关事务"。因而学生监督权的行使范围可以是学校的管理过程，包括规章制度的制定、学校大政方针的决策以及课程与教学过程等。学生一旦发现上述管理或者课程与教学过程中出现明显的问题，可以向有关部门举报或者投诉。

5. 申诉权。申诉权是学生的合法权益因教育行政机关或学校作出的错误的、违法的决定或处理，或者因上述机构工作人员的违法失职行为而受到损害时，向有关机构申诉理由，要求重新处理的一种自我保护方式和权利。申诉分为诉讼上的司法申诉和非诉讼上的行政诉讼，前者向司法部门提出，后者向主管行政部门提出。这是学生维护自身合法权益的一项权利。《教育法》第四十三条规定："对学校给予的处分不服向有关部门提出申诉，对学校、教师侵犯其人身权、财产权等合法权益，提出申诉或者依法提起诉讼；"以及《普通高等学校学生管理规定》第六条规定："对学校给予的处理或者处分有异议，向学校、教育行政部门提出申诉，对学校、教职员工侵犯其人身权、财产权等合法权益的行为，提出申诉或者依法提起诉讼。"

四、学生法律地位的特点

1. 学生权利与义务相统一

学生作为多种法律关系的主体，法律地位的多重性决定了学生权利内容的广泛性。例如，《教育法》第四十三条规定了学生基本权利；《未成年人保护法》进一步明确了学生的生存权、发展权、受保护权、参与权等权利，强调结合未成年人的身心特点给予特殊优先保护。

权利与义务具有统一性，没有无权利的义务，也没有无义务的权利。学生享有某种权利的资格和承担相应义务的资格是统一的，学生依法享有某种权利的同时，也意味着负有不得侵犯他人该项权利的义务。以受教育权为例，该项权利既是权利又是义务，学生权利受损时可依据相关法律来获取该项权利，同时学生又不能主动放弃该项权利，而是必须接受教育，且在接受教育时不能侵犯他人权利。

2. 学生法律行为能力的阶段性

我国《宪法》第三十三条规定："凡具有中华人民共和国国籍的人都是中华人民共和国公民。中华人民共和国公民在法律面前一律平等。任何公民都享有宪法和法律规定的权利，同时必须履行宪法和法律规定的义务"。学生作为公民，享有公民权利，但由于学生的年龄跨度大，处于不同年龄阶段的学生具有不同的行为能力。以民事行为能力为例，据《民法通则》中规定，学生的行为能力，分为三个阶段：

完全具有民事行为能力阶段。"十八周岁以上的公民是成年人，具有完全民事行为能力，可以独立进行民事活动，是完全民事行为能力人。十六周岁以上不满十八周岁的公民，以自己的劳动收入为主要生活来源的，视为完全民事行为能力人。"

限制民事行为能力阶段。"十周岁以上的未成年人是限制民事行为能力人，可以进行与他的年龄、智力相适应的民事活动；其他民事活动由他的法定代理人代理，或者征得他的法定代理人的同意。"

无民事行为能力阶段。"不满十周岁的未成年人是无民事行为能力人，由他的法定代理人代理民事活动。"

第二节 学生的违法行为及法律责任

学生法律地位的多样性，决定了学生违法行为的多样性与可能性。研究学生违法行为，适时适当追究学生法律责任，对于正确、及时预防和制裁学生违法行为，维持良好的教育管理秩序具有重要作用。总的来说，违法与犯罪相区别，与责任相联系，轻微的学生违法是一种尚未构成犯罪的行为，但学生违法的后果也同样需要承担一定法律责任。

一、学生的违法行为

1. 学生违法的概念

违法，是指在一定的法律关系下，法律主体违反了法律法规所规定的义务，侵害了受法律保护的法律关系，对社会造成一定程度的危害，且尚未构成犯罪的行为。在具体违法构成中存有学生主体因素时，这样的违法被称作学生违法。关于学生违法的界定包括两方面内涵：一方面，指以学生为主体实施的违法行为；另一方面，指以学生为被害人的违法行为。本章对学生违法的讨论主要限于第一方面的解释。为进一步明确学生违法内涵，需要进一步辨析几组概念。

（1）学生违法与学生犯罪

违法与犯罪都是有害的社会行为，两者皆侵害了受法律规范保护的法律关系，两者在质与量上都有联系和不同。在质上，两者由不同的法律规范调整；在量上，对社会危害程度较大的学生违法，可能上升为学生犯罪。

表 10-1　　　　　　　　　　　学生违法与犯罪的区别

区别		学生违法	学生犯罪
区别	质的方面	由行政法律规范、民事法律规范等加以调整	仅由刑事法律规范调整
		依法追究不同法律责任（行政责任、民事责任等）	仅追究刑事责任
	量的方面	对社会危害程度较小	对社会危害程度较大
联系		严重的学生违法，则为学生犯罪	

（2）学生违法与学生违纪

学生违法是指违反包括教育法律以内的国家法律规范，包含违纪的内容，违法的社会危害程度更大。学生违纪，又称学生违规，不仅包括校内违纪，还包括校外违纪，具体指违反党纪、团纪、学生行为规范、班规校规以及其他社会行为规范。一般意义上的学生违纪不构成违法，但是随着我国法制建设的发展，纪律规范可能上升为国家法律，此时违纪等同于违法。

表 10-2　　　　　　　　　　　学生违法与违纪的区别

区别		学生违法	学生违纪
区别	本质	学生行为违反国家相关法律法规	学生行为偏离纪律规范
	特点	对社会危害程度较大	对社会危害程度较小
	矫正措施	强制性较大	强制性较小
	矫正实施者	以公安司法机关为主	以家长和学校为主
联系		经常性、习惯性的学生违纪行为，如果不加以矫正，容易演变成学生违法行为	

2. 学生违法犯罪成因

近年来，学生违法犯罪现象层出不穷，除学生身体心理发育尚不健全等自身原因以外，主要还存在以下几个方面的原因：

（1）家庭方面的原因

在学生日常生活中，家庭因素对学生行为的影响较大，大量研究发现家庭诱使学生产生违法犯罪行为主要表现在：一是家庭结构。留守家庭和单身家庭出身的孩子由于部分家庭亲情的缺失，部分孩子人格和心理容易走向极端，从而引发违法犯罪行为。二是家庭教养方式。教养方式是指家庭培育和养育孩子的方式，不恰当的教养方式会严重影响孩子的身心成长，例如，溺爱纵容，孩子肆意妄为，对法律和规矩缺乏敬畏心，因而违法犯罪；又如，放任自流，孩子受到社会不良风气的影响，踏上违法犯罪之路。此外，家长的不良习惯或嗜好也容易起到不良示范作用，影响孩子的善恶观念。

【案例】

湖南沅江学生弑母案

2018年12月3日12时24分，沅江市公安局接到群众报警称：泗湖山镇东安垸村发生一起命案。经查，受害人陈某（女，34岁，沅江市泗湖山镇人）被人杀死在自家卧室内，身上多处刀伤，嫌疑对象已锁定为其子吴某（男，沅江市泗湖山镇人，六年级在校学生）。经初步审讯，吴某因不满母亲管教太严、被母亲打后心生怨恨，于12月2日晚9时许持刀将母亲杀死。3日上午，邻居发现情况后向公安机关报警。（资料来源：微信公众号"沅江发布"，有删改）

◎ **案例分析**：此案中的儿子杀死母亲已经构成犯罪，起因是母亲管教太严，其中原因可能是母亲不懂得与儿子真诚沟通，母子缺乏信任与了解，导致了这起命案。家庭教育需要采取正当的方式，应该采取疏导与引导相结合的策略，化解儿童心中的积怨，否则，不恰当的教养方式，极易将孩子推向违法犯罪的歧路。

虽然个案原因极难探寻，以"湖南沅江弑母案"为例，家庭教育缺失是犯罪的重要原因之一。据报道，"吴某父母长期在外工作，主要靠爷爷奶奶抚养，且极其溺爱"。由此可见，家庭是未成年学生成长和生活中最重要的场所，父母是最好的老师，在子女成长过程中起着榜样和示范的作用，家庭教育的缺失，极易将孩子推向违法犯罪的歧途。

（2）学校方面的原因

在多数学校，对学生开展法治教育工作缺位现象突出，学校法制教育工作存有缺陷。一是法制教育为升学教育让路。有的学校把升学率作为评判教育成果的主要甚至是唯一标准，不直接将法制教育纳入正常的教育教学计划安排体系。二是法制教育只重形式不重效果。大部分学校的法治教育，在媒介上以宣讲、广播、电视、纸媒等传统模式为主，在教学方式上追求简单的知识灌输，互动性与趣味性缺乏，教育教学效果差。

3. 学生违法犯罪的预防

学生违法犯罪预防是一个系统工程，需要从多个方面共同入手，但总的来说，政府、学校和社会协同干预是预防学生违法犯罪的关键。

（1）政府层面：贯彻落实相关规定

社会治安是公共部门政治职能中的基本构成，确保公民遵纪守法、维护社会稳定和保护合法权利是其重要职责。在学生犯罪预防问题上，根据《预防未成年人犯罪法》的相关规定，在预防未成年学生犯罪过程中，公共部门应该承担以下责任：

一是预防未成年人犯罪的规划。计划是管理的基础，各级人民政府要积极制定预防未成年人犯罪工作的规划，同时计划的实施需要多方面的通力合作，因而政府要组织协调公安、教育、文化、新闻出版、广播电影电视、工商、民政、司法行政等政府有关部门和其他社会组织进行预防未成年人犯罪工作。此外，对计划的控制能及时总结经验和纠正偏差，因而针对法律的实施情况和工作规划的执行情况，政府部门要按时检查，纠正偏差，树立和表彰先进典型，总结推广预防未成年人犯罪工作的经验。

二是预防未成年人犯罪的教育。目标管理是比计划管理更为优越的管理方式,教育行政部门应该将预防犯罪教育作为法制教育内容纳入学校教育教学计划,但目标管理的局限在于难以适应复杂多变的外部环境,因而也要结合常见多发的未成年人犯罪,对不同年龄的未成年人进行有针对性的预防犯罪教育。绩效管理是资源有效配置的管理工具和良好工作效益的诱因机制,教育行政部门应当将预防未成年人犯罪教育的工作效果作为考核学校工作的一项重要内容。

(2)学校层面:加强生命安全教育

学校是学生接受教育的主阵地,有责任对学生的不良行为或劣质行为进行教育和提醒,具体措施有:第一,定期举办各种形式的讲座、座谈、培训等活动指导学生家长和教师如何防治或矫正孩子的不良行为。第二,设置专门的心理培训部门,定期给学生上心理辅导、心理救治和生命安全等课程内容。第三,将生命教育融入其他的课程教学过程中,让学生知道人类生命的意义,了解什么是死亡、死亡的结果意味着什么,一个人只有真正理解了生命的价值,才会珍惜自己的生命和尊重他人的生命。

(3)社会层面:倡导媒体责任、家庭教育和学生自律

网络媒体对学生具有引导作用,媒体在对暴力、血腥等事件进行报道时,要充分意识到自己行为的负面效应,而不是片面地追求热点事件和网络流量。倡导媒体责任不是要媒体放弃对此类事件的报道,而是号召媒体发布更多客观公正的报道,既不造谣,也不传谣,在尊重客观事实的基础上强调感化教育而不是犯罪细节。

家庭教育与学生自律是相辅相成的。家庭是最基本的社会单元,是未成年人与社会最早的接触点,是未成年人成长的第一所学校,学生自律离不开良好的家庭氛围和家庭环境。在正常的家庭教育中,父母对孩子要多一点陪伴,多一点引导和心平气和,少一点责怪和打骂;孩子对父母要多一点谅解和体贴,少一点惹是生非和无理取闹。父母和孩子的关系只有在双方共同努力下才能向积极良好的方向健康发展。

二、学生法律责任

教育法律责任,指行为人因实施了违反教育法律、法规的行为,依法应承担的否定性法律后果。[1] 学生法律责任即指学生在违反法律法规后所应承担的法律后果。学生违法行为与学生法律责任紧密相连,存在违法违规行为是学生法律责任的前提。与其他群体相比,学生群体的法律责任具有如下特点:

(1)学生承担刑事责任的年龄具有阶段性

当学生行为违反刑事法律规范时,便要承担刑事法律责任。由于学生群体年龄跨度较大,处于不同年龄阶段的学生在面对同一法律责任时,呈现出不同特点。我国《刑法》对学生的刑事责任年龄划分为多个阶段,刑法第十七条明确指出:"已满十六周岁的人犯罪,应当负刑事责任。已满十四周岁不满十六周岁的人,犯故意杀人、故意伤害致人重伤或者死亡、强奸、抢劫、贩卖毒品、放火、爆炸、投毒罪的,应当负刑事责任。已满十四周岁不满十八周岁的人犯罪,应当从轻或者减轻处罚。因不满十六周岁不予刑事处罚的,

---

[1] 袁兆春,宋超群. 教育法学[M]. 济南:山东人民出版社,2014:94.

责令他的家长或者监护人加以管教；在必要的时候，也可以由政府收容教养。"

（2）学生承担行政责任的内容以申诫罚与人身罚为主

学生行政责任，指学生由于违反法律或规章制度，在行政上所必须承担的法律后果。其性质属于轻微违法或违反纪律。行政制裁是承担行政法律责任的主要方式，包括行政处罚和行政处分。

表 10-3　　　　　　　　　　行政处罚与行政处分的区别

区别		行政处罚	行政处分
区别	内容	警告、罚款、行政拘留等	警告、记过、记大过、留用察看、开除等
	实施主体	特定行政机关，如公安局	相应国家机关或工作单位，如学校
联系		两者都属于行政制裁，违法学生都可能面对	

对违法学生而言，行政制裁主要包括申诫罚（警告、记过、留校察看等）和人身罚（行政拘留、劳动教养）。

（3）未成年学生不完全独立承担民事法律责任

学生民事责任，指学生因实施违法行为而侵害国家、集体或其他公民合法财产权或人身权时所应当承担的法律后果。一般情况下，未成年学生由于不具备独立的民事行为能力，因而其无法独立承担的法律责任由其监护人承担。

为此，《民法通则》中对未成年人监护人做了详细规定："未成年人的父母是未成年人的监护人。未成年人的父母已经死亡或者没有监护能力的，由下列人员中有监护能力的人担任监护人：祖父母、外祖父母；兄、姐；关系密切的其他亲属、朋友愿意承担监护责任；经未成年人的父、母的所在单位或者未成年人住所地的居民委员会、村民委员会同意的；对担任监护人有争议的，由未成年人的父、母的所在单位或者未成年人住所地的居民委员会、村民委员会在近亲属中指定。对指定不服提起诉讼的，由人民法院裁决。没有上述规定的监护人的，由未成年人的父、母的所在单位或者未成年人住所地的居民委员会、村民委员会或者民政部门担任监护人。"

第三节　学生的权利救济

学生权利救济是指在学生的实体权利遭受侵害的时候，由相关部门或个人在法律所允许的范围内采取一定的补救措施以消除侵害，使得学生获得一定的补偿或者赔偿，以保护学生的合法权益。学生的权利救济途径包括教育申诉、行政复议、行政诉讼等。

一、学生救济性权利的主要内容

2017 年，新修订的《普通高等学校学生管理制度规定》（以下简称《新规定》）正式实施。其中，在学生申诉一章中，专门指出："学生对学校的处理或者处分决定有异议的，可以在接到学校处理或者处分决定书之日起 10 日内，向学校学生申诉处理委员会提出书面申诉。"而且"学生对委员会的复查决定有异议的，在接到学校复查决定书之日起15日内，可以向学校所在地省级教育行政部门提出书面申诉"。因此，学生除了享有获得学籍权、受教育权等实体性权利外，还享有保障实体性权利得以实现的救济性权利，主要包括请求权与抗辩权、申诉权等。

1. 学生请求权与抗辩权

请求权，是指权利人要求他人为特定行为作为或不作为的权利。请求权的权利人不能对权利客体直接支配，必须通过义务人的作为或不作为，才能实现其权利。请求权是联系民法与民事诉讼法的纽带。实体法上的请求权与程序法上的请求权联系在一起。请求权具有如下特征：(1) 权利利益须通过义务人的给付方能实现；(2) 权利作用体现为请求，而不是支配；(3) 权利效力上不具有排他性。例如同一客体上可以存在两个不相容的请求权，例如二重买卖；(4) 权利效力上具有平等性。抗辩权则是指专门对抗请求权的权利，亦即权利人行使其请求权时，义务人享有的拒绝其请求的权利；请求权是指权利人请求他人为特定行为作为或不作为的权利。请求权是相对权的典范，即仅仅相对于某个特定的人产生效力。请求权与抗辩权属于私人救济范畴，学生同样享用。例如，当学校剥夺学生应当享有的权利时，如学籍权等，学生有权要求学校相关部门提供剥夺该学生权利的事实与理由，出具剥夺该学生权利的法律依据，或公示剥夺该学生权利的全部过程。学校如若不能实现某一要求，学生则有权要求学校撤销该项剥夺处罚。

2. 学生申诉权。我国《教育法》第四十三条第四项规定，受教育者"对学校给予的处分不服时，可向有关部门提出申诉，对学校、教师侵犯其人身权、财产权等合法权益时，可提出申诉或者依法提起诉讼"。学生因对学校有关职能机构或人员作出的有关处理决定不服，或认为其有关具体行为侵犯了自身合法权益时，依照规定程序，有权申请对该学校机构或人员进行审查处理。2017年颁布的《普通高等学校学生管理规定》的第六条规定："对学校给予的处理或者处分有异议，向学校、教育行政部门提出申诉，对学校、教职员工侵犯其人身权、财产权等合法权益的行为，提出申诉或者依法提起诉讼。"这些都为学生申诉提供了法律依据。

表 10-4　　　　　　　　　　　　高等学校学生申诉的一般过程

	步骤	细则	备注
1	申诉	学生对学校的处理或者处分决定有异议的，可以在接到学校处理或者处分决定书之日起10日内，向学校学生申诉处理委员会提出书面申诉。	
2	复查	学生申诉处理委员会对学生提出的申诉进行复查，并在接到书面申诉之日起15日内作出复查结论并告知申诉人。情况复杂不能在规定期限内作出结论的，经学校负责人批准，可延长15日。学生申诉处理委员会认为必要的，可以建议学校暂缓执行有关决定。	

续表

步骤		细　则	备注
3	作出复查意见	学生申诉处理委员会经复查，认为做出处理或者处分的事实、依据、程序等存在不当，可以作出建议撤销或变更的复查意见，要求相关职能部门予以研究，重新提交校长办公会或者专门会议作出决定。	
4	提出异议	学生对复查决定有异议的，在接到学校复查决定书之日起 15 日内，可以向学校所在地省级教育行政部门提出书面申诉。省级教育行政部门应当在接到学生书面申诉之日起 30 个工作日内，对申诉人的问题给予处理并作出决定。	

二、学生权利救济的困境

1. 学生的请求与抗辩权的救济效果不佳

虽然我国法制不断健全，法治观念逐渐深入人心，但是学生与学校关系的不对等还普遍存在，学校与学生之间信息不对称、能力不对称、地位不对称的状态在部分学校和地区在短时间内还无法得到缓解。因此，学生请求或抗辩式的救济方式在强制力与公信力上还相对欠缺，救济的效率并不高，效果也不明显。

2. 学生申诉制度具有适用范围狭窄和同体监管的制度缺憾

申诉是非诉讼救济的重要途径，鉴于对抗性的诉讼有损师生感情，且教育教学秩序的正常开展和学生的身心成长都经不起诉累或缠诉，部分学者认为应当充分发挥非诉讼救济、尤其是申诉制度的优势以维护学生的权益，但就目前而言，申诉制度仍然存在一些制度缺憾，主要体现如下：

一是申诉制度的适用范围过于狭窄。《新规定》第六章第五十九条规定："学生申诉处理委员会负责受理学生对处理或者处分决定不服提起的申诉。"实际上，"对处理或处分不满"变相的缩小了申诉的适用范围，这表明申诉制度仅能适用于学生不服学校违纪处分的场合，对于教师或学校的其他侵权行为（如暴力教学、歧视差生）则无力救济。学生申诉权本质上是一种学生权益救济权利，而非单纯对学生处分进行救济的权利。"学生申诉的受理范围应当从系统地梳理学生权益的侵害类型入手，而不应仅限于违规违纪处分这样一种学生权益侵害类型"①。

二是同体监管的制度缺憾。《新规定》第六章第五十九条规定："学生申诉处理委员会应当由学校相关负责人、职能部门负责人、教师代表、学生代表、负责法律事务的相关机构负责人等组成，可以聘请校外法律、教育等方面专家参加。申诉处理委员会的组成人员中学校职能部门的行政领导占了大多数，学生代表和教师比例不确定，因此能否真正维

---

① 章清，杜志宏. 论高校学生申诉制度受理范围的拓展 [J]. 现代教育科学，2006，(9)：10-13.

护学生的权益、作出公正的结论尚存疑问。"

3. 未成年学生权利的救济依赖于成人权力的介入

人权的终极权利价值是自主权,主张每个人可以在自身理性和独立性的基础上,凭借自身力量来维护自己一切权利。然而,处于中小学阶段的学生在很大程度上理性和独立性发育相对不够成熟,虽然他们享有法律所规定的权利,但在理解和维护上仍然需要借助成人的力量。

【案例】

一个小女孩认字母引起《公民教育保护法》的修改

1968 年,美国内华达州一位叫伊迪丝的 3 岁小女孩告诉妈妈:她认识礼品盒上"OPEN"的第一个字母"O"。这位妈妈非常吃惊,问她怎么认识的。伊迪丝说:"薇拉小姐教的。"

这位母亲表扬了女儿之后,一纸诉状把薇拉小姐所在的幼儿园告上了法庭,理由是该幼儿园剥夺了伊迪丝的想象力,因为她的女儿在认识"O"之前,能把"O"说成苹果、太阳、足球、鸟蛋之类的圆形东西,然而自从幼儿园教她识读了 26 个字母,伊迪丝便失去了这种能力,她要求幼儿园对这种后果负责。

3 个月后,此案在内华达州立法院开庭,幼儿园败诉。因为陪审团成员被这位母亲在辩护时讲的一个故事感动了。

她说,我曾到东方某个国家旅行,在一家公园里曾见过两只天鹅,一只被剪去了左边的翅膀,放在较大的水塘里;另一只完好无损,放在较小的水塘里。管理人员告诉我,这样能防止天鹅逃跑。剪去一边翅膀的无法保持身体的平衡,飞起后就会掉下来;在小水塘里的,虽然没有被剪去翅膀,但起飞时会因没有必要的滑翔路程,而老实地呆在水里。我当时非常震惊和悲哀。今天,我为我女儿打这场官司,是因为我感到伊迪丝变成了幼儿园的一只天鹅。他们剪掉了伊迪丝的一只翅膀,一只幻想的翅膀;他们早早地把她投进了那片小水塘,那片只有 ABC 的小水塘。

这段辩护后来成了内华达州修改《公民教育保护法》的依据,现在美国《公民权》规定,幼儿在学校拥有两项权利:(1)玩的权利;(2)问为什么的权利。①

◎**案例分析**:薇拉小姐(老师)采取知识本位教学的传授机制,直接将"O"与字母 O 相联系,束缚了孩子的想象力,在教学过程中没有为学生产生精彩观念创造空间与机会,侵犯了《儿童权利公约》中第十三条规定的自由发表言论的权利。伊迪斯只是一个三岁的小女孩,心智尚未发育成熟,内心难以分辨教学方式是否抑制了自己自由表达观念的权利,更加没有能力去维护自身受损的权利。因此孩子维权需要的产生和维护依赖于法定监护人的介入,父母或视具体情况而定的法定监护人应对未成年学生的养育和发展负有重大责任,将未成年学生的权利和利益视为自身主要关心的事情。

---

① 仲建维. 学生权利论 [M]. 上海:华东师范大学出版社,2009:17.

此案例体现了利益主体（小女孩）和利益主张者（女孩妈妈）的分离，说明了未成年学生权利的救济很大程度上依赖于成人的理解和保护，但成人也可能借用对孩子的监护权和照管权将成人自身意志和选择强加给孩子。

【案例】

一个孩子，用"死"来摆脱母亲的控制

在热播剧《小欢喜》中，乔英子（李庚希饰）的妈妈宋倩（陶虹饰）不许女儿早恋，不许和陌生人说话，不许和隔壁大哥哥玩，不许接受爸爸爱的表达，除妈妈给的礼物外都不能要。高考前，母女二人因志愿填报产生矛盾。乔英子逃离到深圳，父母追到深圳。在深圳海边，乔英子表达了一切，当时处于崩溃边缘的乔英子有了跳海的冲动，最后被父母拦住抱下，父母并承诺以后不再逼迫她。

◎案例分析：未成年学生维权需要成人权力的介入，可成人权力的介入也可能僭越孩子自身的需求。在热播剧《小欢喜》中，乔英子的母亲过度介入孩子的学习，严重忽视了孩子的自身需求，影响了孩子作为学习者自己的个人选择，违反了《儿童权利公约》第十二条"儿童有权对影响本人的一切事项自由发表意见"及第三十一条"儿童有权享有休息和闲暇，从事与年龄相宜的游戏和活动"等相关规定。

未成年学生维权需要成人权力的介入，可成人权力的介入又可能僭越孩子自身的需求。那么如何约束成人的权力呢？有两条途径：一是加强法律制度建设，为成人的权力制定边界。二是提升成人对儿童权利的理解，成人的权力应该是为儿童权利服务，而不是强加意志，不能替代孩子做选择。

【小结】

学生是教育法律关系中的重要主体，从不同学科角度出发，学生会有不同的含义。立足于教育法学，本章主要介绍了学生的法律地位、违法行为、法律责任以及法律权利救济。

学生法律地位本质上是指学生在法律关系中所处的具体位置。学生法律地位具有多种类型，包括公民、民事权利主体、未成年人、受教育者等。在学生法律地位的规定情境下，学生法律行为能力具有阶段性，学生权利义务具有统一性等特点。

学生违法行为与学生犯罪行为相区别，与学生法律责任相联系。学生违法犯罪成因与家庭教育缺位和学校教育错位相关。因此，优化家庭教育、提升学校教育、建立学校-家庭-社会协同干预机制，是预防学生违法犯罪的有效途径。学生违法犯罪意味着承担相应责任，与其他群体相比，学生承担刑事法律责任的年龄具有阶段性、承担行政法律责任的内容以申诫罚与人身罚为主、承担民事法律责任等方式具有不完全独立性。

学生权利救济不同于其他权利救济。其中，高校学生享有校内申诉与校外申诉两种申诉途径，学生申诉和行政复议还尚未得到有效衔接。

第十章 学生

【思考题】
1. 如何理解学生的法律地位?
2. 试述学生违法犯罪的成因及预防措施。
3. 与其他群体相比,学生群体的法律责任有何特征?
4. 与其他群体相比,学生权利救济有何特点?

第十一章 教育法律救济

【内容提要】

　　教育法律救济,是教育法研究中的一个重要领域,它实际上是获得法律帮助的重要渠道和途径。教育法律救济主要有教育申诉,教育行政复议和教育行政诉讼三种方式。归纳起来就是两大途径,即行政救济和司法救济。教育申诉又分为教师申诉和学生申诉,教育申诉是比较便捷的,效率较高的,成本比较低的一种行政救济渠道。教育行政复议是一种特殊行政救济渠道,也是一种特殊的行政行为,主要是以文本审理为主的救济途径,教育行政诉讼,是最后一道行政救济渠道。行政诉讼有特定的主管机构,特定的管辖和特定的一些基本原则。

【课程目标】

1. 了解教育法律救济的几种主要途径。
2. 学会分析教育法律救济的主要价值。
3. 掌握教育申诉的主要特点,特别是教师申诉和学生申诉的特点及主要程序。
4. 掌握教育行政复议的特点和程序。
5. 理解掌握教育行政诉讼的主要特点和程序。

第一节 教育法律救济的价值

　　教育法律救济的价值。为什么要谈教育法律救济问题?也许有人会说,我们已经谈了法律的制定问题,也谈了法律的监控问题,还谈了法律的实施问题,为什么还要来谈教育法律的救济问题?究竟谈教育法律救济的问题有什么意义呢?或者说谈教育法律救济,对整个社会有什么作用呢?那么就要思考教育法律救济是通过什么样的机制来对整个教育乃至社会产生作用的。没有救济就没有权利,如果权利仅仅停留在书面上,没有转化为现实中的权利,那这种权利实际上就只是一种摆设。E.博登海默认为:"一条法律规范是有效的,这就意味着这条法律规范对于它所指向的那些人具有约束力。"① 这个约束力,不单是对个体履行义务的约束力,还应是对个体权利的保障。实践之中的权利应当得到保障,换而言之,就是

---

　　① E.博登海默,邓正来译.法理学法哲学与法律方法[M].北京:中国政法大学出版社,1999:331-333.

第十一章　教育法律救济

当权利受到侵害的时候，我们有地方进行反映或者诉说。用专业术语，这种行为即是行政复议、行政诉讼等等。这样，权利才能得到保障。如果我们的权利受到侵害以后，却没有地方可以去反映，没有地方可以去解决，那这个权利，在某种程度上就是一句空话、一个虚的权利，而不是一个真实的权利。正如王泽鉴先生所指出的："侵权行为法的重要机能在于填补损害及预防损害。"① 所以法律救济，在某种程度上，就是让文本上的权利转化为实践中的权利。

教育法律救济价值到底有哪些价值呢？经过归纳分析，主要有以下几个方面的价值。

第一个价值是权利保护的价值。在现实社会当中，权利常常被故意或无意地伤害。不只是经济性的权利，政治性的权利，还有其他的各种各样的权利，常常会受到伤害，我们所关注的教育也不例外。教育中常常也存在权利被侵害的情况。教师的权利会被侵害：教师的工资被扣分，女教师怀孕期间工资不能正常发放，教师的休息权、培训权等也总有意无意地被侵害。像这种情况，教师该通过哪些方式和途径来维护自己的权利呢？这就是法律救济所要解决的问题，简要的说，就是教师的权利救济问题，这是权利保护研究中重要的一方面。当然，教育权利救济的主体不仅仅是教师，保护的主体还包括学生。在现实当中，有些学生的权利也受到侵害，比如说：学生的受教育权利被剥夺，学生的人身权利被伤害，学生的名誉受到侵害等等。这些各种各样的权利受侵害的案件常会发生，那么作为学生及学生的监护人，该怎样保护其合法权利，这也是权利救济要解决的问题。而行政复议、行政诉讼就是解决学生的权利保护问题的重要途径。

第二个价值是程序的价值。中国的法律非常重视实体方面，对教师和学生的权利都做了详细的规定。但是如何保障这些权利的实现，在程序上是有待完善的。或者说过分地重视实体，忽视了程序上的完善。这是现实的法律当中存在的问题。而教育法律救济，实际上是加强权利保护的一系列的法律程序。在行政复议中，包括一系列严格的行政复议程序，以及行政复议委员会的成立，这些应该都有严格的规定。从这个角度来说，这种程序保障是权利保障的重要方面。行政诉讼更强调程序性，从立案到审理，到宣判，到执行，都有一系列程序性的规定，这种程序性的规定，就是法律救济的重要体现。如果每一个法律的制定者、执行者和实施者都能够严格遵守法律的程序，按照程序去实施与执行，那么教育法律的救济才能真正得到实施，法律救济的途径才能通畅，人民的权利也才能够得到保障。

第三个价值是教育法律公正价值，这是教育法律救济得到实现的重要体现。教育法律的价值主要是公正、公平。法律女神一手拿着天平，一手拿着宝剑，实际上象征着法律通过国家的强制力来维护公正的价值观。公正是一个和谐社会的重要体现，也是保障和谐社会正常运转的重要的价值取向。② 如果一个社会不公正，那将会出现混乱或者酿成重大的危机。一个社会只有保持公正、公平，这个社会才具有可持续性。这种公平公正价值取向，不仅仅表现在社会层面，在教育领域也是如此。教育如果不能做到公平公正，那么就会在社会上制造更多的不公正，因为教育的公正是社会公正的基础和体现，也是社会公正

---

① 王泽鉴. 侵权行为法（第一册）[M]. 北京：中国政法大学出版社，2001：34.
② 顾培东. 当代中国司法公正问题研究 [J]. 中国法律评论，2015，(2).

的缩影。教育公正也是缩短社会不公正的重要途径。因此，教育法律救济是实现教育公正的重要渠道，也是实现社会公正的重要途径。在教育领域，如果能够很好地贯彻公平公正的价值，从历时的角度来看，它影响的不仅是一代人，它会影响到几代人，甚至几十代人，这种公平公正的价值观，会源远流长地传递下去。从共时的角度来看，社会的人才都是通过教育培养出来的，因此教育领域强调的公平公正的价值观也会传递到社会的各行各业。所以从这个角度来分析，教育法律救济实际上也是教育公平公正价值的重要保障。①

第二节 教育申诉制度

一、教育申诉的概念

教育申诉制度是教师和学生常见的一种申诉制度，也是一种常见的救济制度，即当教师或者学生的权利受到侵害的时候，受侵害者可以找到有权的国家机关进行申请、诉说，希望能够得到公平公正的处理。通过相应的机构或者机关申请重新处理或重新审议，这样一种行为或者说制度设计显然是一种权利救济的非常方便的渠道。教育申诉制度的建立，更体现了在科教兴国的大背景下，国家对学生、教师权益保护的特别重视。②

教育申诉可以分为校内的申诉和校外的申诉。校内的申诉是指学校内部自己建立一套教师和学生的申诉机制。通常学校为了维护学生和教师的合法权益，在学校内部建立一个申诉委员会，并在申诉委员会里建立比较健全的申诉机制，同时也对申诉的范围、对象、申诉的内容和机构都进行了比较详细的规定。一般的中小学都建立了比较健全的校内申诉制度，也对申诉的各个方面进行了比较详细的规定。③校外申诉则是向教育局、教育厅或者其他的教育行政主管部门进行申诉的一种机制。即在学校申诉没有办法解决问题的时候，可以向政府或者是教育行政机构提起申诉。申诉是一个比较好的制度设计，因为它的成本比较低，通常也能够解决问题。特别是一些小的纠纷和矛盾，常常是通过申诉来得到解决的。所以申诉属于非诉讼性质，是一种成本非常低的权利救济性的机制。

申诉也可以分为教师申诉和学生申诉两大类。教师申诉指的是教师的合法权益受到侵害的时候，教师依照有关教育法律的规定，向学校或者是行政机关诉说理由，然后请求学校重新处理问题的一种行为，它通常是非常公正的一种处理方式。《教师法》设定的申诉在理解和执行上具有提倡通过行政复议或者行政诉讼行使救济权利的特点。④

二、教师申诉制度的价值

当教师的合法权益受到侵害的时候，教师采取申诉的方式来保障自己的权利，因而该

---

① 劳凯声．中国教育法制评论［M］．北京：教育科学出版社，2002：198．
② 茅铭晨．论宪法申诉权的落实和发展［J］．现代法学，2002，(6)．
③ 秦惠民．依法治校的高校学生管理制度特征［J］．中国高等教育，2004，(8)．
④ 朱应平．教师权益法律救济研究［J］．行政法学研究，2000，(4)．

项制度有极为重要的价值。

（一）维护教师合法权益的价值

教师的权利在实体法里面进行了详细的规定，包括教师有教育教学的权利，有参与管理的权利，有评价和指导权等等，那么，如何来保证这些实体性权利呢？如果有人侵犯了这些权利，又应该通过什么样的方式进行维护？如果教师的权利受到侵害，找不到维护权利的地方，那么教师的权利就很难得到保证。所以，通过这种制度设计，教师就可以找到申诉的地方，就能合法地维护自己的权益了。

（二）促进教育行政能力的提升

长期以来对教师的管理是参照行政管理的方式，教育管理行政化的色彩比较浓厚，存在一种指令式管理。但实际上教师是知识分子，对知识分子的管理应该不同于公务员和普通的劳动工人，应该要以尊重作为前提，要遵循合法的管理程序和管理途径，不能非法越权或者是侵权。① 从这个角度看，实行教师申诉制度有利于教育行政机关依法行政、依法管理、依法监督，也有利于提高教育行政机关的法制化水平和科学化水平。一个行政机关，如果不懂得教师的心理特点，不懂得教师的专业特点，盲目地采取简单粗暴的行政管理手段，实际上是不利于教师的发展和教育整体水平提升的。

（三）提高工作的效率

这里的效率引用了《辞海》中的概念："消耗的劳动量与所获得的劳动效果的比率"②。说明效率是劳动量的消耗与所获得劳动成果的比较，也就是指投入与产出的对比关系。比起法院的审理，教师申诉的效率是非常高的。通常这种渠道不需要耗费太大的人力、物力和财力，在行政机关内部或者是学校内部进行讨论就可以决定。这种解决方式对维护教师的合法权益很重要，同时也减少了司法资源的滥用和浪费，提高了工作的效率。

（四）有利于提升教师的幸福感和生活满意度

因为教师是非常特殊的职业，生存哲学认为："人是具体的存在者，生存作为每个人生命的表现和体验活动，只能由他们自己选择或担当"。③ 教师从事知识生产、分享和传播的工作，需要得到足够的尊重其地位才能得到保证。教师的社会地位得到尊重，教师才会乐于发表有创见性的成果，而这对整个学院的发展有很大促进作用，所以教师申诉制度是一个非常好的教师利益保护制度。

教师申诉的校外受理机关一般是主管教育行政部门或者同级人民政府。如果是县一级的申诉，受理机关就是县级的教育局；如果是省一级的申诉，受理机关通常是省教育厅。

---

① 王延卫. 论行政机关处理教师申诉行为之性质 [J]. 行政法学研究，2000，(1).
② 辞海 [M]. 上海：上海辞书出版社，1994：1656.
③ 张曙光. 生存的哲学的命意及其当代旨趣 [J]. 哲学动态，2001，(1).

对中小学而言，大多数教育申诉的受理机关是县教育局。当教师感觉自己的权利受到侵害并且不服的，一般都是去教育局进行申诉，希望教育局能够通过公正公平的审理，处理与解决教师的权利受侵害的问题。当然也有可能找同级人民政府，或者上级人民政府的对口部门申诉。如果教师对当地人民政府的有关职能部门的处理决定不服，可以找同级人民政府或者上级人民政府的对口部门申诉。就是说如果教师对公安局的处理不服，可以去当地的人民政府或者是对口人民政府的公安厅进行申诉。

三、教师申诉的程序

关于教师申诉的程序问题，是教师申诉是否体现正义的重要方面。众所周知，程序正义是实体正义的重要保证[1]，教师申诉虽然不像法院起诉那样有严格的程序，但也是一种重要的救济途径。所以教师申诉也应该遵从基本的程序进行申诉或处理。教师申诉的基本程序包括提出申诉，受理申诉和处理申诉。

首先是提出申诉。当教师的权益受到侵害的时候，首先必须要提出申诉。申诉是依法申请才能执行的救济途径，是一个被动的行政过程。只有当教师主动提出申诉的时候，学校或者教育行政部门才可以进行受理，如果没有提出来，不能主动去要求教师申诉。比如说当一个教师受到不公正待遇的时候，如果他自己觉得能够接受，或者他经过思想转换接受了，那是可以的。如果他觉得自己被不公平不公正对待，那么就可以提出申诉。所以申诉首先必须要教师亲自提出，并且通过书面文件正式提出，才是有效的，通过口头提出的无效。这也是教师申诉比较特别的一个方面，必须要通过正式的文本提出才是有效的。那么，申诉提出的文本内容需要有哪些呢？至少要写上以下几个方面的内容：首先是基本情况，包括自己的姓名、身份信息，联系方式和住址等等。其次要把申诉的对象的姓名、法定代表人，住址，身份证信息等写清楚，让大家知道对方的具体情况。第三点要写清楚具体的申诉理由，是人事权受到的影响，还是其他原因等等，要通过文字详细描述出来。在讲清楚申诉理由的同时，能列出依据更好，如果不能列出依据，申诉理由通常是苍白无力的。列出依据比如学校处理不当对教师的利益产生影响，或者职称晋升存在违规操作等等。

第二个程序是申诉的受理。并不是所有教师的申诉都会得到受理。有些不相关的申诉，学校或者教育行政机关是不会受理的。比如说申诉涉及个人家庭事务或者其他与学校无关的事务，学校当然不会受理，教育行政部门也不会管这方面的事情。确实，有些教师没有弄清楚哪些事情是可以通过学校或者行政机关的申诉得到解决的。只有教师因为学校管理原因产生的纠纷，或者是学校管理工作中有不当行为，教育行政部门才会接受申诉[2]。如果是个人隐私的事情，自己家庭的事情，没有涉及教育管理问题，这种申诉是不被接受的。所以受理申诉也有几种情况：第一种情况，如果该申诉符合申诉的条件，并且这个问题确实是教育管理原因导致的，那么接受申诉；第二种情况，如果申诉是无理由的，不符合申诉的条件，甚至是无理取闹的，这种情况下的申诉是不会被接受的；还有第

---

[1] 王利明. 司法改革研究 [M]. 北京：法律出版社，2000：269.
[2] 朱应平. 教师权益法律救济研究 [J]. 行政法学研究，2000，(4).

三种情况是，一些申诉虽然是合理的，但是材料不完整，这时需要要求申诉人补充一些支撑材料①。

最后一个程序是处理申诉。对于申诉的处理，要根据教师提交的材料进行仔细的审理②。如果确实是学校处理不当或者确实是教育行政部门处理不当，又或者是其他职能部门处理不当，那么就要对这个不当的行为进行纠正，督促学校或者教育行政部门改变原来的决定，给教师一个合理的回复。如果发现教师提出来的申诉是不合理的，整个材料虽然有理由，但是理由不充分，也会驳回教师的申诉。

总体来说，必须要谨慎对待教师的申诉。首先，从认识层面来说，应该意识到申诉是维护教师权利的一个重要的渠道和途径，要给教师一个反映渠道和救济途径，不能简单压制。因为若教师的问题得不到合理的解决，教师就会通过上访或者其他更极端的方式去寻求解决办法。我们还要认识到教师申诉的重要性，因为一个学校教育质量的提升靠的是教师，教师的价值得到实现，教师的权利得到尊重，教育才有希望，应该从认识上对其高度重视。其次，要对教师提出的申诉从程序上进行保证。教师申诉的受理，审理和处理，这三个程序应该认真对待，不能因为觉得某个教师的事情较小，就一个人武断决定。应当严格按程序进行，集体决策，通过教师申诉委员会集体讨论决定。再次，对教师的申诉应当及时处理，不能拖延。现在教师反映的问题往往不能得到及时的处理，这不但影响到教师的当前利益，更可能影响到教师长远的发展。所以，从这个角度来说，教师提出了申诉，应该在规定的时间内及时给予处理，这样才能保证教师的合法权益③。

第三节　教育行政复议

一、行政复议的概念及特征

教育行政复议，从字面上解释，就是通过行政的方式进行重复的审议，或者是再次的审议。教育行政复议是一个重要的救济制度，它是一个特殊的行政救济制度，是一个特殊的行政程序，而且是严格的行政程序④。教育行政复议的程序和教育行政诉讼非常像，但是又区别于教育行政诉讼，因为教育行政复议通常是以文本审理的方式来处理争议问题，而行政诉讼一定要通过法庭审理的方式来处理教育行政争议问题。所以，教育行政复议制度，是一项特殊的行政救济渠道。

那么什么是行政复议呢？行政复议指的是公民个人或者社会组织认为行政机关的具体行政行为侵犯了其合法权益，向有权的行政机关提出行政复议的申请，然后行政机关受理行政复议申请并作出相关行政行为的一种裁决活动。第九届人大常委会第9次会议审议通过了在原"条例"基础上修改而成的《中华人民共和国行政复议法》，这标志着我国行政

---

① 劳凯声，郑新蓉．规矩方圆——教育管理与法律［M］．北京：中国铁道出版社，1997．
② 吴殿朝．教育仲裁制度研究［J］．高等工程教育研究，2006，(6)．
③ 黄崴．教育法学［M］．广州：广东高等教育出版社，2002．
④ 柯汉民主编．民事行政检察概论［M］．北京：中国检察出版社，1993．

复议制度趋于完善和成熟。① 一般来说，行政复议机构通常都会设立在法制局。那么在这个定义里面，实际上就表明了行政复议两个非常重要的特点②：第一，对于行政复议，只复议具体行政行为，即只有具体的行政行为，行政机关才会接受复议。如果是抽象的行政行为是不接受行政复议的，所以只有当某个个体觉得，行政机关对他的行政行为产生了影响或者他受到了侵害，他才可以提出行政复议。第二，行政复议的机关是具有特定性的，通常指的是有权的行政机关，有权的行政机关通常是指管辖机关的上一级机关，或者是同级人民政府。也就是说行政复议，一定是特定的主体提出来的，对主体的要求是非常严格的。

那么，什么是教育行政复议呢？教育行政复议是行政复议的一种形式或类型。教育行政复议指的是教育行政管理的相对人向作出该行为教育行政机关的上一级教育行政机关提出行政复议的申请，由受理复议的教育行政机关对发生争议的具体行政行为进行复查，依法作出相关的具体行政行为的一种裁决活动。教育行政复议主要是受理教育领域中发生的一些行政处理不当的问题，而且受理的机关是上一级教育行政机关。

教育行政复议具有它的一些特殊性，通常有五个方面的特点。

（一）它是一种特殊的行政行为

行政复议实际上是一种行政行为，这种行政行为是比较特殊的。它的处理机关是行政机关，它的对象也是行政机关，实际上就是上一级行政机关对下一级行政机关的行政行为做出判断和辨别分析，给予处理决定的一种行政措施。也就是说教育行政复议针对的是教育行政机关的行为。

（二）它是以具体的教育行政行为为审查对象的复议，它并不接受抽象行政行为的审查，抽象行政行为通常是指没有具体的针对对象的行政行为，包括制定行政规章或者规范性文件

具体的行政行为才是审查的对象，这一点是要进行明确的。当然这不是终级的决定，对于教育行政复议，如果不服，可以向法院提起起诉。如果同时向政府提出行政复议或者向法院提出行政诉讼，要看哪一个部门最先收到复议书或者起诉书，如果提出行政复议的时间早一点，就是行政复议机关受理；如果提出行政诉讼的时间早，就是法院进行受理。而且行政复议也不是终局的决定，也不适用调解的方式，一般行政复议，不会进行调解，而只是对原行政机关的行政行为做出判断，且一般不会采取辩论的方式和口头的方式进行审理，通常采取书面审理，即对提交的书面的复议书进行审理的一种方式。

行政复议的范围通常指的是在具体教育行政行为中造成了损害，于是受侵害的一方所提出来的复议。具体的范围包括对教育行政处罚不服的，可以提出行政复议，处罚就包括能力罚、财产罚、申诫罚等。行政复议的范围实际上就是对教育行政机关的处理不服的，

---

① 朱贻庭. 伦理学大辞典 [M]. 上海：上海辞书出版社，2011.
② 杨伟东. 行政复议与行政诉讼的协调发展 [J]. 国家行政学院学报，2017，(6).

都可以成为复议的范围。因为行政处罚是非常严格的处罚行为，包括了财产罚、能力罚、救济罚和申诫罚，① 如果对其中的一种处罚不服，比如说处罚的依据不合理或者处罚的程度太重，或者是处罚程序不合理，都可以向上级的教育行政机关提出来。

（三）对行政强制措施的行为不服的，可以提出复议

行政强制措施就包括强制执行，强制关停学校等，例如，若是民办学校的办学主体对行政强制措施的行为不服，或者认为这些强制措施不合理，就可以提出复议。

（四）对教育行政机关不作为违法的，可以申请复议

所谓的不作为指的是应该属于教育行政机关的职责的，但是行政机关却不作为的②，比如说教育行政机关明明知道有些学校在违法招生，而且有很多家长多次举报，教育行政机关却不去执法，这就是不作为。不作为其实就是某人或某部门本职上有义务性的工作，但是却不去履行，就像一个人明明知道着火了可能会影响到宿舍的安全，但是他仍然不会把宿舍的火给灭掉，最后导致了宿舍火灾，就是不作为。当然，行政机关的不作为有权力因素在里面，就是明明可以利用权力做有利于人民的事，却不去很好地使用权力为人民服务。

（五）行政复议的范围是指教育行政机关的侵权行为

教育行政机关的权利具有两面性，一方面可以为人民谋福利，可以做有利于人民的事情，比如教育行政机关可以奖励、表彰教育事业，大力促进教育发展，提高教育质量等。我们国家是行政主导型国家，国家教育事业主要依靠行政来推动，所以行政机关会起到很大的促进作用，但是我们常说权力有两面性，权力使用不当，也可能会对人们造成伤害。所以，教育行政行为不当就可能会造成侵权行为。如果发现行政机关产生侵权行为，被侵权的一方就可以提出行政复议。比如有些教育行政机关人员滥用权力，或者是越权、或者是存在腐败行为，这种情况下可以提出行政复议。

受理教育行政复议的机构包括哪些机关？按照我国教育法律法规的规定③，受理复议的机构主要有三个，通常情况来说，如果对教育行政机关的行政行为不服的，受理教育行政复议的是上一级教育行政部门，或者是同级人民政府，这种是最常见的情况。比如说你对 A 教育局具体行政行为不服的，那你就可以向主管 A 的教育局或者是同级人民政府，提出行政复议。所以，行政复议通常是向上一级的主管部门提出，因为上一级主管部门有一种管理的职能，有领导和被领导的职能这种关系，那这种关系就有利于纠正下一级教育行政机关一些行政行为，是权力的相互监督的体现。从这个角度来看，这种行政复议通常是比较有效果的，因为作为领导机关是有义务指导和领导下属的下一级机关的行为的。第二种情况就是作出具体行政行为的教育行政机关，比如说教育部或者是省政府的行政行

---

① 应松年. 依法行政论纲 [J]. 中国法学，1997，(1).
② 朱新力. 论行政不作为违法 [J]. 法学研究，1998，(2).
③ 姜明安主编. 行政法学 [M]. 北京：法律出版社，1998.

为，这种情况下发生的行政争议，就会直接向教育部或者省政府的行政机关提出复议，就没必要再向中央教育行政部门申诉。第三种是特定的复议机构，比如说法律所授权的行政行为所引发复议申请，应该由主管该组织的教育行政机关承担复议机构，这是特定的一种情况。

二、教育行政复议的程序

教育行政复议的程序是程序正义的重要体现。教育行政复议的程序跟行政诉讼的程序非常相似。教育行政复议的程序主要有五个步骤，第一是申请，第二是受理，第三是审理，第四是决定，第五是执行①。

（一）申请

当行政相对人认为行政机关的行为侵犯了他的合法权益时，就有权利提出复议申请。但是，复议申请是有严格的时间限制的，法定时间一般就是具体行政行为做出 60 天②内递交行政复议申请书，除因不可抗力的原因外。不可抗力的原因有很多，比如说自然灾害的原因、政治暴动的原因等。不可抗力就是不以人的意志为转移的，而且个人没办法改变，比如政治罢工，地震等，这些情况都是不可抗力的因素。有人说生病是不是不可抗力原因，生病就不是外在的不可抗力，而是个人的原因。申请人行政申请行政复议的，可以口头进行申请，也可以以书面的方式进行申请。申请人可以选择哪种方式，如果是口头申请，复议机关应该要当场记录具体的情况，包括申请人的情况，行政复议请求，申请复议的事实和依据等。申请复议书必须讲清楚申请人的姓名、住址、联系电话、身份情况。同时，对方的基本情况要填写清楚，包括对方是什么教育行政机关，法定代表人是谁、联系电话，都要讲清楚。当然，最重要的是复议的时候要讲清楚复议请求，是请求撤销原来的决定，还是撤销部分的决定，还是要给予补偿，或是赔偿。另外，应该要把事实交代清楚，如申请人的理由和依据，特别是事实发生的经过与理由。另外，要有证据附在申请书后面。如果没有证据，申请复议的力度就不充分③。

（二）受理

行政复议机构会根据申请的情况，决定该不该受理。包括是否符合法定的申请时间，是否符合申请的条件，是否向法院起诉，如果递交法院起诉的时间过早，那么法院会进行审理，如果复议的时间更早一点，那就要进行复议，要看复议的手续和材料是不是非常的完备，特别是复议申请书有没有完善信息。通过审查以后，如果内容确实是很合理，条件和时间都很符合，相关部门就决定受理，一般会在五天内就作出以下的处理，要么受理，要么不受理，要么告知再重新申请等④。

---

① 尹力主编. 教育法学 [M]. 北京：人民教育出版社，2012.
② 申素平. 教育法学：原理、规范与应用 [M]. 北京：教育科学出版社，2009.
③ 茅铭晨. 论宪法申诉权的落实和发展 [J]. 现代法学，2002，(6).
④ 申素平. 教育法学：原理、规范与应用 [M]. 北京：教育科学出版社，2009.

（三）审理

复议的审理主要是以书面审理为主，一般不进行口头辩论，实际上就是审查证据事实和具体的行政行为，就是审查教育行政机关做出处罚或者处分的时候，是不是适用了正确的法律和法规，是不是适用了正确的规章制度，是不是凭借个人的意志盲目作出的决定，审查是不是以事实为依据，有没有尊重事实，如果发现完全不尊重事实，而盲目使用权力是不行的。比如，对违法招生进行行政处罚，受处罚的组织是不是有违法招生的事实，到底是别人捏造，还是同行为打击异己匿名捏造的事情。这个时候就要通过递交上来的材料仔细审查事情的经过、发生的原因、全程的基本情况，要看看事实情况是否真实。当然，总体来说审理具体的行政行为，一般不审理抽象的行政行为。主要看其具体行政行为，是不是以事实为依据，以法律为准绳，是不是遵守基本的法律程序来作出决定，如果复议机关在审理的过程中发现，原来的行政机构做出来的行为是没有依据的，既没有事实依据也没有法律依据，这个时候就可以做出判断：原行政机关行政行为不合法。

（四）作出决定

行政复议机构根据行政复议法的规定，应该在受理申请之日起 60 天内做出行政复议的决定，一般都是 60 天内，但法律规定，情况复杂的，不能在规定期限内作出行政复议的，经行政机关批准，审理时间可以适当延长，最多不超过 30 天①。那么该决定有可能就是撤销原来行政机关的行为，或者部分地改变原来行政机关的行为，或者要求再重新处理的行为。

（五）执行

一旦复议作出以后，就要进入执行环节。首先要送达，送达才会产生法律效力，如果复议决定书没有送达，是没有法律效力的。要把复印决定书送到申请人的手里面，一经送达即产生法律效力，这一点跟行政诉讼的情况非常相似。对于申请人逾期不起诉又不履行复议决定的，相关的行政执法机关就会强制执行。②

第四节 教育行政诉讼

教育行政诉讼，是到法院去起诉，去寻求司法救济的法律救济途径。③ 如果教育行政机关或者其他的行政机关的行为，侵犯了行政相对人的合法权益，行政相对人就可以向人民法院起诉，以求法院给予法律救济，然后法院经过审查审理，作出裁判的这种法律救济活动，叫做教育行政诉讼。

---

① 申素平. 教育法学：原理、规范与应用 [M]. 北京：教育科学出版社，2009.
② 姜明安主编. 行政法学 [M]. 北京：法律出版社，1998.
③ 尹力主编. 教育法学 [M]. 北京：人民教育出版社，2012：81-82.

一、教育行政诉讼的特点

诉讼主要有民事诉讼、刑事诉讼和行政诉讼。我国主要有三大实体法，即民法、刑法和行政法，也有三大对应的诉讼法：行政诉讼法、民事诉讼法和刑事诉讼法。为什么有了实体法还需要制定诉讼法呢？是因为实体法规定了人们应该拥有哪些权利、应该履行哪些义务，但是，如果这些权利受到伤害，这些义务没有很好地履行，就需要程序法来进行救济，这个时候程序法就非常重要了。只有通过程序法，才能真正地把潜在的权利变成现实中的权利，所以英国的法律谚语讲得很好，没有救济，就没有权利。也就是说没有程序上的保障，那实体性的权利就是一句空话。所以，行政诉讼是很有价值的一种制度设计。中国古代中，法治和行政功能，实际上是合二为一的，县官既管行政事务，也要判案。中国古代没有像西方那种现代司法体制，当然，西方的司法体制是源于人性的假设，认为人性本恶，按基督教的说法，从人出生开始，就是具有原罪的①，必须要有严格的司法体制约束人们的恶的行为。所以，西方的法治文化发展得非常完善。中国2000多年是以儒家文化为主，是以德治为主的，这是中国文化的传统。现在提出德治与法治相结合也是有一定的道理的，因为纯粹的法治太不近人情，而纯粹的德治也未必有威慑作用，只有这两者很好地结合起来，才能够真正地实现符合中国特色的法治。②那么行政诉讼有什么特点呢？归纳起来，主要有四个方面的特点。

第一，行政诉讼的主管机构是特定的。在诉讼的时候，向哪一个法院提出起诉，有明确的规定。比如说，涉及人身伤害应该向哪些地方法院提出起诉，包括人身伤害发生地法院，过程地法院，结果地法院都可以，这是有明确规定的。比如涉及不动产的，一般是向不动产所在地的法院提出起诉。主管的管辖，也是有严格的规定的，包括一般管辖、地域管辖、指定管辖、转移管辖等，这种管辖权是特定的。

第二，受理的行为是特指的。教育行政诉讼只受理具体行政行为，而不受理抽象行政行为的案件，也就是法院只审理具体行政行为侵害了某些主体的哪些合法权益。具体行政行为指的是行政机关在执法的过程中，个体或者是组织产生的具体影响，包括具体的时间、地点、情景和具体的处罚等等，不是一般的抽象的行政行为。

第三，举证责任倒置。教育行政诉讼中的举证责任不同于一般的举证责任，一般的举证责任是谁主张谁举证③。也就是说如果别人欠你的钱要别人还钱，在这种情况下，就必须要举证，拿欠条出来，要有这种证据。但是教育行政诉讼是不一样的，教育行政诉讼要求被告举证。什么是被告举证呢？就是要作为被告的教育行政机关拿出证据来证明当时作出的行政行为是严格符合程序进行的，适用的法律法规和规章制度是合理的，要充分地证明行政行为是公正、合理的。因为假设的前提是教育行政部门做出的行政行为必须是合理合法的，所以教育行政诉讼要求被告举证。

---

① 张志伟主编. 西方哲学史 [M]. 北京：中国人民大学出版社，2002：213-214.
② 焦国成. 论作为治国方略的德治 [J]. 中国人民大学学报，2001，(4).
③ 江必新，徐庭祥. 行政诉讼客观证明责任分配的基本规则 [J]. 中外法学，2019，(4).

二、教育行政诉讼必须要遵循基本的原则

第一个原则就是法院独立审判的原则，人民法院在审理案件的时候，是不受个人、行政机关和其他的社会组织所干涉的，这是为了保持法院审判的独立性和公正性而设立的基本制度。当然独立行使审判权，不仅仅是中国的特定制度，许多国家包括俄罗斯、德国、日本、美国等，法院都有独立行使审判权，特别是美国，一直非常强调司法机构的独立性。

第二个原则是以事实为依据，以法律为准绳。教育行政诉讼应该要尊重事实，应该要有事实调查的结果，以事实为基本的根据，不能够罔顾事实，甚至发现有捏造事实的情况，一定要把事实查清楚。当然，这里所说的事实是事后所查出来的基本情况，是对原来的事件的还原，可能有主观性存在，所以百分百地还原事实真相是不可能的。重要的是要有充分证据，能够证明案件发生的事实。打官司其实就是打证据，就是这个道理。同时，适用的法律要准确，适用的法律是哪一条、哪一款，要讲清楚。

第三个原则是实行合议制度和回避制度、公开审判的制度。裁决行政机关的行为是合法还是不合法，不是一个人说了算。集体审判制度的特点就是要发扬民主的原则、公正的原则、实行合议制度。回避也是专门设计的法律制度，包括利益的回避、亲戚的回避、职务的回避等等。认为情况确实可能会造成审判不公的才进行回避，比如法官和被告或者和原告是同学关系，此时要不要进行回避？那么就要调查一下，两者的关系会不会影响到审判，如果会影响到审判的结果，就要进行回避。回避制度是一个很重要的制度，对于维护司法公正有很重要的价值。公开审判，通常要求行政诉讼应该公开审判，这是一般的要求，涉及国家秘密、个人隐私和商业秘密的一般不公开审判，或者涉及未成年人的案件，也不公开审判。公开审判的原则是阳光原则。公开审判，也就是在对公众开放的情况下进行审判，这种审判通常会增强审判的公正性与透明度，也会减少或防止司法腐败。

第四个原则是当事人权利地位平等原则。虽然在行政管理过程中，行政诉讼的当事人双方可能存在着管理和被管理的地位不平等的情况，在行政管理中不平等地位并不影响司法过程中的平等地位。但是在司法程序中，当事人主体是平等的，双方都应该享有诉讼的基本的权利，都有辩论的权利，都有申诉的权利，都有为自己权利进行辩护的权利。

第五条原则是辩论的原则。双方都可以对自己的主张公开地进行辩论。双方都享有辩论的权利，作为法官也要允许原、被告之间进行辩论，通过辩论才能够真正地查清事实的真相。虽然事实胜过雄辩，但是辩论和事实之间是相互关联的，事实往往越辩越明，通过双方辩论过程，就可以对证据，对事件过程有更清晰的认识，有利于法官作出公正的判决。

第六条原则是用本民族语言和文字进行诉讼的原则。在教育行政诉讼中应该要尊重少数民族，比如说布依族、藏族、傣族等少数民族的语言具有特殊性，在审理少数民族案件的过程中，应当要请翻译，保证他们充分表达的权利。

第七条原则是检察院监督的原则。检察院是一个专门的法律监督机构，在法院审判的过程中，法官应该接受检察院的监督，保证法院审判的公正性。

教育行政诉讼的受案范围。并不是任何案件诉讼行政机关都会进行受理。首先，教育行政诉讼的受案范围是特定的。主要受理涉及教育行政机关所做出的具体行政行为，包括：第一对行政处罚不服的行为。第二就是对行政强制措施不服。第三是对教育行政侵权行为，当然还有其他的合法的权益受到侵害的，都属于教育行政诉讼范围。不受理的就包括：①国防和外交等国家行为。②行政法律规章规定的具有普遍约束力的决定和命令是不受理的。③教育行政机关对行政机关工作人员的奖惩任免等决定是不受理的。因为这属于教育行政机关内部的事情。所以行政内部的事情通常是内部解决。第四，一定要行政机关最终裁决的具体行政行为。这是要依法规定的。

教育行政诉讼案件的管辖包括级别管辖，地域管辖，裁定管辖三大类。① 首先是地域管辖，一般应该去哪里起诉教育行政机关？如果觉得行政行为侵犯了自己的权益，一般就是受被告所在的教育行政机关所在地的法院管辖，这是一般管辖。而特殊的地域管辖有三种：第一是复议的案件，如果复议机关改变原具体行政行为的，可以由具体行政行为行政复议机关所在地的法院管辖。第二是限制人身自由的案件，被告或者原告户籍地、经常居住地、限制人身自由的所在地的法院都有管辖权，可以选择其中一个进行管辖。第三，对不动产的行政管理案件，由不动产所在地的法院管辖。通常根据不动产所在地、由基层法院管辖，除特殊的规定以外。当然，在特殊规定的情况下，比如中级法院作为直接一审的就包括对国家部委提出起诉的案件，本级法院的重大复杂的案件。另外，在全省范围重大影响的行政诉讼案件，由省高院一审管辖。如果是在全国范围内有重大影响的行政诉讼案件，就由最高人民法院管辖。但多数情况是，以基层人民法院管辖为主，因为上层的司法资源是比较稀缺的，所以应该以基层法院为主来审判案件。管辖也有一些特殊情况，比如移送管辖、指定管辖和管辖权的转移。

行政诉讼案件的程序有：起诉，受理，开庭审理，判决和执行。首先是起诉，起诉是有具体期限的。根据行政诉讼法的规定，对于经过复议的案件应该在复议决定书之日起15天内向人民法院提起诉讼②，另有规定的除外；对于直接起诉的应该在作出具体行政行为的三个月内提出。不可抗力或其他特殊情况耽误法定期限的，在障碍消除后的10日内可以申请延长期限，由法院决定。起诉的期限有严格的规定，不能超过时间。受理则是法院在接到起诉状后，经审查认为符合法定起诉条件，应该立案受理，否则就裁定不受理。根据《行政诉讼法》第43条规定："法院应该在立案之日的5日内将诉状副本发送被告，被告应该在收到起诉书副本10日内向法院提出，提供材料并提出答辩状。"审理的方式一般是公开审理，开庭审理包括一审和二审。判决包括维持判决、撤销判决或者变更判决。当法院作出裁决的时候，一定要产生法律效力，并马上执行，如果拒不履行执行的，则需要强制执行。

---

① 茅铭晨. 论宪法申诉权的落实和发展 [J]. 现代法学，2002，(6).
② 申素平. 教育法学：原理、规范与应用 [M]. 北京：教育科学出版社，2009：121.

【典型案例】

年终考评成绩低　小学体育老师扎伤校长同事

因考评成绩低面临"下课"危险的小学体育老师陈某，闯进校长办公室将校长扎成重伤，并将3名老师扎伤。前日，陈某在一中院出庭受审。

今年49岁的陈某是北京某小学体育教师。据检察机关指控，去年6月21日上午9时许，因年终考评成绩较低，陈某来到校长办公室内与校长张某某发生争执，用事先准备好的水果刀连续向张某某猛刺，还举起椅子砸向张某某，其间校德育主任、校长助理和其他老师前来劝阻，也被陈某扎伤。随后，陈某在向警方投案途中被抓获。警方证实，陈某的行为造成一人重伤、两人轻伤、一人轻微伤。

在法庭上，陈某对检方的指控没有异议，"我觉得自己在校表现不错，我们教研组还曾经被评为先进。"陈某说，因为觉得校长待他不公，所以才去理论。

检察机关认为，陈某的行为已构成故意伤人罪。

此案没有当庭宣判。

你怎么看待陈某因考评成绩低而伤害校长和同事的行为？请问陈某遇到考评不合理的情况，他应该通过怎样的教育法律救济渠道来维权？

◎**案例分析：**

陈某通过伤害他人的方式来维权是一场悲剧，害人又害己，这是一场不该发生的悲剧。他应该采取的合法的救济渠道有多种，包括教育申诉、教育行政复议、教育行政诉讼等，通过非法的方式维权造成如此大的伤害，不管他是出于什么目的，根据刑法的相关法条规定，他也将要付出巨大的代价。

【小结】

没有救济就没有权利，这是一句经典的法律谚语，可见法律救济的重要性。本章对教育法律救济进行了全面的论述，我们应该认识到教育法律救济的价值，加强教育法律救济。教育法律救济包括司法救济和行政救济。行政救济相对的成本比较低，效率比较高，所以，通常还是主张应该以行政救济为先。行政救济又包括教育申诉和教育行政复议，教育申诉包括教师申诉和学生申诉，都是教育行政救济的重要的途径，有各自的特点和程序；教育行政复议是一个特殊的行政行为和特殊的制度设计，教育行政诉讼是最为严格的救济途径，也是最后一道救济渠道。

【思考题】

1. 常见的教育法律救济渠道主要有哪些？
2. 教育法律救济有哪些基本的价值？
3. 教师申诉和学生申诉比较有何区别？
4. 教育行政复议有哪些特点？
5. 教育行政诉讼有哪些特点？